JN091629

REGIONAL BANKERS

リージョナルバンカーズ
地域金融が勝ち抜く条件

NIKKEI Financial［編］

日本経済新聞出版

はじめに

この国の地域金融の現状と将来像を把握し展望するうえでの、決定版。本書をこう位置づけていただければ幸いです。

菅義偉首相が1年あまりの任期で退陣しました。新型コロナウイルス禍への対応をはじめとして毀誉褒貶の激しい短期政権でしたが、金融記者の端くれとして高く評価したい功績があります。

「地銀の数が多すぎる」――2020年の前回自民党総裁選挙における問題意識の表明です。迫力を欠く地銀再編の潮流に対する危機感。それを加速するきっかけになったと思います。

地元選挙区で与党政治家と太いパイプを保ち、選挙のたびに支援してくれる地銀経営者にもの申すのは珍しい。秋田県出身で地域経済と地方金融の疲弊に精通する一方、選挙区が首都圏・横浜で地銀に遠慮する必要がないバックグラウンドを持つ菅氏ならではの大胆発言、そう受け止めました。

地銀を筆頭に、地域金融機関の経営混乱が及ぼす影響を我々は肌身に染みて知っています。関西と北海道――。バブル崩壊後の経済立て直しに最も時間がかかった両地域です。地域経済を支える責務を負う金融が文字通り「ぐちゃぐちゃ」になってしまったからです。

大阪では中小企業に資金供給してきた地方銀行の事実上の破綻が連鎖しました。北海道では最大手の北海道拓殖銀行が完全破綻しました（拓銀は分類上、都市銀行でしたが、実質地銀です）。

そして今、バブル後とはまた異質の難局にニッポン金融、とりわけ地域金融は直面しています。異様な少子高齢化と人口減少、そして異常な低金利の長期化です。

たしかにかつての不良債権危機とは異なり、地銀が連鎖破綻することはないかもしれません。しかし、このまま「全国地銀100行」体制が将来にわたって維持できるはずもない。だから菅氏の先を見据えた警鐘には重たい意味があるのです。

さて、本書の内容です。2020年秋に日本経済新聞社が創刊したデジタル技術を駆使した金融専門媒体「NIKKEI Financial」（通称『NF』）で公開してきた地域金融関連コンテンツを編集し、大幅に加筆しました。

NFは徹底して「NF契約者オンリー」を貫いています。多くの読者にご愛顧いただいている日本経済新聞本紙や電子版、日経テレコンでもNFの記事は公開していません。目にしたことのない、先進的で独自性のある記事コンテンツに本書で触れていただけるはずです。

もう1つ、強調したいことがあります。「地銀が多すぎる」からといって、我々NF編集部は「再編のための再編」を支持しているわけでは全くありません。単なる統合・合併だけがバラ色の未来の解であるはずもない。

政府に指摘されるまでもなく、全国の地銀経営者の方々は生き残りをかけて、あらゆる経営の選択肢や、焦点のデジタル対応に取り組んでいます。当然、そこには試行錯誤や失敗、あつれきもあるはずです。

つくづく思うのです。今、日本の地域金融が対峙しているのは、日本経済全体が打開し、克服しなければならない難題と共通します。本書では、その悪戦苦闘ぶりを克明に描写し、検証し、そして応援します。

本書の執筆に当たって、地域金融機関の多くのトップ、それを支える幹部、現場の銀行員、OBの方々に時間をもらい、インタビューや取材に付き合っていただきました。金融庁、日銀の方々と幾度も議論しました。この場を借りてお礼を申し上げます。なお、登場人物の肩書きは原則として取材当時のもので、文中は敬称を略させていただきました。

２０２１年10月

NIKKEI Financial 編集長　佐藤　大和

リージョナルバンカーズ　地域金融が勝ち抜く条件　目次

第2章 両利き経営への挑戦

第4章 名門地銀の試行錯誤 157

第5章 銀行よりも強い信金・信組

第6章 金融当局の思惑 273

第1章

地銀異変

地方銀行の苦境が叫ばれて久しい。
苦境を跳ね返そうと改革に動く地銀も増えてきた。
最先端を走っている地銀で何が起きているのか。
最新状況をリポートする。

REGIONAL BANKERS

1 ── 山口ＦＧの蹉跌

２０２１年８月１日、真夏日の昼下がり。指定された場所は広島駅前にそびえるホテルグランヴィアの一室だった。部屋に入ると、奥の洋イスに座っていた男性はすっと立ち上がり、開口一番、「このたびはお騒がせして、申し訳ございませんね」と苦笑いした。

「本当は受けるつもりはなかったのだが……」。３度目の取材申し込みで重い腰を上げたのは、「あまりに事実と異なる情報が発信されており、『説明する機会をほしい』と銀行に何度も頼んだのだが、聞き入れてもらえなかった」からだ。

男性は山口フィナンシャルグループの会長兼グループＣＥＯ（最高経営責任者）だった吉村猛だ。「だった」と過去形で記さなければならないのは、面談したときに受け取った名刺には「取締役」とだけ印刷されていた。前代未聞の解任劇で首を切られ、まさに時の人になっていた。

努めて冷静にしていたのだろう。受け答えは淡々としていた。詳細は後述するが、山口ＦＧに印象操作されていることに反論したいというのが、取材を受けた動機だった。山口ＦＧが開いた６月25日の記者会見で語られたような「独断専行」、５月中旬から相次いだ内部告発で糾弾されたような「暴君」。それが印象づけられた吉村像だった。

苦しい地銀界を改革するヒーローを目指した野心家なのかもしれないが、誰もがその姿にエールを送っていたのは間違いない。地銀界の「改革派」として定評のあった吉村が改革を加速させるきっかけとなった1冊の本がある。2019年に発刊された『両利きの経営――「二兎を追う」戦略が未来を切り拓く――』(東洋経済新報社)。古い法人依存の銀行ビジネスから脱却し、「昔、銀行をやっていたよね」と言われるようなグループへの業態転換を目指していた。

山口FGは10月14日、吉村の取締役辞任勧告を決議し、臨時株主総会を開くと発表した。少し前まで「改革の旗手」ともてはやされていた人物を天国から地獄へ引きずり下ろした理由は何だったのか。吉村の解任は山口FG傘下の山口銀行、広島県のもみじ銀行、福岡県の北九州銀行の構造改革に踏み込む直前に起きていた。吉村は思うように改革が進まない焦りも感じていた。抵抗勢力がマグマのように貯まっていたのは間違いない。合計4時間近くに及ぶロングインタビュー、3カ月にわたる関係者取材を通じて、ここはあえて吉村の目線に立った場合に見えてくる世界を探ってみた。

「解任相当」の虚実

「議長!」。議長を務める吉村が採決に入ろうとすると、取締役の佃和夫(三菱重工業元社長)が間髪入れずに手を挙げた。代表取締役会長に吉村猛を、代表取締役社長に椋梨敬介を続投させる人事案。一括して代表権者を決める慣例だが、「本件については、それぞれに採決をお願いしたい」と発言した。
2021年6月25日に開かれた山口FGの取締役会で、「山口の変」は静かに始まった。「あっ、なんかあるな」。吉村は胸騒ぎを感じていたが、この提案を受け入れた。案の定、解任劇ののろしとなったものの、後の祭りだった。「代表取締役会長の吉村猛の再任について、ご承認いただける方は挙手をお願いします」と問いかけると、沈黙が続く。誰一人挙手する者はいなかった。

今回の解任劇は解任動議が提出されたわけではない。会長と社長について、それぞれ賛否を問う「個別採決」の結果、吉村の再任が拒否されたというのが事実だ。吉村は「理由を教えてくれ」と何度も食い下がったが、「多数決で決まったことだ」と答えるのみ。感情的な問答が続いた。

この段取りには不可解なことが少なくない。

1つは冒頭、間髪入れずに個別採決を問題提起したこと。6月25日の株主総会で新任されたばかりの社外取締役、山本謙（宇部興産元社長）と三上智子（日本マイクロソフト執行役員）の2人は、25日の取締役会が初めて出席した場。吉村の経営に評価を下すことができる立場ではなかったはずだが、棄権していない。不自然に映る全会一致である。

もう1つは株主総会で99%の承認を受けたその日に吉村を事実上解任になぜ追い込んだのか。山口FGは任意とはいえ、指名委員会を設置する会社である。5月14日の取締役会で、全取締役が一致して吉村を会長として再任することを決めていた。そこで諮られる人事案を提示したのは社外取締役で構成する指名委員会だ。自ら決めた人事を株主に説明することなく、突然、ひっくり返した。

会社法上規定する株主総会の承認が必要な役員とは「取締役」だ。取締役を解任する場合、株主総会で決める手続きを定めているが、「会長」や「CEO」はあくまで呼称であり、経営慣行上の通称である。吉村が取締役にとどまることができているのはこの会社法規定に則っている。「だから違法ではない」というのが建前だ。しかし、世の中はCEOをグループの総帥と見るのが一般的だ。だからこそ、総帥の肩書きを即日剝奪したネガティブサプライズは大きかった。ある社外取締役は「株主総会は無風でやりたかった」と明かす。

意図的に引きずり下ろしたいと動いた勢力にとって誤算だった可能性があるのは、吉村が取締役を自主的に辞任しなかったこと。だからこそ、10月14日、辞任勧告を決議し、改めて吉村にプレッシャーを掛けたわけだが、それはとにもかくにも株主に対し、取締役として正当性を訴える必要に迫られたからだろう。

6月25日の解任直後の記者会見。「今回の決議があらかじめ準備されていたということではない。一人ひとりが高い見識の下に、健全な適切な判断をした。その結果として否決に至った」。監査等委員の福田進はこう説明していた。山口FGは「クーデターではない」と否定しているが、真相が全く違かったとすれば、山口FGは重い十字架を背負ったことになる。

2004年の悪夢

「多数決で決めることが変な癖になってしまった……」。吉村が取材時にこぼした「変な癖」とは、今から17年前の2004年5月のことを指している。山口FGはその前身、山口銀行時代、重い十字架を背負ったことがある。

当時、総合企画部に在籍した吉村が目撃したのは、当時の頭取、田原鐵之助が1期2年で交代した異変だった。取締役東京本部長だった福田浩一が当時、51歳で後任に就いた。全国の地銀で最年少トップが誕生した話題よりも、後に明らかとなる「多数決採決の結果」が重い十字架として記憶に刻まれている。

過半数が解任に賛成したという事実は重い。この時の解任劇を擬した小説『実録 頭取交替』（講談社）は、当時、山口銀行の取締役だった浜崎裕治が書いた本だ。「偶然の一致」と断り書きがあるものの、解任劇を陰に陽に主導した甲羅万蔵は実在する田中耕三（当時、相談役。2021年9月12日死去）をモデルにしていることは誰の目にも明らかだ。

この時もまた、「解任」と発表しているわけではない。詳細な会見録は残っていないが、日本経済新聞の当時の記事（2004年5月22日付中国経済面）も「山口銀新頭取に福田氏『V字回復』を機に若返り、国際・証券分野に精通」と報じており、記者会見で解任だったと説明した節はない。

吉村はクーデターで誕生した福田浩一の後任だった。福田がトップに就いた12年後の2016年6月、山口FG社長兼山口銀行頭取として、名実ともにグループ総帥となった。2011年から1年間、徳山支店長を務めて以外、企画畑一筋という異色の経歴が耳目を集めたが、この時は全会一致で禅譲された人事。クーデターで政権交代するという黒歴史に終止符が打たれたはずだったが、吉村が言うように、今回再び、悪い癖が出てしまったのか。

「内部告発」の真偽

「山口フィナンシャルグループを憂える志士一堂」。吉村を除く全取締役に匿名の内部告発文が送られていた。10人中7人を占める社外取締役が「吉村は独断専行かもしれない」と反応した発火点だ。吉村の再任を決めた5月14日の取締役会で内部告発の調査委員会の設置も決議している。

内部告発が事実上の解任までつながる大ごとに発展した源流は、先述の『実録　頭取交替』を執筆した浜崎が関係している。浜崎が顧問を務めているデータ・マックス（福岡市）の運営するニュースサイト「Net IB News」が公開した「山口ＦＧの吉村猛会長に対する『内部告発状』を検証する」。社外取締役に届いた告発状と同じものと見られる実物をそのまま暴露したことで、業界で話題となった。取締役会が調査委員会を設置したのは、5月10日に記事が公開された4日後だった。

6月25日の記者会見は不思議な光景だった。

「内部告発などと言われていますが、その件についてはいかがですか?」。そう質問する記者に対し、吉村の後継としてこの日、ＣＥＯ（最高経営責任者）を兼務した社長の椋梨敬介の回答は歯切れが悪かった。

「WEBの記事については、承知はしておりまして、取締役（解任された吉村）に関することでございますから、取締役会といたしましても、これを真摯に受け止めまして、社外取締役を中心として、事実確認を今しているところでございます」

「主な否決理由ではない？」と重ねて質問しても「調査をしているところ」と繰り返し、明確な回答を避けている。

山口県下関市で開かれたこの記者会見はその後、波紋を呼んでいる。現地に在住していない東京所在の記者たちが「理由は何か？」を巡り、全国ニュースで記事を書き始めたからだ。「クーデターではないのか」。17年前のクーデター劇を知っている記者たちは、椋梨の発言を素直に受け入れることができなかった。

山口FGは7月中旬、記者会見を開く準備を進め、6月25日の記者会見で説明しきれなかった解任理由を補足説明しようとしていた。しかし、結局、この会見は開かれなかった。「真相を語れば、解任に関する『正当な理由』を巡り係争になりかねず、説明できなかった」。舞台裏を知る関係者はこう証言した。

内部調査委員会の調査終了を7月31日に予定していたにもかかわらず、それより1カ月も前に吉村をクビにした後ろめたさがあったのかもしれない。山口FGは「調査結果がまとまればご説明いたします」（総合企画部広報担当）と話していたが、ズルズルと説明しないまま時が過ぎていく。

「社内調査に関するお知らせ」。解任劇から2カ月ほど経った8月31日、山口ＦＧが突如出したプレスリリースは追加調査に関する内容だった。つまり、調査の延長だ。「新銀行設立にかかる案件の進め方」について、「ガバナンス上、さらなる調査の必要性が判明いたしました」

内部告発で取り沙汰されていた「女性問題」「行員蔑視」といった風評情報、「第一生命保険事件」といった不祥事、「保険事業の失敗」「業績の悪化」など経営責任の調査結果には触れなかった。

「吉村氏の職務執行の状況について、法令等に抵触する事実は認められず、所定の手続きに基づく業務執行が行われているものと認められる」。結論から言えば、7月31日に終えた調査結果で、解任に相当する「正当な理由」が見つからなかったというのが真相だ。背任罪を問う結果ではなく、定款を違反していた手続きも見つからなかった。

とはいえ、不適切な行為が複数見つかったことで、社外取締役の不信感はピークに達する。とりわけ「特定コンサルタントとの癒着」が後々、解任につながるトラブルの温床となる。追加調査に踏み切ることを決めた背景に、コンサルが提案した新銀行計画に吉村が飛びついたのではないかという疑念があった。コンサル癒着問題がどうして解任につながったのか読み解いていく。

【COLUMN】不適切な行為、疑念を招く〜第一生命保険事件との関わり〜

過去の解任劇で一番分かりやすい解任理由は犯罪があったかどうかだろう。会社法の「特別背任罪」もしくは刑法の「背任罪」「横領罪」が一般的で、会社が定める定款の手続きを無視した運営も解任の「正当な理由」に該当すると言われている。

解任された事件で最も有名なのは三越事件だ。1982年に三越で社長が解任されたのは、その後、東京地検によって逮捕され、裁判で有罪判決が出された「特別背任罪」だった。「損失が出ることが明らかな相手と分かった上で取引を進めた」。つまり、自分の懐にお金を入れる目的で、会社の事業を私物化した情実的な犯罪と言える。

ただ、山口FGの今回の調査で判明したのは違法行為ではない。疑念を招く不適切な行為が複数見つかった。

一例は「第一生命保険事件との関わり」だった。第一生命保険事件とは、西日本マーケット統括部（徳山分室）に在籍していた元営業職員の女性が複数の顧客に架空の金融取引を持ちかけ、顧客からお金をだまし取った事件のことだ。全国ニュースになったのはその金額が約19億円に上る大きさとともに、浜崎が書いた『実録　頭取交替』を連想したからだ。

維新銀行を舞台にしたスキャンダルを描いた同書が暗に示す頭取解任の理由は同行で横行していた不正な保険販売とそれを浄化しようとした新旧頭取の内部抗争だった。解任に追い込んだ側の維新銀行の甲羅万蔵（元頭取、相談役）に寄り添って、維新銀行内で保険販売のネットワークを築いていたのが第五生命保険の保険外務員、山上正代だった。

吉村への告発の1つは「支店に対し、顧客紹介を指示し、犯罪に加担した」。2011年から1年間だけ支店長を経験した吉村は1件だけ紹介している。指示したかどうかは確認できなかった。そもそも銀行が生保に顧客を仲介することは紹介にとどめていれば合法だが、勧誘まで踏み込んでいれば違法で、その線引きは難しい。

女性外務員が陰に陽に山口ＦＧに入り込んでいたのは事実である。2017年の監査でもグループのもみじ銀行で女性外務員のパーティに吉村の前任者、福田浩一が発起人となり、行員が事務局的な運営を担っていたことが判明している。今回の調査結果でも「詐欺犯罪行為に加担・関与するものではない」と判定しているが、それでも「悪用される可能性が十分にあるもので、なすべきではなかった」と不適切な行為を批判している。

その後、2020年秋の第一生命保険の事件発覚後、山口ＦＧはその関係を疑われ、評判を落としたことは間違いない。吉村は「距離を置いていた」と証言したものの、銀行の体質を転換するところまで踏み込んで改革できていなかった。

吉村の誤算

「『新規事業』の進め方に関して、取締役の中で意見が割れたことが発端だ。吉村前会長が十分な社内合意がないままに進めようとすることに対し、取締役会では社内で十分な検討と合意形成することへの求めが多く出され、長時間にわたり議論を行いましたが、双方の合意点を見つけることはできませんでした」

吉村解任後の6月25日の記者会見で、社長の椋梨敬介は追加調査の対象になった「新銀行設立計画」を示唆していた。10月14日に発表した社内調査文書では、新銀行計画を明記した上で当時の経緯を6ページにわたり詳細に記している。

「資質に疑義を生じさせる言動」。こういう表題で始まる4月26日以降のやりとりは5月12日の意見交換と呼ぶ指名委員会で趣が一変している。社外取締役から「内部告発に関する事実確認のため、外部の弁護士を加えた調査委員会を設置したい」と提案が出たからだ。内部告発はデータ・マックス（福岡市）の運営するニュースサイト「Net IB News」が公開した先述の内部告発のことだ。

この場は吉村に関する調査だったため、吉村は一度退席している。打ち合わせ後、指名委員会事務局が席に戻るよう依頼しても「前CEOは拒否した」という。これをきっかけに吉村と取締役会は感情的な対立に入っていく。

山口FGは吉村の内部告発を調査する委員会を発足。5月19日に吉村をヒアリングしている。焦点は外部コンサルタント、米系のオリバーワイマングループ日本代表パートナー、富樫直記との癒着疑惑だった。

調査報告書によると、吉村は「キックバック等の癒着はない」と主張し、背任行為を否定した。ただ、消費者金融大手アイフルトップと新銀行設立で合意したこと、富樫の採用内定を出したことが火を付けることになる。とりわけ富樫の報酬が「1億円以上」という高額だった点を踏まえ、「取締役会に報告して議論する必要がある」と諭された。

ここが取締役会から「権限逸脱」と糾弾されるポイントになる。吉村が「自らの決裁権の範囲内だ」と真っ向から反論したからだ。自身の経営に失敗の烙印を押されたと感じた吉村は何度も「辞任勧告」を訴えた。それは権限逸脱と認めることができない以上、示威活動に出ざるを得なかった発言と見られる。

5月28日の取締役会が激突の場になる。「新銀行設立にかかる立案プロジェクト開始の件」(決議内容：立案プロジェクトの組成と外部人材の採用)。消費者金融大手アイフル、そしてビジネスモデルを提案した富樫の名前を出した初めての議論だった。

合計5時間の激論だったが、吉村が外部人材の採用を取り下げ、新銀行設立の検討に絞って、山口FGが起案することを承認した。内部告発の取り扱いを巡る前哨戦で浮上した吉村の辞任勧告は調査報告書のこの日の記述になく、正式な議題になっていない。

10月14日に公表した調査報告書は、6月25日の株主総会当日にわざわざ解任した理由を記していない。CEO兼社長の椋梨は10月14日の記者会見で、「それを読んで判断して欲しい」とだけ述べた。

全60ページの社内調査報告書を読む限り、社外取締役が吉村を制御できていなかったことは明らかだ。吉村がCEOの権限規定を拡大解釈し、それに気づいたときは解任するしか道はなかったという状況だ。

吉村が複数回にわたり、辞任発言を繰り返したことで解任に向けた準備を始めることになった。権限を逸脱したことを防ぐには解任するしか止める道がなかった。一方、吉村が執行権限を取締役会に委ねる極端な行動に出たことで、解任当日6月25日の取締役会の決議事項が35件に上った。調査報告書は「業務執行に支障・大混乱を生ぜしめた」と記しており、この感情的な反発が解任に向けた推進力になったとみられる。

調査結果で明らかになったことは、不健全なガバナンスが存在していたことだ。6月25日の解任後の記者会見で、椋梨は「独立社外取締役を中心に適切なガバナンスを効かした」と強調していたが、そもそもCEOの権限範囲について、20年の創設時に詰めた議論が行われていなかったのではないか。気づいたときが株主総会直前であってもそれでも総会に諮れば問題なかったのだろうが、株主への意識が足りない取締役会の問題点も浮き彫りになった。

山口FGは結局、臨時株主総会を開くことを決めた。解任手続きのやり直しである。後出しじゃんけんという批判もあるだろうが、あるべき判断だと思う。それまでの解任手続きが「適切なガバナンス機能を発揮した」と言えないことを認めただけでも前進ではある。

山口FGはどういう経緯で今のガバナンスを構成し、どういう狙いを込めたのだろうか。

佃は2003~08年に三菱重工業の社長を務めた長老格だ。山口県出身の縁で、吉村の前任、

山口FGの社外取締役は10人中7人に増えた

2020年度	主な経歴	2021年度
会長兼 グループCEO **吉村猛**	プロパー	取締役
社長兼 グループCOO **椋梨敬介**	プロパー	社長兼 グループCEO
副社長兼 ユニットCOO **久野耕一郎**	プロパー	― （山口銀行会長に）
社外取締役 **楠正夫**	トクヤマ元会長	―
社外取締役 **永沢裕美子**	フォスター・フォーラム（良質な金融商品を育てる会）世話人	留任
社外取締役 **柳川範之**	東大教授	留任
社外取締役 **末松弥奈子**	ジャパンタイムズ会長兼社長	留任
取締役 （監査等委員） **福田進**	プロパー	留任
取締役 （監査等委員） **佃和夫**	三菱重工業 元社長	留任
取締役 （監査等委員） **国政道明**	弁護士	留任
		社外取締役 **山本謙** 宇部興産 元社長
		社外取締役 **三上智子** 日本マイクロソフト 執行役員

注：―は退任。山本と三上は新任。会長は空席

福田浩一が招いた社外取締役だ。弁護士出身の国政道明、吉村より年次が1つ下のプロパー出身、福田進を加えたこの3人の監査等委員は、吉村が招いた取締役ではない。消費者団体代表、大学教授、メディア代表、システム会社幹部、地元企業トップ経験者の5人の社外取締役をそろえたのは、吉村だ。自分が招いた取締役も解任賛成に回った事実は重い。

とはいえ、取締役メンバーが地銀の置かれた環境にどこまで造詣が深く、吉村と問題意識を共有できていたのだろうか。「SAME BOAT」に乗っていたと勘違いしたのが吉村の誤算だった。

両利き経営の理想と現実

吉村が福田浩一の後を継いで山口FG兼山口銀行頭取に就いたのは2016年6月だった。その4カ月ほど前、日銀が前代未聞のマイナス金利政策を導入していた。

「天地がひっくり返るようなこと。銀行業を根本的に見直さないといけないメッセージだと受け止めた」

吉村が語った銀行改革の原点はマイナス金利政策だった。それまでの銀行業は極論すれば、融資に回せなかった余った預金を日本国債で運用していれば、それだけで利益を稼ぐことができた。それが銀行業の改革が進まない緩みにつながる半面、雇用問題に波及しない安全弁となっていた。デジタル化の時代、誰も訪れなくなった支店が空き店舗ばかりの商店街に鎮座する珍妙な風景が広がるカラクリだ。

マイナス金利政策は大きく2つの選択を迫った。「融資の量拡大」を続けるか、それとも「銀行の質的転換」にカジを切るか。多くの地銀は隣県や大都市に進出したり、特定業種に貸し込む量拡大の継続を選んだ。アパート・マンション向け融資が２０１７年まで急増し、翌２０１８年にスルガ銀行のような不適切な営業スタイルが発覚したのは、この副作用だ。そんな中、１人際立つ存在だったのが山口ＦＧだ。後者の銀行の質的転換を選んだからだ。

「地域産業に活躍していただくため、そこをもう一度支える役割を果たすべきだと考えた。地域にない産業もあるので、力不足を承知でわれわれ金融側が一歩前に出る。地域商社を立ち上げるなど、新たな産業を興していくべきだと考えるようになった」（吉村）

就任翌年の２０１７年10月、山口ＦＧが主導して「地域商社やまぐち」を設立した。就任前年の２０１５年7月には、ＰＰＰ（官民連携）／ＰＦＩ（民間資金を活用した社会資本整備）案件を核にした地域プラットフォーム作りを目指すＹＭＦＧ ＺＯＮＥプランニングも設立していた。

両利きの経営。既存のビジネスから遠い場所へ広げていく「知の探索」と、一定分野を磨き込んでいく「知の深化」の両立を目指す経営スタイルだが、吉村は就任前後から、前者の「知の探索事業」を加速させていく。その推進力を担っていたのが、相次ぎ設立した子会社・関連会社・出資先企業群だった。

２０１９年7月、地元企業に人材を紹介するＹＭキャリア、２０２０年4月、農業法人バンカーズファーム、２０２０年6月、地域観光会社ワイエムツーリズムを次々設立する。２０１９年度からスタートさせた新しい中期経営計画で、ついに「リージョナル・バリューアップ・カンパニー（地域価値向上会社）」を目指すと宣言した。目指すべき姿から「銀行」「バンク」という言葉を外し、「会社」に変える大胆なビジョンだった。

抵抗勢力の反乱

「40歳代後半の人材が育ってこないといけないと考え、椋梨（敬介）君に兄貴分として社長に就いてもらった。椋梨君に地方創生を担ってもらい、金融はベテランの久野（耕一郎）副社長を置いた。久野副社長は子銀行のもみじ銀行、北九州銀行の取締役も兼務し、僕自身はグループCEOとして地方創生と金融の両方を統括する体制だ」（吉村）

吉村が次に選んだ質的転換のテーマが「デジタル・トランスフォーメーション（DX）」だった。第2期改革に選んだDXは次元の超えたテーマだった。これまで培ってきた銀行員のスキルを生かすことができないかもしれない。デジタルに意識の高い人材を単に異動させて成就できるほど生易しくもない。経営のアクセルとブレーキをつかさどる「ガバナンス」を大胆に変えないと中途半端に終わってしまうかもしれない。

両利きの経営で言う「知の深化」に入り込む第2期改革は、これまで先送りしていた本丸の改革だった。言い換えれば「銀行の構造改革」に切り込む挑戦だ。そう簡単にメスを入れることができなかった領域で、それ相応の反発が出ることも予想された。

「まず社外取を過半数以上にしようと思った。なぜかというと、モニタリング機能をちゃんと持ちたかったから。ブレーキを掛けるというより、どうすれば変革が実現できるのか意見をもらう

ことを期待していた」（吉村）

２０１９年６月発足の取締役会の社外取締役比率は3分の１（9人中3人）だった。これを20年6月の取締役会では一気に過半数（10人中6人）へ逆転させた。同時に執行側はグループＣＥＯ職を新設し、傘下銀行のコントロール権限を吉村が握る構造を築いていた。「脱銀行」を加速させるアクセルを踏もうとしていたので、モニタリング機能がどうしても必要になっていた。

トロイカ体制は1年で崩壊した

吉村は「ものすごいスピードで走ろうとしていた」と振り返る。それは、執行側のトップである社長人事と密接に関係していた。吉村は自ら社長を退き、当時50歳という圧倒的に若い椋梨を執行役員から一気に山口ＦＧ社長兼グループＣＯＯ（最高執行責任者）に抜擢した。グループの主導権を銀行からＦＧへ移すコペルニクス的大転換と言えた。

「ＦＧを営業戦略のコントロールタワーにした。傘下行頭取は極論すれば、営業本部長。山口県営業本部長、北九州市営業本部長、広島県営業本部長。経営戦略はＦＧが意思決定する」

さすがに椋梨に対する風当たりが強くなることを意識し、傘下銀行を束ねる金融ユニットＣＯＯ職も新設し、吉村の入行同期だった副社長の久野耕一郎を配置した。久野はもみじ銀行と北九州銀行の取締役も兼務しており、ＦＧのトロイカ体制が傘下銀行を支配下に置くことを宣言した。

これに反発したと見られるのは、山口銀行を筆頭とした傘下銀行だった。山口銀行頭取の神田一成（昭和60年山口銀行入行）、もみじ銀行頭取の小田宏史（昭和59年広島相互銀行入行）、北九州銀行頭取（昭和59年山口銀行入行）の嘉藤晃玉。19年度までＦＧ常務取締役を兼務していたが、３人とも20年度からＦＧ取締役会のメンバーからも外された。

吉村は「ＦＧ取締役会の下に経営執行会議を置き、そこには頭取がメンバーに入っている。ＦＧ取締役会に付議される案件に頭取が意見を言える体制になっている」と反論するが、一見、ＦＧ取締役会から銀行を排除するような極端なガバナンスに映る。

普通の銀行人事であれば、昭和58年山口銀行入行の吉村の次をうかがう有力候補者は傘下銀トップだ。吉村は頭取を営業本部長とあえて軽く位置づけることで、ＦＧ主導の改革路線を印象づけようとしたものの、ここで歯車がかみ合わなくなった。10歳も離れた後輩に社長の座を奪われたことで、吉村と傘下銀トップの信頼関係は崩壊したと見て間違いない。

とりわけ吉村、神田ともに東大出身で、長年、競い合ってきたライバル関係とも言えた。「院政を敷くつもりか」。吉村が決めた一連の新体制は行内で疑念を持って見られるように変質していく。

内部告発の１つに「行員軽視、蔑視の姿勢」が含まれていたのが、その象徴だった。徹夜の会議を続けた上に、決まらない議論にいらだちを募らせた吉村が「椋梨に土下座させて謝罪させた」という告発も含まれていた。

吉村院政に対する恐怖心の入り交じったアレルギー反応が出ていたのは間違いない。

傘下銀行を「機能別再編」

山口の変が起きた要因として、傘下銀行の再編も関係がありそうだ。調査報告書を発表した10月14日の記者会見でも「具体的な検討は一切ありません」と強調した。

ただ、実際は吉村が2020年夏から、傘下銀行の経営にメスを入れる作業を始めていた。「地域別銀行も意味があるが、FGを統括して管理する中で3銀行が同じ戦略で良いのかと疑問を感じるようになった。FGが戦略統括できる形は何か、あるいはFGで戦略統括しない方が良いのか。地方創生会社として生きていくため、新しく作る中期経営計画の中で整理しようと話していた」

問題意識の出発点は2006年に経営統合して同じグループになった広島県のもみじ銀行だった。その1年前の2019年、「3年後の姿」を巡り議論を始め、リテール銀行に衣替えする案が論争になっていた。

山口銀行ともみじ銀行は似て非なる存在だ。もみじ銀行は第二地銀と呼ばれ、前身は相互銀行だ。せとうち銀行と広島総合銀行が2001年9月に統合してできたが、広島銀行の後じんを拝している。山口銀行が山口県のトップバンクとして自由に振る舞うことができるステータスはない。中小企業、とりわけ零細企業、もっと言うと個人事業主とどう付き合い、寄り添っていくのか。個人向けも含め徹底した地域密着路線を進むしか存在意義を確立できないと考えていた。

もみじ銀行サイドは地域性を失う業態転換に反対。吉村サイドもそれを取り下げた経緯があった。傘下3銀行の再編議論はそのリベンジでもあったが、ここで解任につながる発火点を生み出すことになる。「機能別再編」に飛躍したことだ。

「例えば、山口銀行・もみじ銀行を合併させる案、もみじ銀行・北九州銀行を合併させる案も考えたが、形としてはある意味全国展開も考えられる『機能別銀行』に再編する方向が良いかなと考えるようになった。『リテール』『中堅・中小企業向け金融』『地方創生』の3層。明確な地域銀行でなくなるのはつらいが、生き残るためにはどうしたらよいかという発想だった」(吉村)

地銀がその地域の名前を外す名称変更はなくはない。もみじ銀行も2004年の合併時に広島の名称を外したが、それでも地域を連想する名称変更にとどめている。山形県のきらやか銀行や岡山県のトマト銀行が全く地域性のない銀行名へ変更したが、吉村が構想していた機能別再編は中小企業銀行や消費者銀行といった顧客分類で名前を変えたり、相続銀行や事業承継銀行、地方創生銀行のような課題ごとに銀行名を変えたりするイメージだった。

リテール専門銀行構想

その過程で出てきたのが、新銀行の設立だった。吉村の発案だった。吉村も「『リテール専門銀行』もありだと具体的な検討を始めた」と証言する。

吉村の脳裏にあったのはオリックス銀行だった。決済やATMの運営などを手掛けるコンビニ銀行ではなく、ローンを主体にしたコンシューマーバンクを目指していた。手を組む相手にメガバンクなどの系列に入っていない中立的な会社を探したが、有力な候補は数社しかなかった。

その1つが消費者金融大手のアイフルだ。実は2018年1月に山口FGとアイフルは業務提携を結び、消費者向けの無担保ローン事業を始めていた。「そもそも我々に個人ローンを審査するノウハウはない。消費者金融の知見がないとリスク認定は難しい。法令順守や金融規制の関係を我々が担い、ビジネスリスクを消費者金融会社がコントロールする」（吉村）

吉村は水面下でアイフルと交渉を進め、新銀行計画を練り上げていく。ただ、新銀行の計画で山口FGが準備に投じる金額はCEOの決裁権限の範囲内だと判断した。これが解任につながる導火線となる。

コンサルとの癒着疑惑

「それ、富樫さん？」。今から振り返ると、4月の非公式説明会の場で、ある社外取締役が問いかけたこの一言が吉村解任劇ののろしと言えばのろしだった。

山口FGは富樫率いるオリバーワイマンと2016～2020年度までの5年間で16件のコンサル契約を結び、その金額は約5億円に上っていた。内部告発にも「背任行為に近い方法だ」と記されているが、稟議を経て決裁されており、調査報告書にも犯罪という記述はない。

ただ、富樫のアドバイスを受けて進めていた保険事業に関して、社外取締役には不信の目が芽生えていた。

吉村が山口ＦＧ社長に就いた２０１６年。就任から3カ月後、山口ＦＧは「保険ひろば」の買収を決議している。この買収は銀行店舗を有効活用するため、総合金融窓口化する構想だった。

その実動部隊になったのが子会社のワイエムライフプランニング（ＹＭＬＰ）。ＹＭＬＰは山口ＦＧのリテール中核企業として育てるべく、吉村のトップ就任とほぼ同時の２０１６年6月に設立された子会社だ。

ＹＭＬＰは保険ひろばを買収し、事業化を担う実行部隊だった。3年目に黒字化を目指していたが、目標に届かず、戦略変更を余儀なくされてしまう。２０１８年、ＹＭＬＰは住友生命保険と山口ＦＧに事業を譲渡せざるを得なくなった。

ＹＭＬＰは直近2期の最終損益も赤字が続いており、それにもかかわらず、富樫にコンサルを依頼し続ける吉村の姿勢に、行内でも批判がくすぶっていた。これが内部告発につながる土壌となる。ただ、20年6月に新設したＣＥＯの権限は絶大で、この決裁権限を使えば、コンサル契約を継続させることができた。

5月10日にNet IB Newsが暴露した内部告発文の柱は「富樫との癒着」であり、「ＹＭＬＰの失敗」だった。社外取締役が4月の非公式説明会の場でこの告発を知っていたかどうか分からない。その後、内部調査委員会は背任行為ではないが、富樫との関係と一連の行為を「不適切」と判定した。

吉村の執念

「うまくいったかどうか、色々意見はあるだろう。ただ、戦略を立てるのが仕事のコンサルの成果をどう評価するかは、様々な要因で判断されると思う。事業化した案件も当然ある」

吉村は内部調査委員会の結果にこう反論している。そもそも吉村の視界には「このプロジェクトの組成は僕の決裁権でできる」という思いが強かった。コンサル契約の費用もその範囲内に収め、批判を受けないように段取りを組んでいたという自負もあった。

それでも吉村が富樫の人事を取り下げ、新銀行プロジェクトを進める起案は辛うじて残った。吉村が譲歩したことでプロジェクト自体にストップをかけずに会を終えた。

ただ、この取締役会後の一言が決定打になった可能性が高い。「先方（アイフル）から富樫さんを送っても良いのだろうか」。10月14日の調査報告書を読んでも、社外取締役が「吉村の執念」に恐怖心を抱いたと思うほど、否定的な記述がちりばめられていた。

金融庁の一線

金融庁が相談を受けたのは、おそらくこのあたりだろう。社長の椋梨が金融庁に連絡を取っているという話が複数から聞こえてきた。

金融庁の中では、富樫が日銀出身だったという点で、２０１０年9月に経営破綻した日本振興銀行を主導した日銀出身者の木村剛と重ね合わせる見方が多かった。

個人事業主をターゲットに融資する壮大なビジネスモデルを描いたものの、米リーマン・ショックで経営難に陥り、初めてのペイオフ発動という汚名を残した。金融庁がそのプロジェクトを止めることができず、傷口を広げたと批判を受けた監督史上の汚点でもあった。

組んだ相手が消費者金融アイフルだったことも影を落としていた。２００６年、多重債務問題で行政処分を出した記憶が残り、その後、貸金業法改正につながる社会的スキャンダルになったのがアイフルだ。

そもそも吉村が山口、もみじ、北九州の傘下３銀行の免許について、金融庁への相談もなく、目的を変更しようとしていたことに対する不快感もあった。

１年前まで改革の旗手として、金融庁が主催するシンポジウムにも登壇していた吉村。ただ、今回の新銀行について、金融庁は「社外取締役にもっと丁寧に説明して、理解してもらえていたら、結果は違ったかもしれない」と解説した。いずれせによ、吉村と一線を引いていた。

吉村解任劇から少したったタイミング。金融庁は山口ＦＧ社長の椋梨、山口銀行頭取の神田以下トップを呼び出した。ポスト吉村時代に混乱が起きないようくぎを刺した。「一致団結して経営にあたってほしい」

銀行リテールの光と影

山口ＦＧ会長兼ＣＥＯの解任劇は、スピード違反を犯した吉村とそれを取り締まった社外取締役という構図だが、両者の感情的なもつれがエスカレートした結果でもある。内部調査が終わる前、しかも、株主総会当日にわざわざ首を切ったのは、社外取締役の堪忍袋の緒が切れたからではあるが、社外に火を付けたきっかけは内部告発だった。誰が告発したのかいまだに不明だが、銀行の構造改革を嫌がった抵抗勢力が出したのは間違いない。取締役の辞任勧告まで踏み込む徹底ぶりは絶対失敗の許されないクーデターの思惑が存在したからだろう。取材して改めて感じたのは、負ければ痛手を負う、姿を変えた権力闘争が起きたということだ。

山口FGの企業体質は一言で言えば「保守的」である。匿名を条件に解説してくれた山口銀行関係者は「人事評価の仕組みにうちは『目標設定』がない。上司の好き嫌いで人事評価が決まり、人事異動が決まっていく」と明かす。

これが何を招くかと言えば、失敗することに恐れてしまうこと。新しいことに挑戦しようという機運がボトムアップで起こりにくい体質だ。

一例を挙げる。

今から13年前の2008年8月。幕末の創業以来、山口市の顔となっていた「ちまきや」が153年の歴史に幕を閉じた。山口銀行の支援を受けて再生を図っていたが、単独での再建を断念。北九州市に本社を置く井筒屋がスポンサーとなり「山口井筒屋」として同年10月に再出発した。

看板は変わったが地元百貨店という街の顔を辛うじて維持できた点で、山口銀行の再建支援は評価ポイントのはずだが、山口銀行には「失敗」という黒歴史で刻み込まれてしまった。ある企業再生ファンドの幹部は「山口銀行さんは再生案件を持ち込んでも、消極的」と言う。債権放棄のような、銀行も傷を負う企業再生に及び腰な評判がつきまとう。それが山口銀行の実像だ。

だからこそ、吉村のような改革者が反動のように生まれるのではないだろうか。吉村は企画一筋で、徳山支店長の1年を除き、現場経験がない。福田浩一がそういうサクセッションプランを発動したのは、トップダウンで物事を運ばないと前に進まない山口銀行の体質を理解していたからなのではないか。

福田浩一は2018年2月18日、鬼籍に入ったので、そう思っていたのか分からないが、前任の福田がご意見番のように存在していれば、吉村が取締役会から「独断専行」と糾弾されずに済んだかもしれない。仲裁者がいなかったのは不幸な結果である。

改革を進めるのに非連続の判断が必要なこと、スピード感を持って実行していくことは避けて通れない。しかし、銀行業を土台にしたグループである以上、銀行員の賛同がなければ、改革は動くわけもない。銀行員が疲弊している姿を目撃すれば、社外取締役も「大丈夫なのか」と心配したくなる。

上記の企業再生にしても、新銀行で言うリテール人材にしても、一朝一夕に育つ領域ではない。とはいえ、10年、20年の計で息長く進めていては、競争に取り残され、ついには銀行の存在意義を失いかねない袋小路にはまってしまう。

楽天カードを代表する新興勢が山口県内を席巻しており、顧客数が強みの地銀の特徴が足元から崩されているのは間違いない。フィンテック勢がいつ、参入してくるか時間の問題でもある。外部の力を借り時間を買うようなアプローチを否定し始めたら、淘汰される危険性すらある。

人材育成と外部の知恵をどう効果的に融合できるか。この点で吉村がミスを犯したのは間違いない。しかし、取締役会が吉村の抱えていたジレンマにどこまで思いをはせていたのだろうか。最終局面で伝家の宝刀を抜くのが役割とは言え、そこでしか存在感を発揮できないとすれば、単なる暴力装置に過ぎない。

山口ＦＧで起きた解任劇にあえて意味を見い出すとすれば、改革を進める際の「執行と監督の役割」を明確にしておく教訓だ。日常業務を吉村任せにしていたとすれば、監督責任を果たしていない取締役会もミスを犯している。けんか両成敗のはずである。

まだ死んでいない

8月19日。吉村解任騒動の喧噪をよそに1つの会社が営業をスタートした。「にしせと地域共創債権回収」。いわゆるサービサーと聞くと不良債権の回収専門会社を想像する人もいるかもしれないが、この会社は全く違う。新型コロナウイルス禍で苦境に陥った企業が大量に発生する懸念を踏まえ、民間版のコロナ再生機構を意識した事業を展開する。山口銀行がトラウマとして刻み込み、及び腰だった企業再生に取り組み直す起爆剤にする仕掛けであり、山口ＦＧが道筋を付けた「地域共創モデル」の本丸でもある。

社長に就いた坂本直樹は山口銀行出身ではない。直近まで青森県のみちのく銀行のみちのく債権回収の社長を務めていた人物である。アイフルとの新銀行プロジェクトを起案するかどうかでもめていた時、同時に取締役会に上程された人事案で、こちらは予定通り承認された。

山口銀行は企業再生を担うことができる人材を育ててこなかった。外部から招くしか方法がなかった。吉村も椋梨もOKした新プロジェクトは地域サービサーとして、地域経済の土台を作り直すフェニックスプロジェクトとも言える。

実は坂本の出身は山口FG傘下のもみじ銀行だ。山口銀行と経営統合し、山口FG発足後に銀行を去り、企業再生一筋で渡り歩いてきた。巡り巡って古巣に返り咲く人事を受け入れたのは、山口FGが生み出した「地域共創モデル」のDNAを封印していない光明である。

吉村のミスを弁護するつもりはない。ただ、今回のCEO解任は「解任手続きの正当性」や独断専行を十分監視できなかった「取締役の資質」、そもそも「改革志向のガバナンスが続くのか」もあやふやにしてしまった。客観的に判定する材料は社内調査ではなく、第三者による検証でしか提供できない。その材料を元に株主総会で判定するしか前向きに進むことはできないのではないか。銀行都合か株主志向か。それをはっきりさせることが会社法で定められた株主の負託を受けた取締役の責務である。

山口FGが2021年10月1日に発表した「コーポレート・ガバナンスに関する報告書」を読むと、グループCEO・グループCOO・会長・社長の資質について、「先見性等に優れた者」と記載されている。「解職プロセス」も「指名委員会において、グループCEO・グループCOO・会長・社長に説明を求めたうえで妥当性等を審議し、集約した意見を取締役会に答申する」と明記してある。

今回のCEO解任を受けて、それまで社長だけだった対象者にCEOや会長を加えている。それはそれで必要な措置なのだが、抜けていることがある。何のためのガバナンス改革なのか。つまり「目的」だ。吉村もその説明を避けていたのか怠っていたのか、当時の報告書を読んでも十分伝わってこない。

２０２１年度が最終年度の「ＹＭＦＧ中期経営計画２０１９」。ＲＯＥ（株主資本利益率）５％以上、配当性向30％以上、総自己資本比率12％以上を達成するため、「リージョナル・バリューアップ・カンパニー（地域価値向上会社）」を目指している。この目標達成こそ、ガバナンス改革の目的であり、株主への約束である。吉村が出した答えが従来型の法人融資依存型、預貸モデル依存型から脱却する「脱銀行路線」であり、「地域共創モデル」だった。今回の解任劇に銀行員はホッとしているのかもしれないが、それで苦しい経営環境が反転するわけではない。改革の理想を掲げた山口ＦＧがまだ死んでいないと信じたい。

2　スルガ銀行の呪縛

終わらない不正融資問題

「金融庁さーん！　厳しく指導してくださーい！」。２０２１年８月30日午前８時50分、東京・霞が関の金融庁が入る合同庁舎７号館の前に30人ほどが集結していた。この一団は１時間前の７時50分頃、東京・日本橋のスルガ銀行が入る焦げ茶色のビルの前でもシュプレヒコールを上げていた。その時は60人が集まっていた。

この一団はスルガ銀行による不正融資の被害を受けたと訴える被害者たちだ。こんな朝早くに稼働するのは、会社勤務のサラリーマンが大半だからだ。勤務先の会社が始業する前に自らの被害回復を訴える活動を展開する。この日は2回目のデモンストレーションだが、このタイミングに力を入れるのはワケがある。

きっかけは21年3月1日にスルガ銀行が発表した1枚のプレスリリース「お手続き終了について」だ。2018年10月に金融庁が行政処分を出したシェアハウス向け融資で起きた預金改ざんなど不正事件。その被害救済に乗り出したスルガ銀行が突然、発表したこの文書に対し、「一方的な終結宣言で幕を閉じようとしている」と反発したからだ。

サラリーマン大家が出勤前にシュプレヒコールを上げる

「必要な手続きを本年8月末までに行ってくださいますようお願い申し上げます（本年8月末までに必要な手続きを行って頂けない場合、ご希望の手続に当社が応じることはできなくなりますので、ご留意ください）」（本文ママ）
スルガ銀行と被害者の間には食い違いが生じる大きなミゾが存在する。スルガ銀行は行政処分を受けた直接のきっかけである「シェアハウス向け融資」の被害回復に照準を合わせていたのに対し、被害者側はシェアハウスだけでなくアパート・マンション融資全体に預金改ざんなど不正が蔓延しており、そちらの被害も救済してしかるべきという立場だ。

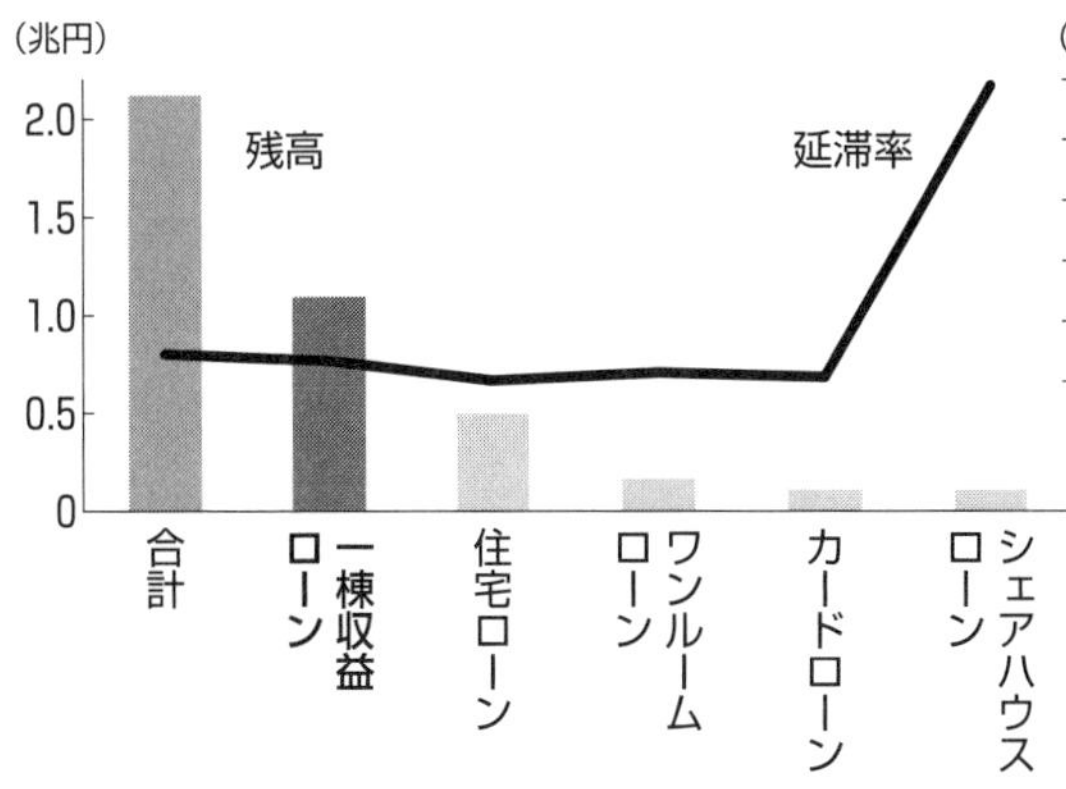

出所：2021年3月期決算説明資料

SSと呼ぶシェアハウス被害者団体が具体的にスルガ銀行と交渉しているのを目にした、アパマンローン被害者団体のSIが同盟を組んだのが、21年5月25日だった。このアパマンローンはアパートやマンションを一棟丸ごと購入し、賃貸収入を得たいサラリーマン向け。通称「一棟収益ローン」と呼ばれ、融資を受けた人たちは俗に言うサラリーマン大家だ。

「シェアハウス向け融資及びその他投資用不動産融資に関する不正行為」。金融庁が18年10月5日に公表したスルガ銀行に対する一部業務停止命令と業務改善命令の処分書には、根拠となった不正融資の定義をシェアハウスに限定していなかった。一棟収益ローンの被害者たちが声を上げげたのは、金融庁が不正改善を求めているにもかかわらず、シェアハウスに限定して被害救済を図ろうとする姿勢が分断工作に映っていたからだ。

「一棟収益ローン」がスルガ銀行再生を阻む時限爆弾なのかどうかは正直分からない。被害実態を誰も解明できていないからだ。19年5月の内部調査で判明した不正案件は約7000件、債権額で約4400億円だった。ただ、厳密に言うとデューデリジェンスしていない。

スルガ銀行の一棟収益ローンの残高は2021年3月末時点で1兆960億円。貸し倒れに備えた引当金は595億円（ワンルームローン、その他有担保ローンと合算した投資用不動産ローン）。引当率は単純計算で5％程度にとどまる。シェアハウス向け融資の引当率が70％を超えるのに対し、ほとんど備えはできていない。不正があったにせよなかったにせよ、正確に実態を把握できなければ、不正融資の呪縛を解くことは難しい。

「勝るとも劣らない深刻さ」

被害者の一人、都内在住の40代の会社員の男性は病気がちな母への仕送りと3人の子どもの養育費を捻出するため不動産投資に興味を持った。銀行による預金通帳の改ざんの末、総額約3億5000万円の融資を受け、15～16年にかけて九州と四国の2棟の中古アパートを購入したが、18年に赤字経営に陥った。「借り換えも地銀含めて何十行も回ったが物件価格と借り換え額が見合わず、物件の売却相談もしたが購入ローンの残債から1億円引かないと売却もできない状況だった」と訴える。

「いい物件なのでチャレンジしましょう」。中古マンションの購入をキャンセルしようとした別の被害者は当時の行員に相談するとさらなる買い増しを勧められたと訴える。キャッシュフロー改善をうたい文句に、リノベーションを実施するようアドバイスしたり、リファイナンスによる追加の物件購入まで提案したという。

「私たちはきれいな身ではない……。本当に申し訳ないと思っている」（幹部）。スルガ銀行は被害者の声に向き合おうとしている。「実際にそうした被害があったのであれば真摯に受け止める」。被害者の声を無視するようなスタンスではない。

ただ、被害者の声に満額回答できるかと言えば、なかなか難しい台所事情も絡む。当然、被害があった場合、自らの利益を取り崩して補償のお金を捻出しないといけないからだ。だからこそ、「集団で解決するか、個別で解決するか」という方法を巡るせめぎ合いになってきた。

「中古アパート・マンション融資はシェアハウス融資と勝るとも劣らない深刻さだと分かってきた」。２０２１年8月13日、アパート・マンション融資での不正の解決に向け、スルガ銀行側の弁護団や経営陣に対し交渉を終えた被害者弁護団がその後の会見で語った。被害者同盟には8月31日時点で一棟中古物件の所有者ら３３６人が参加。アパートやマンションは計５９４棟、融資総額にして約８０５億円に上る。8月27日、被害額を算定して損害賠償請求書をスルガ銀に提出した。

審査書類の改ざんや契約書の偽造といった不正行為が発覚する発端となったシェアハウス融資は２０２０年3月以降、第三者に債権譲渡し、物件を手放せば借金を帳消しにする形で被害者を一括で救済する措置をとってきた。今回スルガ銀が8月に手続きを終了すると発表したのはこの手続きのことを指している。

一方、一棟収益ローンについて、スルガ銀は個別解決を目指してきた。1個1個を精査し、債権放棄が必要かを判断する。当然、時間もかかる。

一括解決には壁があった。昭和～平成初期に建てられた全国の中古アパマンが主な融資対象の一棟収益ローンよりも、物件がほぼ同時期に建てられ首都圏に集中しているシェアハウス債権のほうが一括競売にかけやすいという事情もあった。当時のシェアハウス向け融資残高が2000億円程度で、手を付けやすかった面もある。

一方、自己責任原則との兼ね合いで議論もある。シェアハウスと異なり、サラリーマンが多額の融資を受けて賃貸アパートやマンションを購入する姿が被害救済に値するのか――。シェアハウス被害者集団も当初、一棟収益ローンの被害者集団と一線を引いており、気運が盛り上がらなかった。

不動産投資で遊興費を稼ごうとしていたのではないか。そういう世間の冷たい目もなかったと言えばウソになる。被害者の多くが団体を組成し、スルガ銀行と交渉に入ろうと組織化するところまで進んだのは、金融庁の行政処分から2年半たった21年5月だった。

ノジマとの不協和音

一棟収益ローンの被害者弁護団が組成された同じ頃、スルガ銀行は「別の闘い」を余儀なくされていた。大株主である家電量販大手ノジマの野島広司社長が取締役会に新人事案を突きつけたからだ。嵯峨行介社長ら取締役メンバーに対する事実上の反対票と受け止め、角突き合わせていた。最終的に資本業務提携の解消に向けた協議に入ってしまうこの騒動は、野島を「第二の岡野家になる」と警戒した取締役メンバーが発火点だ。再生に向けて采配を振るいたい野島と遠ざけたい取締役メンバーの溝は深かった。

「『金融的工夫』という表現を使い、GOODとBADを分けるような会社分割的な手法が例示された」。ノジマが嵯峨社長の代わりの社長候補としてスカウトしてきた企業再生ファンド出身者へのヒアリング。スルガ銀経営陣はノジマ陣営からすると「揚げ足取り」のような解釈で、否決の理由を見つけ出そうとしていた。

それこそが冒頭触れた「一棟収益ローン」の処理についてだった。出身母体の企業再生ファンドとグルになって、スルガ銀から不良債権ビジネスを受注する意図があるのではないか。そう勘繰ったスルガ経営陣があえて、認識を問うたように映る。

とはいえ、シェアハウス同様、不正行為が蔓延していた一棟収益ローンに「潜在リスクがない」とウソはつけない。原理原則に基づいて答えた内容が「解体屋」と決めつけられた。ノジマ陣営のスルガ経営陣に対する不信感につながる。

「仮に外科的手術の必要性が高いと認識し、対応策が打ち出されれば、世間は緊急モード継続と受け取るのではないか」。スルガ経営陣も損失処理が必要なことは当然、認識していた。中期経営計画を立てて、時間をかけて段階的に処理する道筋を描いていたが、いずれにせよ、このタイミングで不都合な真実に光を当てたくないという思いがにじんでいた。

プロパー代表格の会長、有国三知男も態度を硬化していた。「金融庁幹部に直談判した際、（有国が）これまでしたためていた黒革の手帳に書き記されたスルガ銀行再生の経緯を訴えた」（関係者）

預金流出が止まらず、経営経験のない有国が社長に就いたものの、再建の道筋を付けることは難しい。そう判断した金融庁が事実上、監視下に置いていた。

有国がノジマが推薦する社長候補に反対したのは、金融庁が後ろで手を引いていると察知した可能性がある。

金融庁は18年秋頃、日銀、そして全国地方銀行協会の会長を輪番で務める横浜、福岡、千葉、静岡、常陽の5地銀に預金協力も要請していた。それでも19年3月期の1年間に預金残高は9240億円、減った。預金の5分の1を失った計算だ。「信用不安を止める決め手がスポンサーだったノジマであることは間違いない」。ある金融庁幹部はそうあきれて話した。

スルガ銀行はノジマ推薦の社長案を指名報酬委員会で審議したものの、21年5月27日の取締役会で退けた。金融庁も一時、仲介に乗り出す構えを見せたが、ノジマとスルガ銀は同日、資本業務提携の解消に向けた交渉を始めると発表した。

ノジマ流「商売道」

ノジマが経営陣の交代を急いだのは、現経営陣に対する不信任だけではない。交代を急ぐ理由は金融界とは違う独自の経営哲学に基づくものだ。リテール業界でのし上がった商売道で導かれたスピード感覚とも言える。

野島は20年9月に公開したNIKKEI Financialのインタビューの中で、「同じ志を持った経営陣にならないと変わらない可能性が高い」と語っている。人事権と資産運用権を握らなければ、ビジネスモデルの再構築を含めた持続可能な姿に生まれ変わらせることはできないという立場だ。

コンプライアンス無視のノルマ営業に走ったスルガ銀行だが、不動産融資に傾斜する前は銀行界でリテールビジネスの先頭を走っていた。野島は「今なら再建できる。（シェアハウス融資を始める前の）２０１１年に戻ってほしい」と訴えており、経営再建中の今だからこそ、早期に建て直しへ動くべきだというのが野島のスタンスだ。

１９９９年に発売した「スーパーホームローンワイド」。当時融資残高が2兆円もなかったスルガ銀が飛躍する足がかりとなる住宅ローンだ。

勤続年数を取り払い、書類だけで判断するやり方を止めた。当時を知るＯＢは「転職すると勤続年数はリセットされる。年収数千万円の人でも、転職者は借りることができなかった」と語る。

貸すのがタブーだった個人事業主向けにも専用住宅ローンを作った。顧客の本来の収入を割り出し融資の可否を決めるキャッシュフローベースに変えた。同じＯＢは「青色申告をしている方は経費で申請し節税されている方もいる。法人営業で企業を審査するように実質ベースで見ることにした」

個人ローンは約定弁済が進み、新規営業を繰り返さなければ残高は減っていく。一気に増えた個人ローン残高を維持するプレッシャーが後に不動産投資用ローンに走って行く源流になってしまうものの、次々と業界慣行を変えていくスルガ銀は「ユニークな銀行」という地位を手に入れた。

それを支えたのはシステムだ。1999年、銀行で初めて、顧客情報管理システム（CRM）を全店で稼働させたことが原動力だった。元社長の米山明広もシステム畑出身。スルガ銀は15年7月、契約通りに開発されなかったとして日本IBMを訴えていた訴訟で、最高裁まで闘った末に勝訴した。ベンダーに丸投げせず、銀行自ら基幹システムづくりの主導権を握っていることを示した意味でも、画期的な訴訟だった。

この功績をひっさげて社長に就いた米山はシェアハウスの不正融資問題で引責辞任した。自らが歩んできたゾーンと異なる事業領域で足をすくわれてしまったが、2017年時点で、外部システムとデータ連係を可能にする「API（アプリケーション・プログラミング・インターフェース）」接続をスタンバイできていた。デジタル化の遺産を残した功績は大きいが、スルガ銀はその後、デジタル化のふ化器となっていたシステム部内にあった「戦略企画室」を廃止にしてしまった。

野島の焦りはこうした遺産をなぜ、もっと有効活用しないのかという素朴な疑問が根っこにあった。

野島の見る世界とスルガ銀に映る世界は同じ風景でない。野島の体感する世界は先を争うスピードの世界だ。

「ヤマダが銀行サービス」。21年6月21日、ノジマと同業の家電量販大手ヤマダホールディングスが住信SBIネット銀行の銀行代理店の許可を得て、銀行サービスを始めると発表した。自社のポイントシステムと組み合わせ、消費者向けの独自サービスを開発するという。

現経営陣は20年4月に嵯峨が社長に就任したばかりで、同行関係者は「あと1年待ってほしかった」と明かす。1年での退任で解任色がつきまとうことを嫌ったのかもしれない。ノジマ流の商売道は流通業の基本であるスピード感覚にあるが、スルガの銀行流は安定性を優先した時間術でもある。これは経営哲学の違いだ。

スルガ銀の21年3月期の個人ローン新規実行額は年226億円にとどまった。前の期比3・64倍と急増したものの、スマートデイズ（旧スマートライフ）が運営する女性専用シェアハウス「かぼちゃの馬車」への投資トラブルが表面化する前の17年3月期は4700億円。残高もピークの18年3月期と比べ29％減の2兆755億円だ。てこ入れに動かなければ、早晩、収益基盤が壊れてしまう恐れがある。

とはいえ、他の地銀と同じく特徴のない「普通の銀行」に戻れば、静岡銀行と横浜銀行の板挟みで埋没しかねない競争劣後のいばらの道に突き進むだけでもある。スルガ銀行は究極のジレンマに陥っている。

ノジマは店舗の販売員をすべて自社の社員にし、メーカーの販売促進策と一線を画したことで顧客の支持を集めてきた。顧客の味方に付く営業スタイルは、金融庁が2016年12月に打ち出した原則、「フィデューシャリー・デューティ（顧客本位の業務運営）」を地でいくモデルでもある。高度な技術を駆使して新たなサービスを開発するというより、社員が自ら考え、顧客ニーズに応えようとするのがノジマ流。商売の技は銀行より一枚上手だ。

スルガ銀行は悪事に手を染めた原因とされた「大株主のトラウマ」「不動産融資」という2つの呪縛を解消する答えをまだ見つけ出していない。産業と金融の力関係に転機が訪れるなか、楽天やイオンといった流通業者が参入するリテール金融界の激烈な競争は銀行の時間軸にあわせてくれるほど甘くない。

3 ── 埼玉りそな銀行の教訓

戦後初の「分割」

埼玉りそな銀行とスルガ銀行。生き方が正反対の両行は意外なところで意外な接点を持っていた。リテール事業だ。20年前はスルガ銀が「師匠」だったが、立場は入れ替わった。分かれ道となったのは、りそなが実質国有化という極限状態に置かれたことだけではない。「銀行分割」という荒業がもたらした必然の結果かもしれない。

埼玉りそな銀は戦後初めて、銀行を分割して新しく作られた地銀だ。中小企業と個人に特化した銀行への原点回帰の意志が込められており、第2の創業を目指して2003年に掲げた企業理念は「道徳銀行」。不良債権問題に押しつぶされた黒歴史を忘れないよう建てられた、りそなグループのモニュメントのような存在だ。

埼玉県入間市に、NHK大河ドラマ「青天を衝け」の主人公、渋沢栄一とゆかりのある建物が現存している。旧黒須銀行の本店だ。1922年（大正11年）に合併で消滅したこの銀行の後身が埼玉りそな銀である。

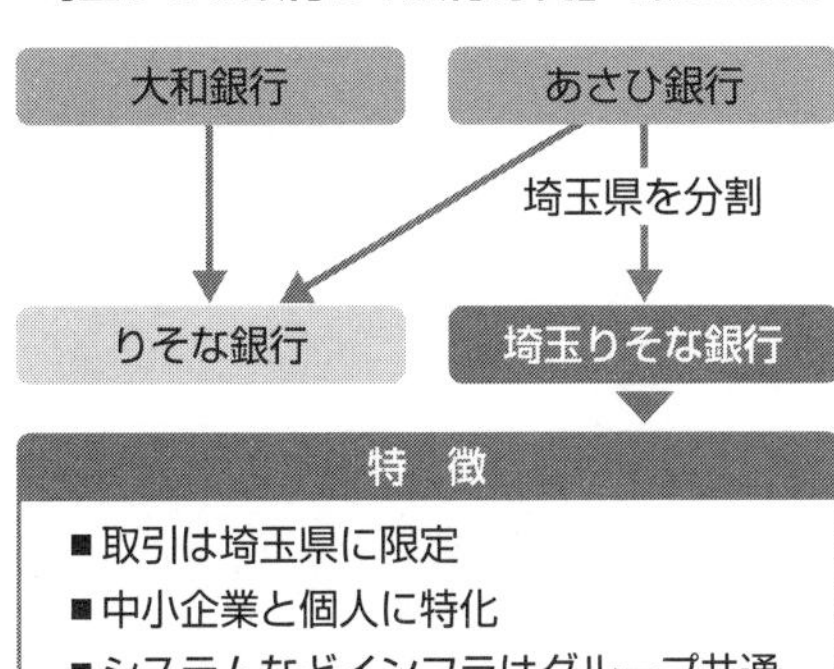

「道徳経済合一」。埼玉りそな銀社長の福岡聡が今でも若手行員に繰り返し語るフレーズだ。「収益は結果だ。困りごとを解決した結果として収益を頂ける。埼玉のために働くことが埼玉りそなのためになる」

利他の精神を実践していた黒須銀行に渋沢が贈った言葉が「道徳銀行」だった。インタビューの写真撮影でも道徳銀行の揮毫（きごう）が飾られた部屋をわざわざ選ぶほど福岡社長がこだわるのは、自分に言い聞かせるためだろうか。深層心理に刻み込まれているのは「過去の反省」だ。

福岡聡（ふくおか・さとし）

1989（平成元）年、早大政治経済学部卒業後、埼玉銀行入行。りそなグループ発足後の埼玉りそな銀行在籍歴は長い。設立メンバーで、14年まで企画部次長、経営管理部グループリーダー、鶴ケ島支店長、再び経営管理部に戻り、営業サポート統括部長に昇進した。15年からりそなHD、関西みらいFGで合計5年間、財務を担当。20年4月から現職。

バブル絶頂期の89年（平成元年）に入行した福岡の銀行員人生は教訓に満ちている。

ひとつは規模拡大だ。入行した埼玉銀行は当時、都銀13行中、下から2位。『追いつき追い越せ』が合言葉で、何としても下位行から脱却したかった」と当時の協和埼玉銀行幹部は振り返る。量拡大を志向する銀行になっていた埼玉銀は、福岡の入行2年後の91年（平成3年）に協和銀行と合併する。

もうひとつは経営危機。バブル崩壊後は護送船団行政が崩れた。協和埼玉銀からあさひ銀行に改名し中位行に入ったものの、不良債権処理で迷走を繰り返す。経営統合で一時手を組んだ東海銀行は三和銀行と合流し、UFJ銀行となる。結果、あさひ銀は再編相手を失い、信用不安に見舞われる。

「役員総出で預金集めに奔走した」と当時のあさひ銀幹部は証言する。距離を置いていた大和銀行との経営統合に追い込まれたのが、福岡が入行14年目の02年（平成14年）のことだった。

バブルに踊った反省

「護送船団行政の中で甘えた。規模拡大の競争の中で東京に出て行き、地元をおろそかにした。その結果、不良債権を作った」。行員の大半を占める入社20年未満の中堅・若手はりそな世代。入社10年目までの世代は金融危機の経験もないポスト危機世代。福岡はそんな行員を前に、恥を忍んで失敗談を語る。

逆コースを歩まないため、あえて銀行分割で生み出されたのが埼玉りそな銀行だ。全国の似たような地銀と同じように大企業や県外への逃げ道はない。道徳銀行を究めるしかなかったことは、退路を断った逆張り戦略として、改めて注目に値する。

そんな埼玉りそな銀にリテールモデルの近未来を感じた人物がいる。スルガ銀行の大株主、家電量販大手ノジマ社長の野島広司だ。

メーカーからの派遣社員を受け入れず、店員をすべて社員にするノジマは「顧客ファースト」を実践し成長してきた企業だ。収益のノルマを店舗に課す企業が多い中で、店に予算や権限を委譲し、顧客の支持率を上げるような店舗運営を促した。収益は結果だという道徳銀行の理念と重なる。

実質国有化された03年からりそなＨＤの社外取締役を務めていたクレディセゾンの林野宏会長

兼最高経営責任者（ＣＥＯ）を介して紹介されたのが、埼玉りそな銀・初代社長の利根忠博だった。福岡が好んで使う「道徳銀行」を理念に掲げた人物だ。

実は埼玉りそな銀は創業当初、スルガ銀にリテール事業の運営ノウハウを学ぶため、何度も足を運んでいた。利根自ら乗り出して、「ＡＴＭカードローン」のパテントを借りる交渉に出向いていた。経営危機に陥ったとはいえ、旧都銀トップが地銀に頭を下げるのは極めて異例のことだった。

そこまでしてリテールのノウハウを欲したのは、遅れを取り戻したいという強い危機感があったからだ。前身のあさひ銀は「後背地に７００万人も抱える埼玉県を『預金調達地』としてしか見ていなかった」という。それは協和銀と埼玉銀が熾烈な旧行対立を繰り返した副反応でもあった。協和埼玉銀が発足した翌月に埼玉銀出身の頭取が不祥事で引責辞任するドタバタも力関係に影を落としていた。

もうひとつは、あさひ銀が迷走を始めた90年代後半、リテール銀行に転換する足がかりを作っていたことだ。中期経営計画で「住宅ローンＮｏ．１」を初めて掲げ、設立した「金融基礎研究所」は日本の銀行サービスに初めてマーケティングの思想を取り入れることを意図した戦略組織だった。そこで生まれたのが今では当たり前になった住宅ローンの借り換えサービスだ。

銀行が住宅ローンを貸すときのルールはそれまで担保主義だった。それを収入ベースに切り替えた。職業、居住地、家族構成、口座の決済情報、特に決済情報の内訳を一人ひとり分析した。勤め先の働き方や収入、子供が就学中かどうか、国道16号の内側か外側か、公共料金の納付遅れの有無、株や投資信託に投資しているか――。企業と同じように個人もきめ細かく審査し、預金口座の決済情報も審査に応用した。

あさひ銀の住宅ローンは日本一になり、今のりそなの礎となった。実質国有化中に何度か組織替えしたうえ危機時に多くの人材が退職して完全な姿ではないものの、今もその体制は存続し、30年の歴史を刻もうとしている。

利根はすでに埼玉りそな銀を去り、ほとんど関係はなくなってしまったが、あさひ銀当時、役員としてリテール部門強化の旗を振っていた1人だ。

利根に今の埼玉りそな銀のことを聞いてみた。福岡は埼玉りそな銀発足時の部下で設立準備チームの一員だった。そんな福岡路線を評価した上で、「あえて言うと大きな宿題が残っている」と語った。それは「脱店舗依存」だ。

スルガ銀行との分かれ道

マイナス金利時代、法人ビジネスで屋台骨を支える収益を稼ぐのは至難の業だ。福岡社長もその認識は強く持っており、21年10月、グループで初めて地域課題解決へ新会社を設立した。コスト構造にメスを入れ、店舗に頼らなくても地域密着路線を継続できる体制をどう作るか。シェアトップで、しかも、埼玉県内で抜群の知名度がある。だからこそ、新しいモデルに挑戦できるのではないか――。

「店舗を半分に減らしても、地域密着できる体制を考えろ」。埼玉りそな銀発足時も利根は同じ議論をしていた。経営企画部門に在籍していた福岡も当時を鮮明に覚えていた。

このアジェンダをめぐり侃々諤々の議論が巻き起こった。03年３月末当時の有人店舗数は113店。合併に伴う重複解消ではなく、純粋に減らすとなれば、顧客に不便を強いることになる。「インターネットやATM、無人店を組み合わせれば、20店舗ぐらいあれば十分じゃないのか」――。そんな強硬意見すら出たのは、いずれ銀行は儲からない時代が来るとの先読みからだった。

店舗で決済するのが一般的な時代で、県内トップシェアである。法人の新規開拓担当者を22拠点に集約することで落ち着いた。ただ、スマートフォンが登場した今は、新たな最適解を探る好機でもある。

りそなグループのコストコントロール力は実質国有化で鍛えられた。行員給与一律３割カットで人件費にメスを入れたが、その後、水準を戻している。それでもなお、この20年間で経費はりそな銀行が約24％減り、埼玉りそな銀行も約４％増にとどまる。独自のシステム構築や店舗の軽量化が奏功し、物件費がそれぞれ約42％、約22％も減ったからだ。

これだけでも、構造改革に腐心する銀行界からすれば目を見張る結果だ。店舗数もコントロールできるようになれば、新しい地域密着モデルを構築できるかもしれない。

18年暮れから19年初頭。りそなホールディングス（HD）とスルガ銀の「資本提携」は発表寸前まで進んでいた。HD取締役会が反対し、土壇場でお蔵入りとなったが、りそながスルガに接近した事実は興味深い。再生が道半ばのスルガ買収につながりかねない資本提携に踏み込まなかったのはある種の慧眼（けいがん）だったかもしれないが、野心を捨てていない本音が垣間見えたからだ。

２００３年３月の営業開始より半年前の02年８月27日、法人としての埼玉りそな銀行が設立された。埼玉りそな銀行はりそな再生の「モニュメント」であるとともに、地銀界に差す一筋の光でもある。

４　SBIの野望

「今日は何もしゃべれんぞ」。六本木一丁目にそびえ立つ泉ガーデンタワー20階。SBIホールディングスの社長兼CEO（最高経営責任者）の北尾吉孝は珍しく、物々しい雰囲気を醸し出していた。いつもの豪快で軽妙なやりとりとは異なる堅い口調に終始していたのは、その会議室がまさに歴史的な決定を下した場だったからかもしれない。

２０２１年９月９日、SBIは新生銀行の保有株を大幅に買い増すTOB（株式の公開買い付け）を実施すると発表した。北尾がインタビューに応じたのはその翌日９月10日だった。もともと新生銀行買収とは関係なく入っていたアポイントメント。あまりにもタイミングが良すぎた設定日だったが、それでも北尾は面会を拒まなかった。

興奮冷めやらず冗舌に語るとしたら買収成功に自信のある証拠。余計な一言を警戒して慎重な

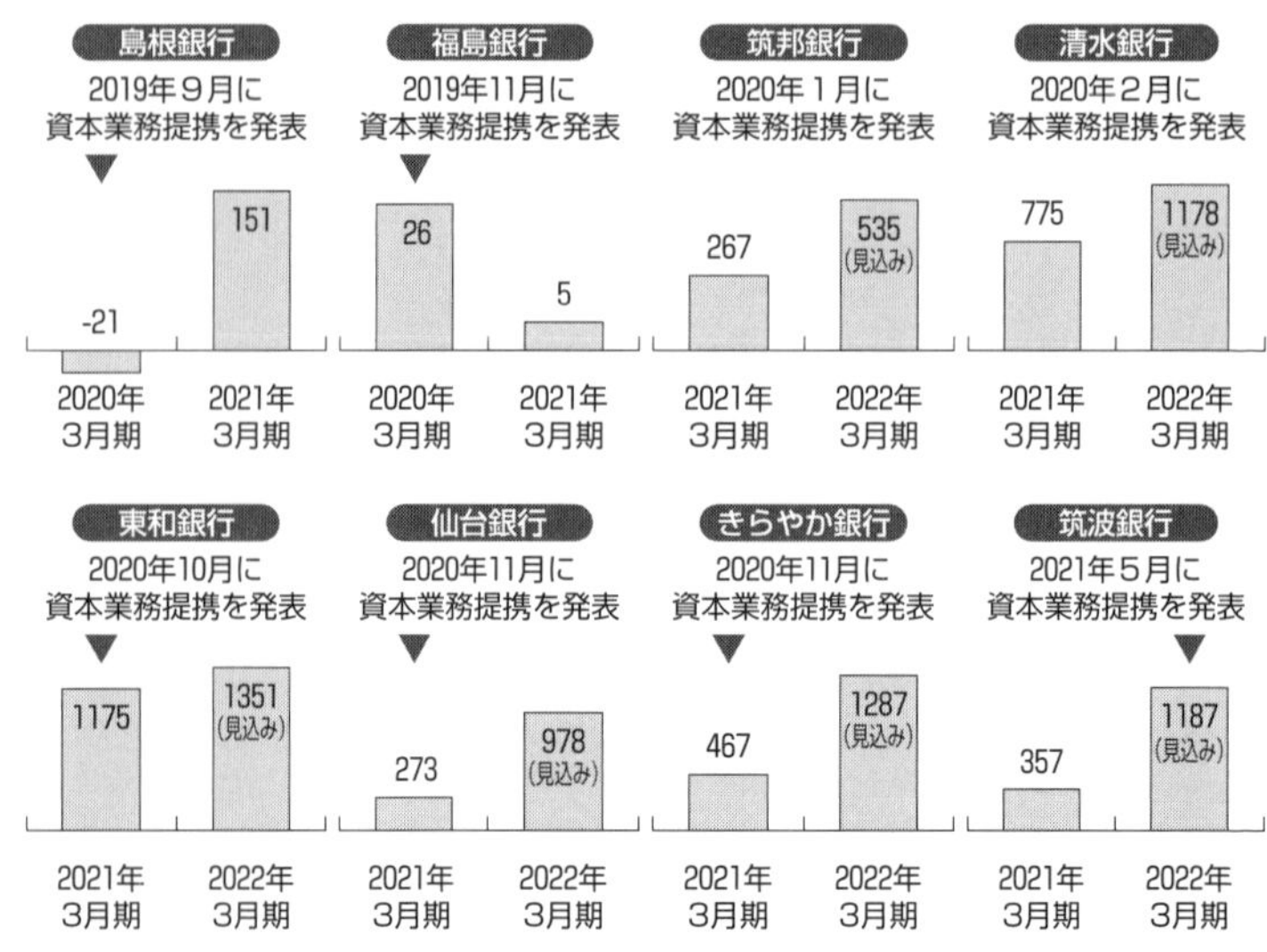

出所：SBIホールディングス、単位は百万円。

発言を繰り返すなら、のるかそるかの真剣勝負を仕掛けている裏返し。後者の姿勢で受け答えするのではないか。薄々そう感じていたものの、周到に準備していたことを知る身としては、前者であってほしいと願ってもいた。ただ、結果は予想通り。真剣勝負に臨む勝負師の顔になっていた。

新生銀行ＴＯＢの真意

新生銀行のＴＯＢは保有株比率を20・32％から48％まで引き上げる以上の意味を帯びていた。

１つは「第４のメガバンク構想」との関係だ。

ちょうど今から２年前の９月６日。島根銀行と資本業務提携を発表したのが、構想が計画に変わった瞬間だ。福島銀行、筑邦銀行、清水銀行、東和銀行、きらやか銀行、仙台銀行、筑波銀行。提携網は8行に広がった。証券会社、しかも、個性派北尾へのアレルギー反応が根強くある保守的な業界のはずだったが、背に腹は代えられないほど弱っていた。

そんなポジティブサプライズもそう長くは続かない。加盟する地銀はどちらかと言えば、各地の2番手、3番手の競争劣位に置かれた地銀。シェアトップの有力地銀の賛同を広げるには仕掛けが足りなかった。

「地銀の『中央銀行』を創りたい」。北尾がかねて明かしていた新生銀行買収の狙いだった。

信用金庫なら信金中央金庫、ＪＡなら農林中央金庫という中央金融機関が存在する。協同組織金融機関なので全国各地にちらばる信金や農協は各地の組合員が出資する仕組みだが、万が一の場合、中央金融機関が資本支援することができる。余った預金を預かり機関投資家として市場で運用する業務を束ねる機能も兼ねそろえている。地域ごとに経済格差が広がり、リスクもリターンも皆で分け合うスタイルは地銀に当てはめてもよいはずだが、地銀には中央金融機関が存在してこなかった。

それにはどうしてもその機能を担うことができる人材が必要だった。金融庁で地銀行政に精通していた監督局銀行第二課の元課長、長谷川靖をスカウトし、地銀コンサルタントで名をはせている多胡秀人を招いても、それはあくまでビジネスモデルの企画立案を託す人材。銀行実務に精通した銀行を買収するのが手っ取り早い時間の買い方だった。

「確信犯」の北尾戦術

もう1つは「TOB」の持つ意味だ。反対でも賛成でも「TOBが成功した」という事実がどうしても欲しかったに違いない。金融庁のある幹部は「北尾さんは確信犯だ」と解説した。

第4のメガバンク構想にとって、中央銀行設立が実現の「必要条件」とすれば、TOB成功は「十分条件」と言えた。

当然、社長の工藤英之が率いる新生銀行が提案を受諾することがプランAだ。TOB発表前の株価が1440円（21年9月9日終値）に沈んでいるにもかかわらず、買い付け価格を1株2000円と提示。約4割もプレミアムを付ける大盤振る舞いをした姿勢こそ、北尾がこのディールを一気に片付けようと考えた思考回路を映している。

しかし、SBIが9月9日に発表したプレスリリースを読むと、プランBこそプランAではないかと疑いたくなるストレートな要求が前面に出ていた。

「役員の全部または一部を変更し、最適な役員体制を可能とする議決権を確保する必要」。新生銀行は2016年3月期以降、ほとんどの事業年度が経営計画の数値目標に達せず、利益は減少傾向をたどっていた。「経営陣はかかる状況に対し抜本的な対応策を講じていない」。それが役員の総退陣もにおわせる強烈な文言だった。

新生銀行は2021年10月22日、SBIの提案に反対意見を表明した。条件付きながら、銀行界で初めて「敵対的TOB」に発展した。先の金融庁幹部が「確信犯」と称したのは、売り言葉に買い言葉で売られたけんかを新生銀行が買うシミュレーションが前提にある。

ＴＯＢ期間はその後、12月まで延長された。10月中旬時点で結果は当然出ていないが、北尾が打った一手は金融庁に重要な決断を迫る可能性がある。「銀行に対する敵対的なＴＯＢを金融庁が容認するのかどうか」。主要株主認可という規制を用意し、15～20％以上の大株主になろうとすると金融庁が審査する仕組み。それがシールド（盾）になり、銀行は過去一度も、敵対的な買収を仕掛けられたことはない。今回のディールは敵対的なＴＯＢになったとき、金融庁がそれを容認したとすれば、敵対的なＴＯＢの事実上の解禁につながる前例になる。

現実を踏まえると、この筋読みは深読みと言い切れない。

「喉に引っかかった小骨」

第４のメガバンク構想にとって「喉に引っかかった小骨」とも言える地銀がいる。福島県の大東銀行だ。

２０２０年5月29日、ＳＢＩは大東銀行の株式約17％を保有する筆頭株主になった。東証二部上場の不動産会社プロスペクトから買い取った。同じ福島県の福島銀行の増資を引き受け資本提携したばかりのタイミングで、同じ福島県の大東銀行とも提携すれば、第４のメガバンク構想が再編含みの波乱の展開につながる。そんなＳＢＩの気合いを予感させるディールだった。

しかし、フタを開けると真逆の展開をたどる。

「筆頭大株主になっても、ただの一度も挨拶に来ない。変わった銀行だなあ。ずっと来られなかったら来年（21年）の総会で全役員に否決を出そうと思ってます」

２０２０年６月26日午前、定時株主総会後に開く経営近況報告会の場で、北尾は大東銀行の振る舞いに不快感をにじませていたが、それこそ北尾の怒りが沸点に達していた証拠だ。大東銀行の振る舞いは北尾の逆鱗に触れていた。

５月29日の発表直後、社長の鈴木孝雄が「筆頭株主の移動はここに来て聞いた話で驚いています。全ての株主に情報提供などを通じてコミュニケーションを図っていく所存です」というコメントを出した。その後、日本経済新聞は幹部コメントを引用し、「大東銀行『寝耳に水』」と報じた。

慌てふためいた鈴木が向かった先は北尾ではなく金融庁だった。敵対的なＴＯＢを許して良いのか。鈴木が金融庁幹部を訪れたのは、金融庁がこのディールにどこまで関与していたのかを探るのが目的だった。

相談を受けても金融庁には、敵対的なＴＯＢに対処するすべがなかった。過去に買収ディールはなく、ルールどころか監督上の前例もなかった。あいまいに答えるしかなかった。

ＳＢＩはその後、大東銀行に手を出すこともかなわず、保有株は塩漬け状態だ。提携も結んではいない。第４のメガバンク構想は10行との提携を目標に掲げているが、大東を含めれば実は９行になる。

新生銀行の買収が実現した場合、投資先は10行目となる。新生銀行が仮にＳＢＩの提案を受け入れた場合、買収ターゲットにされた地銀も同じように提案を受ければ苦悩を抱えることになる。

逆に新生銀行が提案を拒否し、敵対的ＴＯＢとなった場合、金融庁が初判断を示すことになる。その判断が買収ＯＫであれば、同じ理屈で大東銀行に買収を提案できることになる。ＳＢＩが周到に用意した新生銀行買収提案は、自らの第４のメガバンク構想の目標達成だけでなく、地銀頭取の喉元にあいくちを突きつけるような一手でもある。

【INTERVIEW】 SBIホールディングス社長兼CEO 北尾吉孝

▼ネーションワイドな地銀共同体に、住信ＳＢＩネット銀のノウハウを活用

――21年9月6日は「第4のメガバンク構想」が始動してからちょうど2年の節目です。島根銀行と資本提携した日で、その後、提携先は8行に広がりました。

「まず、提携先地銀8行はコア業務純益がこれだけ変わった。まだ十分に関与できていない地銀、我々を敬遠している地銀に見て欲しい。我々の経営資源を活用すれば確実に質的な転換ができる。政府が促しているような合併は当社が主導した形ではやらない。資本提携したり、ファンドを創ったりしてきたが、これからはちょっと変えていく。残る2行（構想は10行を目標としている）とは一段進化した形の提携を模索している」

――新生銀行に対するＴＯＢ（株式公開買い付け）を発表しました。残る2行の1つでしょうか。

「新生銀行は違う。昔の長期信用銀行だ。ＳＢＩグループの経営資源と有機的に結びつ

け、色々な角度で入り込み、収益力をより強化していく」

——信用金庫やＪＡと違い、地銀は中央金融機関を持っていません。新生銀行は地銀の「中央銀行」の位置づけにする構想をかねて語っています。

「その部分はＴＯＢをした理由として大きなものではない。もちろん地方創生に役立つことになるが、新生銀行は（２０２０年8月に日本政策投資銀行、山口フィナンシャルグループなどと設立した）地方創生パートナーズのメンバーであり、１メンバーとしてやれば良いと思っている」

北尾は機能強化を絡めた大きな絵を描き、地銀を再定義しようとしている

——それでは新生銀行とどう相乗効果を出していくのか分かりにくいです。

「そもそも僕が今、１番考えているのは、新生銀行のことに限らないもっと大きな枠組みだ。手数料ゼロ時代に備えて、地域金融機関との関連性を強化したり、金融・事業法人部隊の収益力を強化したり、それはＳＢＩ証券の収益力につなげる動きだ。僕の考えの全てがそこに集約している。１年から1年半でネオ証券化を達成したい。７００万そ

ここの口座数を3000万口座に持っていく。そこへの投資は惜しまない」

「もう1つは『ネオバンク構想』だ。銀行もチャレンジャーバンク（2007年、旧住友信託銀行と共同出資で設立した住信SBIネット銀行）を創り、僕の目論見は成功した。今はネオバンクとしてJAL（日本航空）やヤマダホールディングスに金融機能を提供し、すでに伸び始めている。BaaS（バース、Banking as a Serviceの略。サービス業としての銀行業）を持っている金融グループはほかにない。新生銀行がどうこうではなく、すべてのことはこの『ネオ証券化』と『ネオバンク化』という中で組み立てている。束になってもかなわないグループを創ることを目指している」

――確かに提携している地銀は業績が好転し始めています。何が効きましたか。

「地域金融機関へのこれまでの大きな貢献は2つある。1つは運用の高度化。ポートフォリオの運用・管理は極めてお粗末としか言えないところが多い状況だ。つまり我々に運用を委託すれば良い。もう1つは大きな負担になっているシステムだ。10年に1度かかる巨額の更新費用を我々がオフセット（相殺）していくかが課題だ。クラウド化し、API連携サービスを使うことで、様々なソフトウエアをいとも簡単に手に入れることができるようにする。スマホを窓口にするサービスにはメドが立ち、ATMの共通化も急ぎ、コストを減らしていく。色々なものを共通化できれば汎用性が出てくる」

――新生銀行も加わった「第4のメガバンク構想」はどういう青写真になるのでしょうか。

「第4のメガバンクは一体的な共同体意識を持つ構想だ。それ以上でも以下でもない。新生銀行はもともと日本長期信用銀行という歴史的な背景がある中で、金融債を発行し、地銀に買ってもらっており、地域金融機関と一定のつながりを持っていた。今でもそのつながりを持っている。メガバンクはそのつながりが断ち切れており、地方創生パートナーズに参画したのは、そうしたつながりが断ち切れてしまった点を再認識した面はあるかもしれない」

「僕がこの構想を始めた動機は地方創生にある。『公益は私益につながる』。こう信じて事業をやってきた。地銀との提携も証券仲介業をやったり、SBIマネープラザ（共同運営店舗）を22店舗に増やしたり、地域の様々な顧客層に商品を提供した結果だ。SBI証券は手数料を徹底的に安くすることで、結果的に業界ナンバー1の収益力を勝ち取った」

――提携先の各地銀の事業に入り込み、証券会社でやられたようなメスを入れるつもりはありますか。銀行も手数料ゼロ時代が訪れるのでしょうか。

「銀行業は証券のコミッションゼロの世界と違い、様々な形でフィーを取っていくことが必要だ。銀行の社会的責任は零細預金を預かって、安全に運用して、かつマージンを取って、利益を確保する。つまり、健全な成長を遂げないといけない点で証券会社と少し違う。僕の競争に対する哲学は常にシェアだ。業界の中でどれだけシェアを取るかが勝負の決定的要因になる。資本提携している地銀をメインバンクとする企業は結構ある。僕自身もびっくりしている」

――持続可能なビジネスモデルに作り替えていくのに何が欠けているのでしょうか。

「地銀の問題点は人口減少であり、地域の産業基盤の衰退だ。預金という形で入ってきたお金の地域内での回転がぐっと減っている。買い物しないで預金に眠っているわけだ。だからこそ、地銀にはリージョナルからネーションワイド（全国的）に転換してもらう。住信SBIネット銀行のノウハウを使いながら変身してもらいたい。今は三井住友信託銀行とやっているため、出せる専門知識も限られているが、これから色々な形でそういう方向性に向け努力していく」

「例えば、島根県出身者が東京に出て行き、住宅ローンを借りるとき、生まれ故郷で住宅ローンを借りてみようかとなるか。島根銀行は東京の住宅ローンの査定ができないが、そこは我々がお手伝いしましょうと言うこと。『ふるさと住宅ローン』を創れば、出身者を応援できる。地方創生はお題目を唱えるだけでなく、それを実行していかないといけない。具体策や一定の期限を決め目標を設定していくやり方が大事だ。『こういう風にマーケットを創ります』というのが僕の流儀だ」

――ガバナンスを利かせる点で、提携する地方銀行との関係にも変化が訪れるのでしょうか。

「ガバナンスは当然、何パーセント持っているかで変わってくる。ただ、株主としてきちんとモニターできることが大事だ。役員を派遣していれば、内情は分かる。ある一定の投資をして、役員を送り込み、様々な形でモニターするとともに、そこに我々のリソースを注ぎ込んでサポートする。そういう環境をどう創るかだ」

第2章

両利き経営への挑戦

成功体験を積んできた成熟企業ほど、
テクノロジーの進化や新しい需要の創出に
動きにくいジレンマを抱える。
そこで出てきた経営理論が「両利きの経営」である。
新しいビジネスの「探索」と、
古くからあるビジネスの「深化」。
二兎を追う経営は一兎も得ずに終わるのか、
それとも新境地を開くのか——。

1 「2周先行」の北国銀行

北国銀行は石川県を地盤とする中堅地銀である。資金量や店舗数で見ると、他の地銀とそう代わり映えしない。だがDX（デジタル・トランスフォーメーション）で見ると、2周は先行する取り組みが地銀で群を抜く。

2020年6月に頭取に就任した異能の経営者、杖村修司がその立役者である。

脱ベンダー依存

2周先行というのはこうだ。まず60人の行員に協力会社も加えた総勢180人のシステム部隊で、地銀で初めて勘定系システムをクラウドに完全移行したこと。

もう1つは自行のデジタル化による生産性向上の改革をもとに、顧客企業にペーパーレス化などのコンサルティングを進めていることだ。非金利収入を得る新事業のふ卵器をつくったといえる。

金融庁や日銀が地銀経営で注目するのも、経費の相当な割合を占めるシステム費用である。預金元帳などを管理する勘定系は日本IBMやNTTデータなどのいわゆるベンダーに任せきりの例が多い。

日銀が19年秋に仙台で開いたセミナーもシステムに焦点を当てたものだった。新サービスを提供しようにもＣＯＢＯＬに代表される古いプログラミング言語のシステム改修に多額の費用がかかる。自前の人材が乏しいから、交渉力もない。多くの地銀が「ベンダーロックイン」（特定ベンダーの技術・システムに依存し他ベンダーへ乗り換えが難しい状態）に陥っている。

北国銀でＤＸ戦略を自ら描き、実行してきたのが、杖村である。新システムで協業する日本ユニシス社長の平岡昭良と交わした言葉は「ＩＴ業界の契約形態や受注者・発注者の関係性を変えましょう」だったという。

北国銀とユニシスで役割分担し、チームを作り開発をしていく。例えば、従来ユニシスの役割だったサーバー環境の構築やテストなどは北国銀がメインで手掛ける。

地銀ではシステム要員の新卒採用はほとんど聞かないが、同行は5年ほど前から、地元金沢工業大学を中心に毎年2～3人を採っている。杖村は「新たな技術は彼らが担っている」という。

訳知りの業界人は「北国銀のモデルは参考にならない。とても追いつけないからだ」と語る。2周先行の裏には20年かけて積み重ねてきた北国銀の様々な改革がある。

頭取逮捕が出発点

同行の過去を振り返ろう。１９９７年に当時の頭取が石川県信用保証協会の代位弁済を巡り、背任容疑で逮捕される（その後、最高裁から高裁に審理差し戻した上で高裁で無罪判決。名古屋高検が上告せず無罪が確定）。急きょ頭取になったのが深山彬だ。そこで当時取締役の安宅建樹（前頭取で相談役）と杖村が集まり、銀行の将来について議論を交わした。

杖村はこの議論がすべての出発点だったと話している。「このままではじり貧になる。地銀として地域に貢献するにはそれができる体力がなければいけない。まず身を縮めよう、と」

まず手をつけたのが支店の削減だった。バブル崩壊の傷痕が残っていたとはいえ、県内のメインバンクシェア5割を超えるトップ銀行が約150に上っていた店舗のうち3分の1の店を閉めた。時間をかけたとはいえ、相当な覚悟がないとできない。膨らんだ人員もスリム化した。

もう一つ、杖村が目をつけたのが毎年多額のコストがかかるシステムの見直しだった。杖村は父親も北国銀の役員で、若くして将来を嘱望される人材だった。日本興業銀行に出向し、ニューヨークに駐在した経験もある。資金為替部門では自分でプログラムを書き、IT（情報技術）に造詣が深かった。

それまで日本IBMにほぼ業務を委託していたシステム部門の仕事と人員をいったん企画部に吸収し、経営の視点からシステムを構築し直す人材に育てたのである。

1万4000個の段ボール

2010年代になって北国銀を大きく変えたのが、生産性向上を目指す業務改革だった。自立したシステム部門の人材がデジタル化を支えたからできたことだ。

本部や店舗のバックオフィス業務を洗い直し、ペーパーレス化を徹底的に推進した。本人確認や諸届けなどについて、いちいち書類の保管、電子化、WEBの照会、保管場所の集中などのやり方を定めて、実行した。

14年に今の新本店が完成して引っ越したときに捨てた書類は段ボールで1万4000個にのぼる。紙をデジタルに変えたのはクラウドを活用した新しい情報系システムである。企業や個人向けの提案は、すべてタブレットを使う。結果として残業時間も10分の1に減り、超ホワイト企業に変身もした。

絵に描いたようなDXの推進である。ちょうど世の中にデジタル化の風が吹き始めた頃だった。

北国銀行の目指す姿は?

❶ 強靭な経営体質
- 戦略的な効率化、生産性向上の実現

（例）店舗統廃合、本部集中化、生産性2倍運動、ペーパーレス化

❷ フィービジネス
- ファイナンスリース、カード・加盟店業務の取り組み強化

❸ コンサルティング（融資＋付加価値）
- 100人の本部チームがライフステージ別対応

（例）創業、医療・介護、経営改善、事業承継、再生ファンド

目指す姿

次世代版地域商業銀行
（NEXT Regional Commercial Bank）

■景気に左右されず地域とともに歩むメインバンク
■総合的・多面的なソリューション
■不景気を乗り切る商業銀行としての耐久力

出所：北国銀行資料から作成

freeeとの出会い

そこで杖村は1人の経営者と出会い、気脈を通じるようになった。19年12月に上場したクラウド会計ソフト大手のfreeeの最高経営責任者（CEO）、佐々木大輔である。

佐々木はグーグル出身。自らの起業経

験もあり、「中小企業の経営者をバックオフィスの雑務から解放したい」という志を立てた。それが銀行口座とAPI（アプリケーション・プログラミング・インターフェース）で接続し、資金決済や送金などのトランザクションを自動的に記帳するクラウド会計ソフトの開発につながった。

「なぜ支店に出かけて、送金や振り込みなどの手続きをしなければならないのか。中小企業の生産性をあげるためにもオンラインバンキングを普及させるべきだ」という佐々木の持論に、杖村は共鳴した。

北国銀はfreeeのソフトの導入を取引先に勧めるようになった。ところが、16年にそれが思いもしない騒動に発展したのである。

杖村　修司（つえむら・しゅうじ）

金沢大学付属高校を卒業後、慶応大商学部に進学し、85（昭60）年、北国銀行に入行した。支店勤務後、国際部門にて為替、資金ディーリングを担当し、日本興業銀行に出向した経験も。香港支店開設プロジェクトに参画した後、00年、総合企画部CRMプロジェクトチームリーダーで、「CRM組織能力再構築」「店舗統廃合・エリア制導入」「戦略的コスト削減」「融資革新」「システム戦略再構築」の各プロジェクトを推進した。09年取締役、13年専務に昇格し、満を持して頭取に就任した。父親も北国銀行役員を務めた。趣味はテニス、太極拳、ゴルフ。

２０１６年に北国銀はクラウド会計ソフトｆｒｅｅｅの導入を取引先に勧める営業を始めた。猛反発したのが、競合するＴＫＣのソフトを扱うＴＫＣ全国会の北陸会だった。

ＴＫＣが猛反発

ＴＫＣの創業者、飯塚毅は国税庁と裁判で争い、勝訴したことが映画になった立志伝中の人物。同社は税理士らの「職域防衛」を会社の定款に定め、全国会の行動力には定評がある。

当時ＴＫＣ会長（現在名誉会長）で2代目の飯塚真玄は17年にかけて全国会の広報誌などで北国銀を名指しし、ソフトの問題点を指摘した。記帳後の「修正記録が残らないソフトを売っていいのか」という批判だった。対立は地銀界ににじみだし、ｆｒｅｅｅとの協業に「事前にＴＫＣに仁義を切りたい」という声も出た。

フィンテックが地に足の着いたサービスを始めた証左ではあったが、仲介した北国銀は業界を巻き込み摩擦を生み始めていた。

常陽銀が動く

この時、ＴＫＣそのものをフィンテックに導いたのが、ＴＫＣのメインバンク、常陽銀行頭取（現在会長）の寺門一義だった。16年3月、角一幸社長（当時）に電話をかけ、「フィンテックで手を結びませんか」と提案した。今、寺門は「地域密着金融のポイントはタイムリーな資金提供と簡素な手続きにある。そのためのデータ活用の前提はデータの信頼性であり、ＴＫＣのサービスはこの要件を満たす。税理士さんにさらに協力を求め、月次試算表サービスの増加に取り組みたい」と話す。

経理を安く簡単にできるソフトで市場を広げるｆｒｅｅｅと記帳の信頼性を重く見るＴＫＣ。異なるアプローチで展開されたフィンテックの場外戦は時とともに沈静化していった。

杖村が指揮した代表的な取り組みの一つがクラウド会計ソフトを手掛けるｆｒｅｅｅとの提携だ。ただ、ｆｒｅｅｅとの提携は地元との関係でも波紋を広げかねない一手だった。トランザクションバンキング。過去の決算書や不動産など担保、経営者や第三者の信用保証を〝三種の神器〟として融資する商慣習を壊し、取引先の入金や業況をリアルタイムでチェックし、先読みをして融資する新しい商慣習を創る。ｆｒｅｅｅのソフトを使い、取引先を〝見える化〟すれば、コンサルティング型融資を展開できる。顧客の業務も効率化し、貸倒リスクも抑えることができれば、貸し渋り・貸しはがしで批判を受けることもなくなる。そんな変革に挑む過程で摩擦が生じていた。

保証協会との因縁

「保証協会への保証料がかかっていますね。うちのプロパー融資に切り替えませんか」。北国銀は「保証付き融資からプロパー融資に切り替えることを勧める営業をしていた」（事情を知る関係者）ようだ。保証付き融資には、保証料がかかることと、実行までのスピードが遅いという課題があった。銀行にとってみると、自前融資は顧客が負担する保証料と、融資手続きの時間を節約できるメリットがある。ただ、それは自行で顧客のリスクを管理できることが条件だ。ちょうどｆｒｅｅｅと提携し、中小企業向け融資を革新できる。そんな期待が背景にあった。

結果として、北国銀と石川県信用保証協会は疎遠になっていた。メインバンクシェア5割を超えるにもかかわらず、北国銀の保証付き融資に占めるシェアは18年3月期末に約17％と2割を切った。

先述のように、石川県信用保証協会の代位弁済を巡り、北国銀は97年当時、頭取が逮捕されていた。北国銀が再出発する起点となった事件だが、その後、05年、最高裁から審理を差し戻された高裁が無罪判決を出し、名古屋高検が上告せずに無罪が確定した。逆に保証協会側の主張を退ける判決だった。そんな複雑な関係に置かれていた中で、保証協会外しとも受け取られる動きをした北国銀に顔をしかめる関係者は少なくなかった。

大胆な店舗統廃合

顧客の集金業務も減らしてきた。「もともとは取引先への振り込みまでやってくれていたのに」。金沢の老舗食品会社の経営者は不満を隠さなかった。

地元との摩擦熱が生じる素地は00年頃から着手した店舗統廃合だ。現在の店舗数は105店舗（21年6月末。うち出張所1店）。97年の155店舗と比べると3割超を統廃合した。今後も店舗内店舗を増やす形で、拠点数は減らしていく方針だ。

「支店を変える手続きが煩雑だ」「店舗も遠くなった」。当時、顧客からは多くの苦情が寄せられた。行員からも「銀行の都合を優先して身勝手だと思う」との意見があったという。

総合企画部長（当時）の鳥越伸博は「丁寧に説明をするしかなかった。新たな手続きで発生した経費を負担したことまであった」と語る。インターネットバンキングを充実させて、来店せずとも作業ができる仕組みを整えた。それでも「今でも100パーセント受け入れられているかというと、そうではない気もする」と語る。

杖村は改革の推進力を評価されて頭取となった。ただ、その実行力の強さゆえに「独断専行にならないか」と懸念を示す関係者が存在するのも事実だ。

石川県は第2次世界大戦の戦禍を免れ、伝統的な老舗企業が多く存在する。他地域に比べて産業構造の変化が緩やかだったため、「ここは変化を好む土地柄ではない。銀行の商売は取引先とのコミュニケーションを大事にする泥くさい仕事だったはずとの意識は強い」（前出の食品会社）。極端な改革が進み「我々はどうなるのか」と心配した経営者も多かったという。

地元丸ごとデジタル化

一方で、地元との雪解けも始まった。石川県信用保証協会とは、新型コロナウイルスによる経済危機をきっかけに融和が明確となった。同協会の20年4～7月の保証件数が前年同期比約6・5倍の7606件、金額は14倍の1427億円だった。新型コロナ関連の融資が増えて、20年7月は件数、金額共に過去20年間で最高を記録。金額に占める割合は18年の17％から35％へ倍増した。

石川県信用保証協会は地元自治体、金融機関と連携し、20年8月11日からコロナ対策融資の手続きをクラウド経由で、担当者が窓口に出向く手間をなくした。当時、全国で初めて電子化に踏み切れたのは、北国銀の協力があったからだ。18年4月に国が信用保証制度を改革し、協会の役割に「経営改善・生産性向上を一層進める仕組みを構築すること」が加わった。当時の保証協会会長も民間の北都鉄工会長を務める小池田康成だった。事情通によると、理事に名を連ねる安宅建樹頭取（当時）が尽力したという。地元を丸ごと変革しようという思惑で、保証協会と北国銀が一致した。

コンサルティング業務も徐々に浸透し始めている。日本ユニシスなどと組んで始めた伝統工芸、山中漆器の生産工程を管理するクラウドサービスだ。

職人の分業で成り立つ漆器生産の進捗状況を、発注元や職人がインターネット上で共有し、納期管理を容易にした。実際に漆器屋の支払いと発注事務の時間はそれぞれ3割削減した。北国銀はシステム導入前に課題の洗い出しのため、産地事業者と4回の勉強会を開催した。プロジェクトを発足するまでに、産地の現状を正しく把握しようと1年弱を費やした。

ある老舗企業の経営者は「以前のように『借りてくれ』ではなく『やりづらいことがあれば、おっしゃってください。協力します』と言ってくれるようになった」と語る。「海外での拡販について本店から精通する人を連れてきて相談に乗ってくれた」という。杖村が目指す姿は徐々に顧客に浸透しつつある。

地域の繁栄なくして地銀の繁栄なし

「改革と地域共生を両立させなければ生き残れない」。こうした北国銀の姿勢を表したのが20年の人事だった。安宅建樹・前頭取時代から改革の実行役だった杖村が新頭取に昇格したこと自体に驚きはない。だが、会長職を7年ぶりに復活させたことに人事の妙がある。会長に就いたのは安宅ではなく、当時専務だった浜崎英明。安宅は相談役に退いた。

浜崎は営業部門の経験が長く、地元の有力企業が集まる金沢経済同友会の代表幹事でもある。安宅は頭取交代の発表会見で浜崎について「顧客の状況をよく理解している。会長という立場から中も外も見てほしい」と期待する。浜崎も「地域活動に今まで以上に関与する。地域のためにやっていくことが社会的使命だ」と自認する。銀行の改革路線の経営を杖村が担い、地元財界の顔として浜崎を会長に据えてつながりを強化する狙いがある。

「地域の繁栄なくして地銀の繁栄はない。どちらが先かというと、地域が先。地域の繁栄の手伝いをすれば、銀行ももうかる。逆にそういうビジネスモデルが作れなければ、それは経営者の責任となる」。杖村はこう語る。銀行なくして地元経済なし。石川県のメインバンクシェア50％を超える北国銀は雇用の受け皿でもあり経済の心臓部でもある。地銀と地域は密接不可分の運命共同体だ。それでも上場する以上、効率性、収益力、そして成長性と無縁ではいられない。生き残るには地域を巻き込んで経済を丸ごと変えていくしかない。先見性を持つことが地銀の本分であることを身をもって体現する。

2 ＦＦＧの「チャレンジャー銀行」

資産規模で地銀最大手の座に上り詰めたふくおかフィナンシャルグループ（ＦＦＧ）が新たな挑戦を始めた。従来型の銀行を破壊し、ゼロから新しい銀行を作る「ＤＸ（デジタル・トランスフォーメーション）」だ。業界の新しい盟主が銀行界の先陣を切って非連続の改革に踏み込んだ姿勢に金融庁も一目置いている。

地銀初のデジタルバンク

「朝礼はやめだ。すぐ作業にとりかかってくれ」。みんなの銀行がサービスを開始した２０２１年5月28日朝、同行頭取の横田浩二は出社早々にこう指示した。午前7時頃、システムの外部接

ブランドロゴを掲げる横田頭取㊧と永吉副頭取

続を行うシステムに不具合が見つかったのだ。在来型の銀行なら提供延期が濃厚な場面だが、技術者が2時間でプログラムを2カ所書き換え、午前9時には復旧にメドをつけた。「これがデジタル銀行の世界なのか」。当初の予定から30分遅れで朝礼を行いながら横田はうなった。

ＦＦＧは21年5月、デジタル専業の「みんなの銀行」を地銀で初めて設立した。口座開設数は開業3日で1・3万件、7月下旬には8万件を超えた。「最初はトラブルも視野に、社のロッカーに会見用の背広を忍ばせていた」と横田は語るが、システムも順調に稼働してきた。開業1カ月で微細なトラブル検知の件数も当初の2割程度まで減った。そして、何より横田の心を動かしたのが若者からの支持だ。顧客の7割を40歳未満が占め、洗練されたアプリケーションにネット上では「みんなの銀行に恋しています」など好意的な反応が続く。横田は「涙が出るほどうれしいですよ」と話す。

ＦＦＧは19年5月、システム開発子会社の「ゼロバンク・デザインファクトリー」を設立した。外部協力者としてアクセンチュアにも協力を仰いだ。地域の看板にこだわり自前主義にこだわる地銀界において、この2つを捨てた意味は大きい。

地銀初のデジタル専業「みんなの銀行」のビジネスモデルは個人向けと企業向けで、一見、普通の銀行と変わりはない。対個人では消費性ローンによる金利収益を中心に開業3年でローン残高800億円、預金残高2200億円を掲げた。決済関連や月額単位での課金モデルの確立を通じて収益を確保する計画だ。預金という商品で老若男女を投網のように囲い込んできた地銀のビジネスモデルを捨て、「UI／UXやマーケティングでいかに刺さるか」を勝負どころに定めている。主戦場と狙いを定める大都市圏でデジタルネーティブ層を獲得することだけに特化する。「福岡銀行がバックにいると一見して分からないようにした」（横田）

対法人も逆転の発想でビジネスモデルを組み立てる。銀行のローンは基本的に業者や企業から持ち込まれ、銀行は受け身になりがち。顧客の借り入れ能力をあらかじめ把握し、それを相手に提案すれば、需要喚起につながるのではないか。さらに、顧客企業の先にある消費者との連結点をみんなの銀行が担えれば、消費行動など従来の銀行が追い切れなかったマーケティングの情報も蓄積できる。そのため、異業種企業と提携し、金融と実需を結びつけるネットワーク型を基本形に置いている。提携先が持つ日々の取引情報が分かれば、信用リスクをより精緻に理解できる。つまり金利を柔軟に設定できる。銀行は取引ごとに課金したり、プロフィットシェアできたり、新たな収益を得られる可能性がある。消費データが蓄積すれば販路拡大支援のようなコンサルティング型のビジネスも視野に入る。不動産会社や百貨店、専門店など小売業者、塾や旅行会社などサービス業者と手を組み、みんなの銀行は彼らのサービスを裏から提供する「黒子」だ。

6月には第1弾としてイラスト投稿サイトを運営するピクシブ（東京・渋谷）や人材派遣大手

のパーソルテンプスタッフとの提携交渉を公表した。その他にも東京圏中心に数十社と具体的なサービス検討に入っている。「オーダーメードに対応するためにも、システムをゼロから作ったのは間違っていなかった」（横田）。提携先を経由して彼らの取引先に食い込めれば、福岡銀行が手を伸ばせなかった九州以外の中小企業も得意先にできる。デジタルバンクだからこそ、「B to B to C」（法人経由の個人ビジネス）を志向できる。

自前店舗は持たず、全ての取引をスマホで完結させるみんなの銀行は、顧客ニーズを起点にビジネスモデル、それを実現させるシステム、それを支える人材まですべてゼロから創造する大チャレンジだ。半面、それは福岡銀行の顧客基盤すら脅かしかねない。

「カニバリズムを恐れない」

19年頃、みんなの銀行の設立準備室メンバーからヒアリングしていた金融庁の担当者はそれを聞いて一目置くようになった。「カニバリズムを恐れません」。新銀行が開拓したマーケットが福岡銀と競合しても致し方ない。これまで築き上げてきたビジネスモデルを崩しかねない一線を越える覚悟を感じたという。

みんなの銀行は単なるネット銀行ではない。「LCC（格安航空会社）モデル」と呼ぶ、支店機能を代替する銀行サービスのデジタル化にとどまるつもりもない。先述のようにその肝は「勘定系システム」をゼロから新しく作ったことにある。銀行の心臓部とも言える基幹システムを一から立ち上げ、しかも、従来のような中央集権型で閉鎖的な巨大システムではなく、分散型でオープンな軽量システム。銀行界で誰も成し遂げていない「クラウド銀行」を創業するからだ。

大きな壁が２つあった。１つはＦＦＧですでに６００万人もの多数の顧客を抱え、継ぎはぎだらけとなった重厚なシステムを一気に捨て去ることはできないという「負の遺産問題」。この現実を受け入れるところがスタート台だった。

ＦＦＧの勘定系システムは日本ＩＢＭが開発した。福岡銀行と広島銀行が03年、共同で運用を始めたもので、当時はシステム共同化の先駆けとして注目を集めた。しかし、そのシステムも陳腐化しつつある。その間、ＦＦＧ傘下に入った熊本ファミリー銀行（今の熊本銀行）と長崎県の親和銀行（20年10月に十八銀行と合併し十八親和銀行）もシステムを共同化し、21年1月には旧十八銀行もシステムを移行した。効率化という目的に限界が訪れ始めたタイミングで、老朽化の宿命ともいえるシステム更改が迫ってきた。従来の延長線でシステムを開発してよいのか。「システムは安ければいいものではなく、今や銀行の競争力そのもの。ＧＡＦＡで外部に依存しているようなところはない」。こう指摘する横田は40歳代の頃、この共同化プロジェクトに携わったチームの一人だ。「全く新しいシステムを作らせてほしい」。そう進言したのがまさに横田だった。

もう1つは今までの仕事のやり方を変えたくないと考える銀行員が圧倒的多数の中で生じる「ヒューマンアセット問題」。世界でも時代の変化、顧客ニーズの激変、技術の活用にカジを切れている銀行は数少ない。ただ、スペインのサンタンデール銀にヒントが見つかる。従来の銀行を運営しながら、全く新しい銀行を作り、一定の時間を掛けつつも理想を追い求める戦略だ。

みんなの銀行はサンタンデール銀行型

銀行名	特徴
DBS（シンガポール）	本体をデジタル化し、他地域展開

スピードボート（デジタルバンク）の位置づけ
本体をデジタル化後、低コストで他地域展開を実現

システム構成
フロント・ミドル：クラウドで構築　　バック：既存勘定系

組織体制
全社をスピードボート化し、一体運営・内製化

銀行名	特徴
サンタンデール銀行（スペイン）	本体から切り離したデジタル化の実験場を設立

スピードボート（デジタルバンク）の位置づけ
本体のデジタル化と並行してOpenBankを設立し、新たな顧客層を獲得

システム構成
フロント・ミドル・バック：クラウドで構築

組織体制
スピードボートはトップマネジメント直下で独立運営、外部活用

銀行名	特徴
ビルバオ・ビスカヤ・アルヘンタリア銀行（BBVA、スペイン）	買収を通じて短期間でデジタルチャネル確立

スピードボート（デジタルバンク）の位置づけ
本体リテール部門を補完するためにチャレンジャーバンクを買収

システム構成
フロント・ミドル：クラウドで構築　　バック：既存勘定＋新規構築

組織体制
スピードボートのノウハウをスーパータンカー（本体）に吸収、外部活用

スーパータンカーとは
伝統的に既存銀行を意味しそれをデジタル化で効率化することを指す

スピードボートとは
新たな銀行もしくは銀行ブランドを確立しデジタル主体の新サービスを展開することを指す

出所：アクセンチュア提供

我々は「探検隊」

時限を区切って改革の道筋を作る。そのため、ＦＦＧ会長兼社長の柴戸隆成が出した答えは副頭取まで上り詰めた横田を新銀行に出向させる人事。ＧＯサインを得た横田が自認するのが「我々は探検隊になる」こと。銀行のカタチを変えるため、銀行員の殻を壊すことを決意する。

突破口と見定めていたのが「外部人材の受け入れ」だった。

ＵＩＵＸデザイナー、スクラムマスター、データサイエンティスト……。ＦＦＧの中途採用ページにはこれまでの銀行には似つかわしくない職種の募集が並んでいる。専門人材を獲得するため、「転職市場での給与水準」も考慮する特別の賃金体系も設けた。これまで集まったデジタル人材は50人を超す。大手飲食店検索サイト出身でマーケティングなどを担当している國武宣道は「銀行は縁遠い業界だったが、フィンテックやＤＸへの力の入れようを見て転職を決めた」と話す。

社内でも「デジタル人材育成室」を設置しヤフーなどデジタル企業に半年から1年、出向する制度を始めた。逆にアクセンチュアなどから人材も受け入れ、銀行の内部改革を進める。デジタル人材のプールは広がってきた。

デジタル人材と銀行人事の「減点主義」は相いれない。そもそも人事評価を蓄積し将来どのポストに就くかを目標に働くインセンティブはない。プロジェクトを終えれば他社に転職するのが一般的な世界だ。デジタル人材をひき付けるには「構想力」がないと始まらない。

「何も手を講じないと顧客基盤を奪われることにもなる」。ＦＦＧの柴戸はデジタル化のうねりに警戒感を隠さない。しかし、柴戸がほかの地銀トップと違う点がある。「グループにそういう機能を持った銀行があれば、脅威をチャンスに変えることもできる」と腹をくくっているところだ。「得られたノウハウやスキル、人材をFFGに共有・還元することも重要な目的の1つ。既存ビジネスの高度化にもつながる」と発想を転換した。みんなの銀行は開発費やプロモーション費など年50億円規模の投資が当面の間続き、開業3年目の黒字化が最初の目標だ。ここまで巨費を投じる決断を下すことができた理由を知るには、時計の針を14年に戻す必要がある。

「10年後をデザイン」 柴戸の非連続路線

「10年後、銀行がどうなっているかを思い描いて、どういうビジネスやサービスが必要か考えろ。既存の銀行の延長線上になくていい」。今につながる源流は14年、ふくおかフィナンシャルグループ（FFG）社長に就いたばかりの柴戸隆成が放った一言は、銀行員の地位にあぐらをかいていられなくなる競争時代の到来を見越してのものだった。

「『お客様起点』といいながら、銀行サービスは顧客ニーズから開発されていない。だからコモディティー化しているのではないか」。21年5月に開業した「みんなの銀行」の源流はこの時点にあったと言ってよい。頭取の横田浩二の懐刀、副頭取となった永吉健一は柴戸が「お題」を出した当時、40歳代前半で経営企画部に属していた。「銀行の外に銀行をつくる」。まずは福岡銀行などグループ銀行のデジタル化を支援するための企画・開発会社、iBankマーケティング社設立の企画書を書き上げた。

iBankの立ち上げがみんなの銀行設立に踏み切る推進力になった。16年7月に提供を始めたスマホアプリ「ウォレットプラス」。銀行口座を登録して簡単に収支を確認できる当たり前のサービスだけではなく、「旅行」や「結婚式」といった目的別に貯金をためられる機能、ロボアドと提携して余剰資産をアプリ内で運用できる機能、これらの行動に合わせた情報やクーポンの配信サービスなどを矢継ぎ早に導入した結果、総ダウンロード数は150万を突破。顧客の6割強が銀行が不得意な30歳代までの若い世代。南都銀行や山梨中央銀行など他地域の6行と資本業務提携を結び、口座を持つ顧客が利用できるようになった。柴戸は「この5年間でいろんなプレーヤーとの距離感も縮まって、既存の銀行にはない知見やつながりが見えてきた」と語る。デジタル化に手応えを感じた瞬間だった。

一方、全く新しい銀行を作らざるを得ないと永吉が覚悟を決めた出来事も起きていた。痛感したのは「スピード感の欠如」だった。

ウォレットプラスは福岡銀などの基幹システムとAPI（アプリケーション・プログラミング・インターフェース）を通じて口座情報などをやりとりする。システムは福岡銀行に借りている。割り勘機能など新サービスの実現には銀行に機能追加をお願いするしかない。「ちょっと変えるのに1年とか、数億円かかる。スタートアップのスピード感には全くもって戦えない」（永吉）

隣国韓国では「開業2年で1000万口座という、信じられないような顧客支持を獲得している」と横田が驚く銀行が誕生していた。韓国のカカオバンク、メッセージアプリ運営のカカオがグループに持つ銀行だ。横田曰く「極めて使い勝手の良い操作性を実現すると同時に、使うと楽しい金融サービス、新しい顧客体験を生み出している。既存の銀行に不満を持つ若年層の受け皿になっている」。

横田と永吉の思惑が一致した。従来の枠組みにとらわれないデジタルネーティブバンク。新しいシステムをゼロから自前で立ち上げるみんなの銀行のコンセプトはここに始まった。

「中小企業」に切り込むか

「お呼びがかからない時代が必ずくる。そのとき困っても仕方がない。だったら今踏み出そう」。横田は地銀が囲い込んできた中小企業と地銀の関係も見直しを余儀なくされる時代がいずれ到来すると読んでいる。デジタル革命は産業界でサプライチェーンやエコシステムに化学変化を起こしている。例えば公共交通機関やタクシー、カーシェアといった別々の業界が「モビリティー」の概念で再統合され、そこに決済機能も組み込まれる。

その時、これまでお殿様でいられた地銀も立ち往生するのではないか。同じ地銀界の頭取たちのみんなの銀行に対する最大の関心は、まさに「法人」にどう切り込むかだ。

勝負どころは「トランザクションバンキング」かもしれない。ＦＦＧもグループ取引先は合計22万社に上るが、人口減とともに訪れる大廃業時代、安穏としていられるわけはない。日々の入出金で業況を審査し、人工知能（ＡＩ）を使えば資金需要の予兆を簡単に把握できる。どぶ板営業で手間暇惜しまず現地訪問することも大事だが、銀行員の年収は高く、成果が伴わねば採算割れ営業になってしまう。技術を駆使し、予兆をつかめるようになれば、これまで未踏の中小企業ゾーンに参入できるかもしれない。

銀行界は2000年代、スコアリング融資と呼ばれる自動審査型融資を一斉に始めたが、不良債権の山を作った苦い記憶が残っている。ある大都市部の地銀幹部は「デジタル化を通じて、地銀の法人営業を抜本的に変革できるのか。零細企業までカバーでき、信用金庫・信用組合の市場まで深掘りできる体制を作れなければ、地銀不要論は現実になってしまう」と語る。この地銀は東京都地盤のきらぼし銀行。みんなの銀行の後を追うように新銀行設立を発表した。

すでにフィンテックベンチャーは巧妙に中小企業市場へ入り込んできた。手をこまぬいていればフィンテック勢に本丸の中小企業市場を奪われるかもしれない。

個人のリテール市場はあくまで前哨戦。リアル営業主体の中小企業市場にデジタル化を持ち込めるかが地銀DXの肝である。

FFGは長崎県の十八銀行と経営統合した結果、20年3月期決算で、業界の盟主、横浜銀行主体のコンコルディアFGを資産規模で大きく引き離した。九州で圧倒的地位も築いた。にもかかわらず10年後の未来は保証されない。マイナス金利時代、預貸金粗利ざやは12年前の08年3月期と比べ半分に減り、1%を切ってしまった。業界の雄ですら、貸出金利息収入で営業経費をまかなえなくなりそうなジリ貧に陥った。地元福岡は全国的に見れば成長余地のある地域と見られているが、実は足元で伸び率は鈍化しており、19年には推計人口が初めて減少に転じ、減少基調が定着する日はすぐそこに迫っている。若者を取り込まないといけないのは地元経済も同じだ。首都圏などへ若者が流出し、相続を通じて預金も流出してしまった時、地銀は必要とされる存在なのだろうか。「非連続に成長する部分を持つ『両利きの経営』ができなければ、生き残れない」。横田が抱く危機感だ。

銀行員が安定した名誉ある地位を捨てる勇気を持てなければ、その銀行員は消える運命にある。成長ストーリーを描けなければ、地元のトップバンクといえども優秀な人材をひき付けることはできなくなる。

問い直す「地銀とは?」

福岡銀行には苦い記憶が今も残っている。実は今の地銀体制が始まった黎明期、1949年の時点で業界首位は福岡銀行だった。当時も今も、業界の雄にのし上がった原動力は再編という点で共通する。

しかし、盟主の座から落ちるのは早かった。積極融資していた炭鉱業がエネルギー革命で衰退。構造改革の荒波に巻き込まれ、福岡銀行の存亡を揺るがす危機を招いてしまった。銀行業初のストライキを体験し、県下で豪雨災害にも直面した。まさに内憂外患。50年代中頃、当時の首脳は「当局の特別な監督下にあった」と表現していた。今で言う「国有化」状態に置かれていた。

「漫然と上部の指示を待たず、おのおのが創意工夫して活発に実行へ移れ」。逆境下、行員を鼓舞し、今の姿に復元させる源流となったのは当時の頭取、蟻川五二郎だ。この「福銀精神」という言葉は行員が朝礼など折に触れて確認する基本方針に引き継がれている。「高い感受性と失敗を恐れない行動力を持ち、未来志向で高品質を追求します」。自立すること、改革へひるまないこと、自由闊達でいること。福岡銀行にとってライバルとなりかねない「みんなの銀行」を許容したのは、ベースとなるこの銀行文化なくして語れない。

埼玉銀行、神戸銀行、東海銀行、北海道拓殖銀行……。かつて地域を地盤にした都市銀行は金融自由化のうねりとバブル崩壊後の平成金融危機を経てメガバンクの一部となったり、経営破綻に追い込まれたりして、姿を消してしまった。顧客ニーズを追いかける戦略は経済の先兵役として正しい道だったが、優勝劣敗の荒波に洗われてしまった。今回のFFGの挑戦は歴史的に見ると、この黒歴史を塗り替える可能性がある新境地でもある。地域という看板を下ろしてでも、新たな経済圏を探検し、新しいビジネスモデルを構築しようと覚悟できたのは、デジタル技術の進化なくしてあり得ない。みんなの銀行の成否は地銀が成長戦略を描き直せるかどうかの大勝負でもある。

3　南都銀行の「突然変異」

南都銀行は1県1行地域である奈良県のガリバー地銀だ。県内で最大の企業でもある。典型的な名門地銀ゆえに現状に甘んじ、地銀を取り巻く環境変化への対応が遅れていた。行内の誰もが目をそらしてきた、この不都合な現実に唯一目を向け、改革路線に転じようと動き始めたのが頭取の橋本隆史だった。今では「南都銀行は突然変異した」と金融庁も驚くディスラプター（創造的破壊者）だ。

宿敵金融庁も味方に

興福寺や東大寺を擁する奈良公園にほど近い南都銀行本店の一室。２０１７年初旬、橋本は苦虫をかみつぶしていた。対峙していたのは検査に来ていた金融庁のモニタリング企画室長、20歳も年の離れた石田諭だ。

石田が持参した資料に記載されていたのは、本業の貸し出しと手数料ビジネスを合わせた顧客向けサービス業務損益。金融庁が地銀の業績指標として当時新たに考案したものだ。南都銀は赤字で、全国でも最低水準だということを資料は示していた。

橋本は自らの問題意識と頭取就任以降取り組んだ改革を丁寧に説明した。聞き終わった石田が口を開く。「橋本さんの考えは正しいと思いますが、部下を含めて意思統一ができていますか？」「頭取の考えや行動を組織に浸透させる片腕がいないのでは？」。橋本はぐうの音も出なかったという。

「嫌なことをずけずけと言うやつだ」。橋本はいらだたしさを感じた一方、「国富増大のためには地域の活性化が必要」「地域を活性化するのが地銀の役回り」などと力説する若き検査官の印象は強く残った。

石田は生粋の官僚ではない。第一勧業銀行（現みずほ銀行）に入行し、産業再生機構を経て、経営共創基盤に籍を置いていた。金融庁に移籍するきっかけを作ったのは、現在の代表取締役CEO（経営最高責任者）で金融庁参与も務める村岡隆史。金融庁は当時、後に長官となる森信親が検査改革に着手し、不良債権処理型の検査を止めて、地域経済をテコ入れする新たな検査手法を研究していた。

石田㊨の副頭取就任は銀行内外に衝撃を与えた

地域経済をマクロ的に見て、新産業を興したり中小企業の生産性を上げたりするための指摘をできる人材は誰か。当時の金融庁幹部の目に留まったのが、村岡の推薦で金融庁に移籍していた石田だった。健全性に問題はないが、後背地が充実しているのに冴えない南都銀行が送り込む先に決まった。

石田と対峙していた当時、橋本は焦りを感じていた。

1つは同じ地銀界との付き合いで感じたものだ。モニタリングの前年となる16年6月に全国地方銀行協会の副会長に就任したが、会長や同じ副会長を務めていた静岡銀行やふくおかフィナンシャルグループなど当時の先進行のトップと交流するにつれて「先々への考え方がまったく違う。

南都は周回遅れだ」と危機感を募らせた。

もう1つは外部人脈と議論しながら得た刺激だ。

この当時、橋本は精力的に外部の有識者と会い、新しい価値観を積極的に受け入れていた。20年1月14日、67歳で急逝した社外取締役の石井雅実もその1人。大学時代の友人から紹介されて付き合いを始めたきっかけは「郵便局」だった。石井がかんぽ生命保険の元社長だったからだ。貯金限度額問題を巡り銀行界と郵便局は対立を繰り返していたが、橋本は割り切っていた。円滑な店舗統廃合を考えると、配送網をベースにしながら過疎地にも店舗を置く郵便局は魅力に映る。日本郵政内に人脈も豊富な石井を顧問に迎え、ついに社外取締役に据えた矢先の不幸だった。

石井逝去から2カ月後の3月26日、南都銀行は奈良県南部の山間部にある黒滝郵便局で、全国初の共同窓口を始めた。業界に与えた衝撃は大きく、6月には島根、鳥取県を地盤とする山陰合同銀行が追随した。過疎地でサービスを維持しながら固定費を削減するには、外部のインフラや知見を活用する以外ないことを浮き彫りにした。

「片腕がいないと言ったのは君だ」

石井逝去前に時間を戻す。「9月に金融庁をやめることになりました」。18年夏、石田から打ち明けられた橋本は直感が働いた。「思い切ってうちに来てもらったらどうか」。再会した年末、声を掛けることにした。「君がうちに片腕がいないと言ったんだ。手伝ってくれないか」。19年2

月、南都銀は当時44歳の石田を6月から副頭取に据える前代未聞の人事を発表し、金融庁をも驚かせた。古参の取締役まで押しのける人事こそ、その後、金融庁に「突然変異」と映った源流だ。石田は「黒船」に例えられ、「これまでの秩序を乱す」と眉をひそめるOBも出た。だが、こうしたハレーションこそ、危機感を根付かせたい橋本が狙ったものだった。

石田に託した任務は大きく2つある。1つは長期的なビジネスモデルの改革。もう1つがそれを実現させるための収益力、体制、行内意識を作り替える銀行の組織改革だ。20年3月期の業務粗利益に対する経費の割合(OHR)は78%で、全国地方銀行協会の平均68%を上回る。顧客向けサービス業務損益も44億円と赤字が続く。20年から取り組み始めた経営計画「なんとミッションと10年後に目指すゴール」では、5年後の中間目標に顧客向けサービス業務損益の黒字化などを設定。そして最終的な目標には奈良県の実質GDP1割増を掲げたのだ。

初年度は石田を招いた効果はてきめんだった。抵抗感を警戒して着手できなかった店舗改革にも手を付けたのは、しがらみのない外部人材だからこそだ。20年春から4店舗を週2~3日の隔日営業に切り替え、3~6月で全店舗の2割にあたる30支店を別の店舗に統合。先述したように唯一の支店がなくなった黒滝村は郵便局との共同窓口にした。

南都銀は1934年に吉野、六十八、八木、御所の旧4行が合併して誕生したが、旧吉野銀行の本店や、旗艦店の高田本町支店も効率性を見極めたうえで近隣店舗に移転した。「さすがに旧行の本店や旗艦店は残すだろう」。そんな不文律を壊す行内向けのメッセージでもあった。

橋本の持論は「同質化した組織で非連続の改革は起こせない」。石田のスカウトだけでなく、中途採用を17年度から始めることで純血主義にもメスを入れた。新卒採用でも20年から数年ぶりに首都圏の大学回りを復活させた。

行員の意識変化、道半ば

南都銀行が挑む改革の成否を握るのは、行員の意識変化だと言っても過言ではない。石田が南都銀の副頭取に就任して1年以上が経過した20年秋の時点では、取引先企業の間で「変化を拒む勢力が（南都銀内で）激しく抵抗しているらしい」と噂が飛び交い、南都銀の幹部も「経営計画を理解して行動しようと考えている行員は半分もいない」と漏らしていた。

21年7月の段階ではどうか。橋本は「経営計画が1年経過した段階で成果も伴っていることから、もう一歩前に進もうとする雰囲気が出てきた」と語り、「『南都銀行の営業も少しずつ変わってきたよね』という顧客の評価につながってきた」と手応えを口にする。

一方、まだシビアな見方の顧客も少なくない。ある経営者は「若返りを図っている様子から、改革をしようという意思は伝わってくる」と話すが、「現場の行員にまで浸透しているかと言えば疑問だ」と変化を実感するまでは至っていないようだ。

帝国データバンクの19年の調査では、奈良県の企業の62％が南都銀をメインバンクと回答。隣の和歌山県の紀陽銀行（64％）に次ぐ2番目に高い地域シェアだが、奈良最大の特徴は2位の金融機関が大和信用金庫で、シェアが約6％と極端に差が開いている点にある。「1強他弱」の日本で最も盤石なガリバー地銀と言える。恵まれた環境で競争が乏しく、異分子が入り込まないため変化にも疎い風土が徐々に形成された。そんな南都銀行の文化は人呼んで「大仏商法」。

「壊せ、南都。明日の南都をつくるために」。18年度に南都銀行の店頭に貼られたポスターのロゴだ。赤い壁をぶち破るスーツ姿の若手男性が描かれたデザインに目をとめた男性経営者は、店頭の行員に「これ、何?」と尋ねた。「我々の決意です」という返答を受けて、「ああ、ようやくか」とうれしくなったという。

長年染みついた文化を変えるには行員の意識改革が欠かせない(2018年度店頭ポスター)

この経営者はプラスチック部品製造を手掛ける大和化学工業(奈良県広陵町)の会長、平山雅英。「今の当社があるのは南都銀行のおかげ」と言い切るが、同行には複雑な感情を抱える。

今から45年ほど前、当時20代前半だった平山が旧三洋電機の手形割引のために支店を訪れた時のことだ。手続きを終えた平山は「ちょっと来い」と支店長に呼び止められた。当時の平山にとって支店長は雲の上の存在。緊張して近づくと支店長から「手形は割らんようにせえよ。あんた、ええところと取引してるんやから」と資金繰りの助言を受けた。だが、銀行からすれば手数料を失うことになりかねない。平山が純粋な疑問をぶつけると、返ってきた答えは「銀行の使命は企業を育てることや」

支店長の言葉に感銘を受けた平山はその晩、家族と相談し個人の資金で補てんしてでも手形を割らないことを決意。しばらくは苦しい時期が続いたが、手形を割らずに運転資金が回るように資金繰りが改善した。この時期に家族で捻出した約3千万円は、今も「長期借入金」として財務諸表に載っている。「この時の苦労があったから、今がある」と平山はしみじみと語る。

「地域密着」問われる盟主

だが、直近10年ほど、平山は南都銀と距離を置いてきた。「提案の内容や対応のスピードでは信金にも劣る」と言う。複数行を集めて説明した大型設備投資の案件では、素早い対応を見せた大手行の融資が内定した後にようやく南都銀の担当者が訪れ、泣き落としでひっくり返そうとしたこともあった。店頭の「壊せ、南都」ポスターを見た後の新型コロナウイルス禍でも、大手行と信金は資金繰り支援の対応で真っ先に駆けつけてきたのに対し南都銀は電話。結局、対応は大手行が主導することになった。

ある取引先との書類に主要金融機関を3行まで書く欄があるという。かつては一番上に南都銀を書いていたが、県外との取引が主流となったこともあり、もう南都銀の名はない。後継に経営のかじ取りをバトンタッチした今、「私は恩義があるから取引を続けてきたが、次の代がどうするかはわからない」と平山。「我々中小企業と同じで、努力を怠れば銀行も選ばれなくなる時代になった」と言い切る。

こうした経営者はレアケースなのだろうか。奈良県中小企業家同友会の元代表理事でもある平山は「苦しい時に融資をしてもらえず、南都嫌いになった経営者の話を複数聞いた」と明かす。ある経済団体の幹部も「行員の反応が鈍く、金を借りるか借りないかにしか興味がない」と嘆く。

「バブル期までの南都銀は有価証券の含み益が数千億円規模もあり、地銀の2番手ぐらいにつけていた」と話すのは、奈良商工会議所会頭の小山新造。南都銀の常務取締役を務めた経験を持つ。バブル崩壊後に起きた大型の企業倒産で100億円以上の焦げ付きが生じた時も、「『蚊に刺されたようなもの』と幹部は平然としていた」という。その後徐々に資産を食い潰して普通の銀行になった一方、染みついた危機感の薄さは残ったようだ。

小山から見た南都銀の行員は「この金を貸したら顧客がどう成長するのかという経営者的視点が行き届かず、コンサルティング分野も弱かった」と映る。

だが、抜本的に店舗網を再編した南都銀に変化の兆しも感じている。地域から強い反発を招きかねないだけに「これまでの人材ではとてもできなかった」と舌を巻く。橋本の改革への決意と、石田という異質な外部人材が実行役を担ったことが原動力とみており、「このスピード感と方向性が今後行員の中でも浸透するのではないか」と期待をかける。

「壊せ、南都」兆しも

20年8月下旬、築130年の醤油(しょうゆ)蔵を改装した宿泊施設「NIPPONIA（ニッポニア）田

原本 マルト醤油」（田原本町）が開業した。醸造場や道具類は昔の状態で残しつつ、住み込みの蔵人（くらびと）の部屋や古文書を保管していた蔵が客室に生まれ変わった。

実はここは南都銀が前のめりでサポートして開業にこぎ着けたプロジェクトだ。支援した古民家再生ファンドの運営会社は、南都銀行、古民家再生のＮＯＴＥ（ノオト、兵庫県丹波篠山市）、三井住友ファイナンス＆リース傘下のＳＭＦＬみらいパートナーズが共同で設立。主導役を果たした南都銀の地域事業創造部は人材も派遣した。事業計画や建物の設計、工事の進捗管理に加え、人材の手配や家具作家の紹介、時には建物の掃除にまで汗を流した。「単なる金貸しと事業者では見える世界が全く違う」と頭取の橋本は考え、さらに地域産業に根を下ろす。

そうした動きを最前線で担うのが、グループ会社や古民家再生を手掛けるＮＯＴＥ奈良と21年4月に設立した地域活性化事業会社の奈良みらいデザインだ。

宿泊・観光関連では手始めに、吉野町で古民家を取得して高級宿泊施設にリノベーションするほか、明日香村といった他の地域でも同様の動きを展開する予定。地域資源をエリアごとに組み合わせた滞在型観光地とし、巡回できるルートの形成を目指す。

農業分野も手掛ける。耕作放棄地をレンタルして地域の農家の指導を受けながら、奈良県の特産品である大和野菜を栽培。自前物件を含む地域の宿泊施設やレストランのほか、自社で立ち上げたＥＣサイト「ならわし」でも販売することで大和野菜のブランディングに取り組む。

個別の事業が生み出す利益は大きくない。それでも現場の悩みを共有して汗をかき、リスクをとって実業に携わろうとする姿勢は、少しずつでも確実に脱大仏商法に向けた歩みとなる。「南都はそこまでやるのか」という共感が広がり、参画しようとする若者や事業者が増えれば、地域内のイノベーション活発化にもつながる。「我々がまずやってみることで、奈良県が動いていくきっかけにしたい」と橋本は言う。

最終目標に掲げる奈良県の実質GDPの1割増加は、コロナ禍の影響もあってなお遠いが、「いろんな領域に我々が関わり、地域が動いていけば決して遠い目標ではなくなる」と信じる。

マイナスのイメージが定着した大仏商法という言葉。古くは東大寺の大仏に参詣する客を捉えて逃がさない奈良商人の商売のうまさを例えた表現との説もある。悪しき大仏商法を脱却して、多くのファンに支持された元の状態に立ち返れるか。その成否がGDP拡大の鍵を握り、産業創造へ飛躍する原動力になる。

4 きらぼし銀行の「覚醒」

「銀行再生」へ

地銀頭取の経歴をたどると、いかに現場と乖離しているかが一目瞭然だ。経営企画もしくは人事を経験した銀行エリートがトップに就くケースがほとんどだからだ。平成金融危機の最終盤、2000年代前半にメガバンクと異なり不良債権の半減を強いられなかった幸運も重なり、三井住友銀行の西川善文のような融資審査に精通した頭取も生まれなかった。

「企画こそエリート」「人事こそ経営」という地銀界の不文律と無縁の地銀頭取がいる。きらぼし銀行頭取の渡辺寿信だ。融資関連部署に20年も在籍し、企業再生の酸いも甘いも知り尽くす。渡辺が掲げるのは「企業再生」ならぬ「銀行再生」の金看板だ。メガバンクに席巻されてしまった東京市場を地銀が奪還する――。連続線ではなし得ない改革路線の旗を振るきらぼし銀行の覚醒は渡辺の存在抜きには語れない。

渡辺寿信（わたなべ・ひさのぶ）

1985年（昭60年）中央大商卒、前身の東京都民銀行に入行。八千代銀行と経営統合し、東京TYフィナンシャルグループ（現東京きらぼしFG）が発足した2年半後の17年に取締役兼東京都民銀行取締役常務執行役員に就いた。18年、東京都民銀行、八千代銀行、新銀行東京が合併したきらぼし銀行頭取に就任。20年6月から持ち株会社の東京きらぼしFG社長も兼務し、名実ともにグループの顔になった。東京都出身。

「メガから市場奪還」

渡辺が若手を前に話すとき、必ず口にするフレーズがある。「今から20年前、我々は取引先企業に迷惑を掛けてしまった。恥ずかしいことなのだが、困っているときに資金の出し手になれなかった。取引先はそのことを一生忘れない。我々も肝に命じなければならない」

渡辺が審査に籍を置くようになったタイミングは「金融検査マニュアル」が誕生した時だ。中小企業編の別冊が生まれ、どんなに小さい企業も大企業と同じ目線で融資を査定した。当然、不良債権に分類される中小企業が急増した。せっかく培ってきた信頼関係を壊し、回収せざるを得ない案件も少なくなかった。

「バブルが始まる前まで我々が中小企業取引の主役だった。それがバブルとその崩壊で壊れてしまった」。渡辺が抱く歴史観は市場原理で割り切ってしまった過去の銀行経営への反発にある。「大きな声で言えないが、（東京）都民銀行が良かったなんて全く思わない」。そう記者に漏らすように、自身が出身の東京都民銀行を否定することすら恐れない。

没落した「都民銀」

きらぼし銀の前身の1つで、渡辺が門をたたいた東京都民銀行は1951（昭和26）年に創業した、いわゆる戦後地銀の1つだ。

中小企業の活性化が不可欠とした東京都の諮問機関が設立を答申した。だからこそ、焼け野原から優良な企業を探し出し、ともに成長してきた自負がある。大事にしてきた文化は決算書よりも経営者の素質や事業の将来性に基づく融資だった。しかし、高度成長期を経てバブルとバブルの崩壊で、いつのまにか東京都民銀の地位は大きく低下してしまう。

東京都には全国の1割超にあたる40万社強の中小企業が集まる。地銀にとって日本一の肥沃なマーケットだ。だが、当時の都民銀は規模（15年3月期の総資産）でも全国地方銀行協会加盟64行中下から23番目。秋田銀行や高知県の四国銀行より小さい。その後、18年5月に八千代銀行、新銀行東京と合併し誕生したきらぼし銀行も、実力とリスクを分析する「NIKKEI Financial RAV」によると、21年3月期の総合力ランキングが98行中65位に沈む。せっかくの環境を生かし切れていない背景にはメガバンクの存在がある。

１９８０年代のバブル期、業績拡大を図る都市銀行が次々に東京の中小企業マーケットに進出してきた。渡辺が回想する。「特に関西から進出してきた住友銀行（現三井住友銀行）と三和銀行（三菱ＵＦＪ銀行）の勢いは強烈だった」。ブランド力を背景にメインバンクを次々とひっくり返された。帝国データバンクによると、東京都のメインバンクシェアは、２０２０年に三菱ＵＦＪ銀が21％、みずほ銀が19％、三井住友銀が17％と圧倒的な存在だ。

渡辺が言う原点回帰とはバブル前の、画一的ではない事業性を評価していた姿に戻すことを指す。

「いずれメガバンクは支えられなくなる。その時に受け皿になれるようにする」。渡辺が真顔でこう話すのは、やはり自らのキャリアと関係する。融資管理部で債権回収の現場を歩んできた。融資の焦げ付きを覚悟しなければならない企業と膝詰めで向き合ってきた。「必要なリスクを取れば、取引先も分かってくれる」。いくつもの案件を再生軌道に乗せてきた自負がのぞく。

最近でも2020年11月にチケット販売大手ぴあへ出資したのは、実は渡辺の率いるきらぼし銀行系のファンドだ。

メガバンクは低金利下で一件一件の収益が小粒な中小融資より、融資に付随する手数料取引が望める大企業や大口先との取引を重視している。「企業が求めるきめ細やかなサービスを提供しきれていない、つまり、空洞化が進んでいる」というのが渡辺の持論。「今はチャンス」というビジネス感覚が渡辺の経営哲学だ。

生みの苦しみ　統合解消寸前に

2018年5月、渡辺はきらぼし銀行の頭取に就いた。東京都民銀行、八千代銀行、そして新銀行東京の3行が合併してできた新銀行の初代頭取だ。

渡辺はいわゆる本命ではなかった。なぜ、渡辺が頭取に上り詰めることができたのか。それはきらぼし銀行が誕生する紆余曲折抜きには語れない。

「転職したつもりできらぼし銀行の行員になってほしい」。渡辺は就任以来、これまでの延長でなく、完全に新しい発想に切り替えてついてきてほしいと訴えてきた。わざわざこう言わざるを得なかったのは、経営統合計画が表面化した2013年夏以降、5年にわたって暗闘が繰り返されたからだ。持ち株会社の東京TYフィナンシャルグループを設立し、両行が子会社として傘下に入ったものの、融和には5年の歳月を要した。

東京きらぼしFGの主な沿革

2004年	東京都がBNPパリバ信託銀行の全株式を取得、新銀行東京が発足
14年	東京都民銀行と八千代銀行が経営統合、共同持ち株会社の東京TYフィナンシャルグループ（FG）が発足
16年	東京TYFGが新銀行東京と経営統合。三井住友信託銀行と資本提携
18年5月	東京都民銀行、八千代銀行、新銀行東京が合併、きらぼし銀行が発足。東京TYFGの社名が東京きらぼしFGに
20年10月	デジタルバンクの準備会社を設立
22年1月	デジタルバンクを開業予定

出所：東京きらぼしFGの資料から作成

八千代銀行は信用金庫から転換した唯一の銀行だ。八千代信用金庫の起源は戦前の１９２４年に設立された有限責任住宅土地信用購買組合の調節社（後の代々木信用金庫）に遡るが、地盤の厚みは神奈川県相模原市を中心とした神奈川内陸部の市場にあった。住友信託銀行（現三井住友信託銀行）が２００６年に出資し大株主になったが、そのリテール地盤に目を付けた他行から再編の誘いが後を絶たなかったほどだ。

それだけに合併によって、地域性を失うことにアレルギー反応があった。しかも、都民銀行は発祥こそ東京の戦後復興のために中小企業を支えるために設立されたものの、歴代頭取は長く日本興業銀行（現みずほフィナンシャルグループ）出身が就いていた。

一方、都民銀は存在感が薄くなったとは言え、全国地方銀行協会に加盟する、通称「第一地銀」だ。銀行転換した後発組の八千代銀を、相互銀行から銀行転換した「第二地銀」と同じく一段低く見る、プライドの塊になっていた。

転機が訪れたのは、新銀行東京だ。救済の受け皿に浮上したことで再々編に乗り出すきっかけが生まれ、再編をリセットする機会が訪れたからだ。

新銀行東京は04年に東京都がＢＮＰパリバ信託銀行の全株式を取得することで設立された。当時の石原慎太郎都知事の肝煎り案件として話題を集めた。中小企業向けに保証人不要の無担保ローンを提供したが、多額の不良債権を生んでしまう。東京都の支援策も都議会で紛糾し、事業継続が困難になるほど経営危機に発展していた。

金融庁も巻き込んで店じまいを計画する中で、白羽の矢が立ったのが東京ＴＹＦＧだった。東京都が主要株主になる再編計画は、東京都民銀行の作り直しのイメージも重なり、東京都も渡りに船だった。

情実人事と一線

この再々編は経営混乱とも言える不協和音を鎮めるのに一役買った。現場を知悉する渡辺を常務から抜擢する非連続の人事につながった。図らずも旧行意識がいさかいの火種ではなく、逆に相乗効果を生み出す起爆剤へ昇華させるきっかけとなる。合併により投資余力が生まれた結果、その覚醒のスピードは年々速まっている。注目点は２つある。

１つは20年春から進めている経営陣の新配置だ。

渡辺は20年６月には持ち株会社の東京きらぼしＦＧの社長も兼務した。「東京マーケットの市場奪還」。一役員の個人的な思いにとどまらず、銀行としての組織的な目標に変えるため、仮想敵でもあるライバルメガバンク出身者をあえて枢要ポストに起用した。

新銀行東京の最後の社長を務めていた常久秀紀を東京きらぼしＦＧの副社長に昇格させた。代表権を持つ3人の1人で、きらぼし銀行専務取締役営業本部長も任せている。常久は87年に三菱銀行に入行し、外資系を経て新銀行に転じた異色の経歴だ。

もう1人は日本興業銀行出身の野辺田覚だが、都民銀が歴代迎えていた予定調和の出向人事ではない。渡辺の前の経営陣が常勤監査役に移していた野辺田を、20年6月、渡辺が東京きらぼしＦＧ専務に抜擢。野辺田も代表権を持つ3人の1人に据えた。きらぼし銀行の専務も兼務させ、急ピッチで銀行再生を進める飛車角を配置した。

八千代銀出身の北川嘉一を中核のきらぼし銀行会長に、安田信幸を東京きらぼしＦＧ取締役経営企画部長に置いて、営業、経営のカジ取りを任せている。

つまり、出身母体の東京都民銀行出身者を優遇するような情実人事と一線を画している。その体制を整えることができたタイミングが２０２１年だった。

「地銀のハブ」

2つ目の注目点はこの3年、次々とグループ会社を設立し、機能を多角化していることだ。

これからの近未来は東京マーケットが大きく変わる転機となるかもしれない。新型コロナウイルス禍で中小企業が金融取引を大きく見直す大転換期が訪れるからだ。事業環境が大きく変わり、廃業するか事業を誰かに託すか運命を決するタイミングも訪れる。渡辺が得意の再生ビジネスが増えるのは確実だが、これまで手を付けられなかった領域がある。Ｍ＆Ａ（企業の合併・買収）や資本政策が絡む投資銀行的なアプローチだ。

専門人材を外部から雇ったり内部で育成したりするには、どうしても銀行と別組織にして、その業務に専念してもらう必要がある。きらぼし銀が新設したグループ会社のきらぼしコンサルティングが対象となる顧客を発掘し、きらぼしキャピタルが資本参加できるか目利きする。きらぼし銀本体が買収資金を融資する好循環を創る構想だ。

この分野は、時に出資し株式を保有したり、時に人を派遣し経営に参画したり、従来の融資取引より踏み込んで関与する必要がある。銀行は自己資本規制で制約を受けており、きらぼし銀の今の体力ではおのずと限界も訪れる。とはいえ、中小企業取引は本丸であり本業である。ライバルと手を組むことはあり得ない選択で、きらぼし銀を取り囲む地銀はいずれも規模が桁違いに大きく、呑み込まれてしまう警戒感もつきまとう。

そんなタブーを破る組み合わせが21年夏に実現した。横浜銀行との業務提携だ。

東京市場のメインバンクシェアはきらぼし銀行ですら3％程度。横浜銀行は東日本銀行をグループに収めたが、それでも2％程度にとどまる。

ストラクチャードファイナンス（仕組み金融）。買収時に相手企業の資産や収益力を担保に融資するＬＢＯ（レバレッジド・バイアウト）ローンや、一部が資本に認められる資本性劣後ローンなど、組成にノウハウが必要な高度なソリューションを共同開発・提案するプロジェクトだ。

先述の投資銀行業務はきらぼし銀の2倍の規模の横浜銀と組めば、資本余力ができた分だけ市場が広がる。中小企業の数をこなすだけでなく、もっと大企業・中堅企業の再生支援に絡むことができる。

情報の結節点でもある東京に地盤を築くことができれば、単に銀行同士の統合・再編しか選択肢がなかった地銀再編に新たな境地を開くことになる。横浜銀行と手を組んだことは、地銀連合のハブとなる一歩でもある。

実は渡辺は主要顧客数を増やすため、あるメガバンクに債権引き受けを打診したことがある。都内の中小企業との取引社数を増やすことができれば、他の地銀と協調融資から企業再生まで幅広い領域で連携できる。メガバンクは店舗統廃合時代に突入し、実入りの少ない中小企業取引から徐々に手を引くのではないか。東京市場の中小企業マーケットは金融再編の発火点になりかけている。

「負の遺産捨てる」　行員理解進むか

きらぼし銀行は大化けする予感のする地銀の1つだ。合併で起きた摩擦を越えたからだけではない。いばらの道とも言える銀行システムそのものにメスを入れようとしているからだ。今度はプロパー行員との間で不協和音が起きるかもしれないが、それを越えなければ、メガバンクとの競争どころか銀行の存在意義さえ見失いかねない時代に入った。

きらぼし銀行が21年度中に設立を目指すデジタル専業銀行「UI銀行」。ふくおかフィナンシャルグループが21年5月に開業した「みんなの銀行」と似ているようだが、実は設立思想が全く異なる。

端的に言えば、預金調達の窓口をきらぼし銀行からＵＩ銀行へ全面移転することを狙ったものだ。誰しもが疑問に思う一等地に豪華な店舗を構えるのは、預金調達に力を入れていた時代の名残りだ。みずほ銀行が巨大な基幹システムの制御に苦労しているが、その原因は大量の預金を多数の預金者から預かっているから。きらぼし銀行はＵＩ銀行を創ることで、高度成長期の負のレガシーとも言える、多店舗を前提に組み立てた高コスト構造にメスを入れる覚悟を決めた。

一から創るわけではない。韓国の新韓銀行の日本法人、ＳＢＪ銀行の開発した軽量な基幹システムを使うことを決めている。新韓銀行が自社の抱えるデジタル人材によって作り上げた銀行システムは日本仕様に磨きあげ、ＳＢＪ銀行のＯＨＲは30％台で地銀平均の半分以下という驚異的な成果を導いた。

ＳＢＪ銀行のシステム「アイテル」はメインフレーム（大型汎用機）ではなく、ＯＳ（基本ソフト）に「Ｌｉｎｕｘ（リナックス）」を採用したオープン系サーバーで動作する。モバイルアプリなどフロントシステムは米アマゾン・ウェブ・サービス（ＡＷＳ）のクラウド上に構築した。「アイテルとフロントシステムを一体開発している」（ＳＢＪ ＤＮＸの千葉晶人経営企画本部長）

システム同士の結びつきが比較的緩やかな「コンポーネント（部品）化」と呼ばれるアーキテクチャーを採用しており、システム改修に伴うコストや期間も抑制しやすい。自前で開発するオープンＡＰＩ（アプリケーション・プログラミング・インターフェース）基盤経由で、フィンテック企業など外部サービスとも比較的容易に連携できるという。

国籍を気にしなければ、低コスト・高サービスを享受できるシステムは存在する。負の遺産から解き放たれたきらぼし銀行は資産運用の相談業務や法人の新規開拓といった手が回らなかった業務に専念できる。

ここまで思い切った経営判断に傾いたのは、2周遅れの危機感が背景にある。20年5月に新しい基幹システムを導入したばかり。約200億円もかけた巨大プロジェクトで、運営コストは年換算で25億円も経費が浮く計算だ。とはいえ、フィンテック勢のサービス競争は銀行の時間軸を待ってくれるわけもない。通常ならホッと一息つくところだが、アクセルを踏み続けることにした。

きらぼし銀行に死角がないと言えばウソになる。当然のこと、渡辺が描く構想を前に進める人材が不可欠だ。猛スピードで進む多角化路線は担うことができる経営人材、中間管理職、現場の3つがかみ合って初めてギアチェンジできる。誤解を恐れずに書けば、渡辺が目指す銀行像はある意味、「脱地銀」になり得るものの、アイデンティティを見失う懸念もある。メガバンクになって消えてしまった「都市銀行」の再来になる危険性もある。きらぼし銀行の行員が地銀と都銀をミックスしたきらぼし改造計画に腹落ちするかどうか。絵に描いた餅に終わらないようにするためには、従業員エンゲージメントも欠かせない。

第3章

地銀再編の世界

古くは「銀行合同政策」と呼ばれ、
再編は護送船団行政の中で
効率の劣る金融機関の救済策だった。
しかし、２００８年を境に日本の人口が減少に転じ、
そのひずみが地方経済に現れる。
金融機関の救済から地方の救済へ。
地銀再編の世界は金融システムの問題にとどまらない
新たな世界に突入した。

REGIONAL BANKERS

1　十八親和銀行の現実

100年に一度の再開発

一隻のポルトガル貿易船が訪れた450年前から、異国との結節点であり続けた長崎港。湾の両岸には造船所のドックが居並び、造船と共に栄えた街の歴史をのぞかせる。世界の玄関口となった長崎港を望むJR長崎駅で今、23年の西九州新幹線の開通に向けた工事が進んでいる。

「100年に一度」と呼ばれるJR長崎駅前の再開発事業の目玉となるのが、長崎県で生まれ育った通信販売大手、ジャパネットホールディングスが700億円を投じて建設する長崎スタジアムシティプロジェクトだ。プロサッカークラブ「V・ファーレン長崎」のホームスタジアムのほか、バスケットボールのアリーナやオフィス、商業施設などを民間主導で開発する。

「地域創生のロールモデルとして、他の地域にもまねをしてもらえるような取り組みにする」。ジャパネットホールディングス傘下のリージョナルクリエーション長崎でプロジェクトに携わる取締役の岩下英樹はこう意気込む。

24年のスタジアム開設に先立ち、リージョナルクリエーション長崎は21年7月、港を見下ろす稲佐山の山頂にカジュアルレストラン「ITADAKI」を開設した。シェフには長崎県五島市出身で、ニューヨークの「L'ATELIER de Joël Robuchon」で副料理長を務めた山口翼を招聘し、アジやハガツオ、五島牛といった地元の食材を振る舞う。

稲佐山の夜景は12年、香港、モナコと並ぶ「世界新三大夜景」に選ばれ、昼夜問わず多くの観光客が訪れる。「稲佐山からの景色は超一流。人生ここ一番という瞬間に選んでもらえる環境や食事を提供したいという想いがあった」。岩下はレストランに込めた思いをこう説明する。

西九州新幹線開通に向けた工事が進む

長崎市の中心部から稲佐山へは、世界的工業デザイナーの奥山清行率いるスタジオがゴンドラをデザインしたロープウエーが結ぶ。ジャパネットホールディングスはこのロープウエーを長崎駅の北側に位置するスタジアムまで延伸する計画も検討する。「物理的にもハードルは多いが長崎市とも綿密に協議して、実現したい」(岩下)。

岩下が意気込むこのプロジェクトは十八親和銀行が誕生していなければ、もしかしたら幻に終わっていたかもしれない。その理由はジャパネットのメインバンクだった、母体の1つ、十八銀行にある。

「巨額融資」解禁

「1社・グループあたりの貸出額は上限50億円まで」。十八銀は手堅い融資姿勢で知られていた。00年代前半、旧大蔵省出身の藤原和人頭取時代、不良債権処理を加速させる過程で生み出された行内ルールだ。不良債権比率は危険水域の８％台半ばから、07年には４％台半ばへ半減。成果と裏腹に融資姿勢は慎重になっていく。

「ここまで悪化するのか」。十八銀行が18年にまとめた最後の中期経営計画。ふくおかフィナンシャルグループ（ＦＦＧ）との経営統合が実現しない場合、金利環境が大幅に悪化する最悪のシナリオは、18年３月期に51億円あった純利益がゼロに落ち込む試算だった。最終的には30億円以上を目指すシナリオが採用されたが、経営に与えた衝撃は少なくなかった。

親和銀行との合併で経営の体力が向上した十八銀行は地域へのコミットメントを深めていく。50億円の制約は既に廃止されたが、十八親和銀行が長崎駅前の再開発に投じる資金量から見ると、過去にこうしたルールがあったことすら、もはやうかがい知ることはできない。「ＦＦＧとの経営統合がなければ、長崎駅前の再開発にコミットはできなかった」。ある幹部は語る。

ジャパネットには、十八親和銀行との間に因縁があった。

１９９０年代初頭、ジャパネットは佐世保が地盤だった親和銀行に融資を頼んで断られた経験がある。それでも偶然、行きつけのスナックで居合わせた十八銀行の支店長の機転で、資金繰りをつなぐことができた。十八銀行に支えられて成長できた恩と、つれない対応で距離ができた親和銀行。両極端の銀行同士が合併することに不安がなかったわけではない。

今のところ、その心配は杞憂に終わっている。二代目の高田旭人に社長を引き継いでからも新銀行との関係は続き、長崎スタジアムシティプロジェクトの融資団を組成できたことがその表れだ。

長崎スタジアムシティプロジェクトだけでなく、21年11月に開業を待つ外資系高級ホテル「ヒルトン長崎」。運営する松藤グループにも数十億円の融資を実行した。駅前再開発に巨額の融資を実行することができたのは、合併に伴う「規模の利益」にほかならない。再編の最大の効果は資本の拡大に伴い、融資に伴うリスクの許容量が大きくなることにある。リスクを取ってこそ、大胆に地域貢献へ踏み出せる。

十八親和銀行が生み出した現実は十八銀行頭取の森拓二郎が願っていた姿である。「無駄な競争を止め、地域に貢献したい」。今から5年以上前の2016年2月26日、十八銀行はＦＦＧと経営統合すると発表した。十八親和銀行誕生の源流となるこの記者会見で、森は約40年にわたる銀行員人生で培ってきた偽らざる本音を吐露していた。

しかし、この場はあくまで「宣言」に過ぎなかった。当事者同士の合意のもと開かれた記者会見に、首をかしげる集団がいた。競争の番人、公正取引委員会だ。ある幹部は「この案件は簡単に認めるわけにはいかない」と意を固くする。地域貢献か公正な競争か。取引先を巻き込む異例の再編劇が幕を開けることになる。

持続難しい環境に

ＦＦＧと十八銀行が経営統合すれば、長崎県の中小企業向け融資で75％のシェアを握る巨大銀行が誕生する。公正取引委員会は県内の競争が実質的に制限されると判断し、店舗や貸出債権の売却といった「問題解消措置」を実施するよう迫ったが、銀行員にとって債権は「顧客との信頼の証」。拒む銀行と公正取引委員会の交渉は空転し、銀行側が統合計画を2度延期する事態に陥った。

審査の長期化にしびれを切らした公正取引委員会は18年3月、戦後一度も発動したことのない伝家の宝刀「排除措置命令」もちらつかせた。追い込まれたふくおかフィナンシャルグループと十八銀行が約1000億円に上る債権の移転を決断し、公正取引委員会が統合計画を承認したのは、基本合意から2年半が経った18年8月のことだった。

この間、マイナス金利政策が引き金となった超低金利環境が十八銀行の経営体力をむしばんだ。長崎では基幹産業の造船業が中国の台頭で力を失い、地域経済は衰退の一途をたどった。若年層を中心に人口の減少が続き、95年に154万人いた県内人口は15年には137万人まで落ち込んだ。22年に西九州新幹線が開業すれば、福岡など大都市に人が吸い寄せられる「ストロー現象」が生じ、人口が一段と減少する懸念が高まっていた。

長崎県では佐世保市に本店を置く親和銀行、長崎市の十八銀行がそれぞれの地元で存在感を発揮し、南北で緩やかなすみ分けができていたが、過当競争を続ける体力はもはやない。実力派の行員を相手の牙城に送り込み、サービスを競い合う余裕も失われる。

十八銀行がグループの傘下に加わることで、グループの総資産に占める長崎の割合は従来の1割から2割に上昇する。十八銀行との統合は長崎と運命共同体になることにほかならない。こうしたFFGの姿を、長崎市長の田上富久は「地域貢献という言葉だけでなく、実践してもらっている」と評価する。

田上は18年3月、長崎県の13市長を代表し、公正取引委員会にＦＦＧとの経営統合を認めるよう訴えた、統合支持派の筆頭格だ。

地方の首長が個別企業の統合を承認するよう働き掛けることは極めて異例だ。それでも田上自ら動いたのは、「地方の苦しい状況を中央に伝えたい。黙っていても声は届かない」との危機感があったからだ。

要請の半年後、公正取引委員会は経営統合を承認した。「時代の向かう方向として要請を出したのは間違っていなかった。だが、本当の勝負はこれから。新しい長崎をつくるために一緒に努力していきたい」。田上は力を込め、こう語った。

「離島対策」の現在地

21年3月、長崎空港と五島福江空港を結ぶ路線などを運航するオリエンタルエアブリッジ（ＯＲＣ）専務の山村宗が十八親和銀行の本店を訪れた。

「新型機の購入に資金が必要だ。融資をお願いしたい」。執行役員兼ソリューション営業部長の下田義孝は大きくうなずいた。「是非やらせてください。それが銀行の役割です」

日本で最も多くの離島を抱える長崎県。九州本土と離島をつなぐ航空機やフェリーなどの船舶は離島の人々の足となっている。

オリエンタルエアブリッジは長崎県などが出資する第三セクターの航空会社として設立され

長崎県は離島の数が日本一

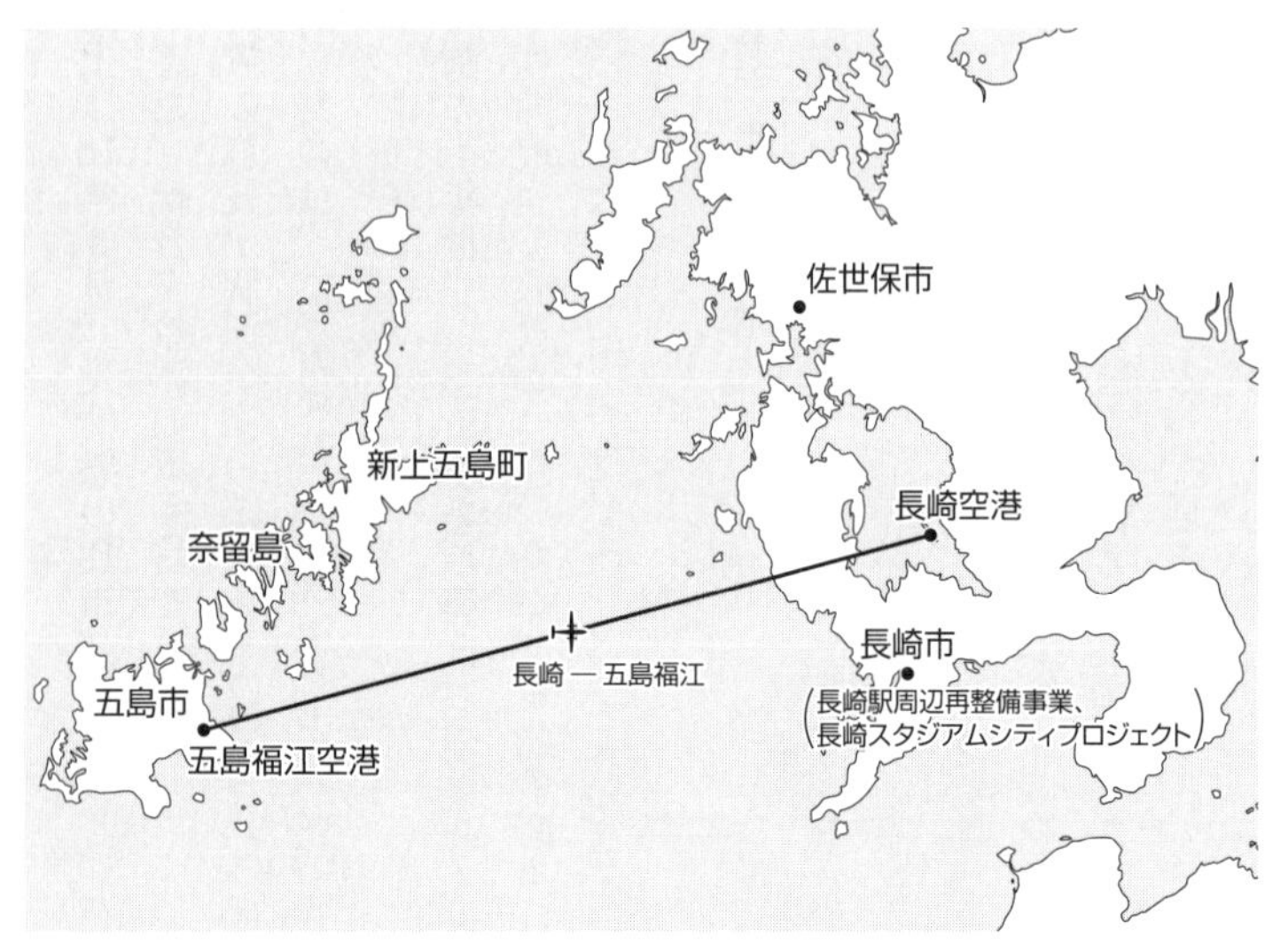

出所：長崎市、ジャパネットホールディングス、オリエンタルエアブリッジ

た。資金難で機体の更新が遅れ、故障による欠航や引き返しから「飛べない飛行機」と揶揄されることもあった。

ＯＲＣは旧十八銀行と旧親和銀行の両行をメインバンクとして抱えていた。保有するボンバルディア機は導入から20年近くがたち更新時期を迎えていたが、厳しい財務状況のなか、両行とも互いに様子見し、慎重な融資態度を貫いていた。

十八銀和銀行の発足でメインバンクが一行に絞られたことで、ＯＲＣをめぐる状況は変わった。下田は「メインバンクとしてまず支援する、というところから議論が始まる。合併した方がはるかに迅速に意思決定ができる」と話す。6月には融資が決まり、今後パイロットなどの訓練へて、2、3年後をめどに旧型機は20年ぶりに新型機に移管する。

下田は福江から高速船で約30分の奈留島にも足を運ぶ。訪れるのは、水産業を手掛ける城山水産だ。

奈留島は複雑な海岸線が入り組み天然の良港を成す。古くから海上交通の要所だったが、11年を境に島の状況は一変する。島唯一の親和銀行が奈留支店を五島市のある福江島の福江支店に統廃合したからだ。奈留島はそれ以来、銀行の支店がない「空白地帯」となった。

城山水産は島内の水産業者では珍しく、アジの養殖に絞って事業を行っている。だが、コロナ禍で海外向けの輸出が減少。販路開拓に頭を悩ませていた。

下田が提案したのが、地元百貨店の電子商取引（ＥＣ）サイトを通じたアジの販売だ。地元商品の取り扱いを強化したいという百貨店側のニーズと城山水産の狙いが合致し、販路開拓につながった。

下田はさらに、奈留島で地域商社を立ち上げる構想も温める。養殖アジのほか、木工製品や養殖真珠などを五島列島の外に向かって販売していく。地元企業のほか、行政や大学など産官学を巻き込み、年内の設立を目指す。

下田にとって、地域商社の立ち上げに関与するのは2度目になる。親和銀行などが共同出資して17年に立ち上げた西海クリエイティブカンパニーは、21年3月に自治体向けにふるさと納税の業務を支援するサイバーレコード（熊本市）と提携するなど事業を拡大中だ。「マーケティングができれば県外でも通用する商品はたくさんある。主人公にはなれなくても、銀行にできることはたくさんある」（下田）

「お客さまの利便性を考慮した店舗網の維持」――。ＦＦＧは十八銀行との統合に際して掲げた6つのコミットメントの筆頭に、店舗網の維持を掲げた。

それでも十八銀和銀行は22年までに近接する支店を中心に１８２拠点を１１４拠点に減らす大胆な再編計画を進めている。一見、コミットメントに違反する約束破りに見えるが、車で10分圏内にある近接店のみ、対象に位置づける。店舗再編が完了すれば年間10億円の費用が浮く。浮いたお金で行員が熱心に動き回れば、近接店舗を集約しても顧客の利便性は保たれるとの算段が働く。

店舗統廃合の落とし穴

だが、店舗廃止は取引先への影響をもたらすだけでなく、働く行員のモチベーションとも密接に関係している。「いつかは支店長に」と夢見て働く行員のチャンスを奪うからだ。

21年8月下旬、五島列島の北東部に位置する新上五島町では、店舗移転に向けた作業が着々と進んでいた。約30年の歴史に幕を下ろし、新上五島支店に移転する上五島支店は徒歩5分の距離にある。町内に住む60代の女性は「店舗が一緒になっても不便さは感じない。今までがぜいたくだった」と話す。

新上五島町の人口は1万８０００人。10年前と比べて、2割以上減少した。町内には十八銀行上五島支店と親和銀行新上五島支店が併存していたが、20年10月の合併で町内の銀行は一つになった。

「ほぼ独占状態となることから，その弊害が生じないよう所要の措置が講じられることが望ましい」。公正取引委員会は18年、経営統合の承認を発表した記者会見で、くぎを刺した。

離島に支店を構えるには、取引データをやりとりする海底ケーブルを敷設するなど、陸続きの支店と比べてコストがかさむ。人口1万人程度とされる損益ラインを下回ると、支店の存在は銀行にとって「負債」となるが、店舗網の維持をコミットメントとして掲げた以上、今後、奈留島のように離島から完全に撤退するのは容易ではなくなった。

十八親和銀行に残された道は、地域振興を通じて離島の人口減少を少しでも食い止めること。だが、新上五島町の人々の声からはこうした取り組みが思ったように進んでいない現状も浮かぶ。

「合併の前後で特段変わったことはない」。複数の町民はこう口をそろえる。公取委が懸念した独占状態の弊害は現状、顕在化していない一方、「統合による効率化を通じて、地域経済の発展に貢献する」という誓いは行き届いていない。

親和銀行と長年取引している企業の経営者は「システムの統合など、銀行員が合併対応で忙殺されている印象がある」という。店舗統合が終わった今、地域のためにいかに汗を流せるかが改めて問われることになる。

十八親和銀行は50代の支店長クラスの人材を100人規模で地域の企業に出向や転籍させる計画を練る。十八銀行の行員からは「こんなことなら経営統合などしなければよかった」といった恨み節も漏れる。

「出向先の企業に現住所が移っても、君たちの本籍は銀行にある」。十八親和銀行副頭取の大庭真一は出向や転籍が決まった行員のモチベーションを下げないよう、心を砕く。

出向者専用のSNS（交流サイト）を立ち上げ、銀行と出向者のネットワークを築く。「地域の企業に入ってもらうことで、一緒に事業を考えるきっかけになる。困ったときには最後の後ろ盾となるということの証でもある」（大庭）

新たな出向制度が形を変えたリストラだと受け止められれば、新銀行は「仏作って魂入れず」と見なされかねない。だが、十八親和銀行から羽ばたいた行員が派遣された企業で活躍し、地域のリスクを一身に背負う体制が築ければ、ヒト・モノ・カネを輩出する「地方創生銀行」の新たなモデルを示すことにもつながる。統合を通じて、いかに地域に貢献するか。再編の過程で浮かび上がった問いは、銀行のバッジをつける2000人の現役行員だけでなく、十八・親和それぞれのバッジを置いたかつてのバンカーにも答えを求めている。

2 合併特例法の「理想」〜立役者の証言〜

ふくおかフィナンシャルグループ（FG）傘下の親和銀行と十八銀行が2020年10月1日合併し、長崎県で7割の貸し出しシェアを握る十八親和銀行が誕生した。その生みの親とも言える人物がいる。FFG副社長として再編を引っ張ってきた吉戒孝（現福岡銀行顧問）だ。国内初の

「寡占型再編」を導き、国も動かした吉戒が初めて口を開いて出た言葉は、長崎をモデルに立法化された「合併特例法」を読み解くヒントになる。合併特例法は地方創生の特効薬になるのだろうか――。

国を動かした福岡バンカー

――「寡占型再編」は公正取引委員会が認めてこなかった禁断の地だった。なぜ、ハードルの高い再編を検討することにしたのか。

「統合に向けた水面下の協議が始まったのは2014年頃のことだ。マイナス金利が導入されるより前。当初から公正取引委員会の審査はハードルが高いと指摘されており、簡単に承認が得られるとは思っていなかった。だが、マイナス金利の導入前とはいえ、すでにスプレッドは首の皮一枚しかない。人口減少による地域自体の衰退という構造的に厳しい経営環境を踏まえれば、越えられないハードルではないと考えていた」

――FFGはすでに親和銀行を傘下に収めていた。

「十八銀との統合に至った経緯を説明するには、親和銀行と経営統合した2007年まで時計の針を戻す必要がある。当時の金利環境には今ほどの厳しさはなかったが、不良債権問題の後遺症は大きく残っていた。福岡銀行は2004年頃までに不良債権問題にケリをつけていたが、親和、熊本両行はこの問題が経営に重くのしかかっていた。自分の頭の中で十八銀との経営統合が構想として描かれたのは親和銀行を統合した2007年頃からだ」

――親和銀行モデルに限界が生じていたのか。

「FFGの資本とノウハウを生かすことで、不良債権の処理と、その表裏一体でもある取引先の事業再生は短期間で終えることができると踏んでいた。だが、親和銀の収益モデルを考えると、長崎の経済規模で同規模地銀が並存し続けられるのか、店舗をはじめとする緻密な金融サービスを維持・拡充できるか、疑わしいと言わざるをえない状況であった」

「長崎では県庁所在地に本店を構える十八銀がトップバンクで、親和銀が2位というイメージがあった。親和銀を買収したのは、十八銀が不良債権処理にめどをつけてアグレッシブな営業に動き出した時期と重なる。経営危機に陥っていた当時の親和銀には融資先の拡大など成長戦略どころではなかったし、地域の市場環境をみても事業融資拡大の絵は描きづらかった」

「であるなら、十八銀と経営統合をして、強い地銀をつくる必要がある。これが私の持論だった。十八銀との統合について当時、非公式で金融庁にも可能性を打診したが、独占禁止法の壁を越えるのは難しいのではないかとの感触だった。想像以上にハードルは高いが、いずれそういうことが必要な局面が必ずくるというのは当時から確信していた」

規模追求しないと質が付いてこない

――FFGの地銀買収戦略は目を見張るものがある。

「私はかつて、審査担当の役員もしていたが、100億円規模の融資に承認印を押すのは結構、しびれる体験だ。数十億円の資金ニーズというのは、福岡くらいの経済規模であれば、よくある

九州は再編火薬庫に

再編された主な銀行など

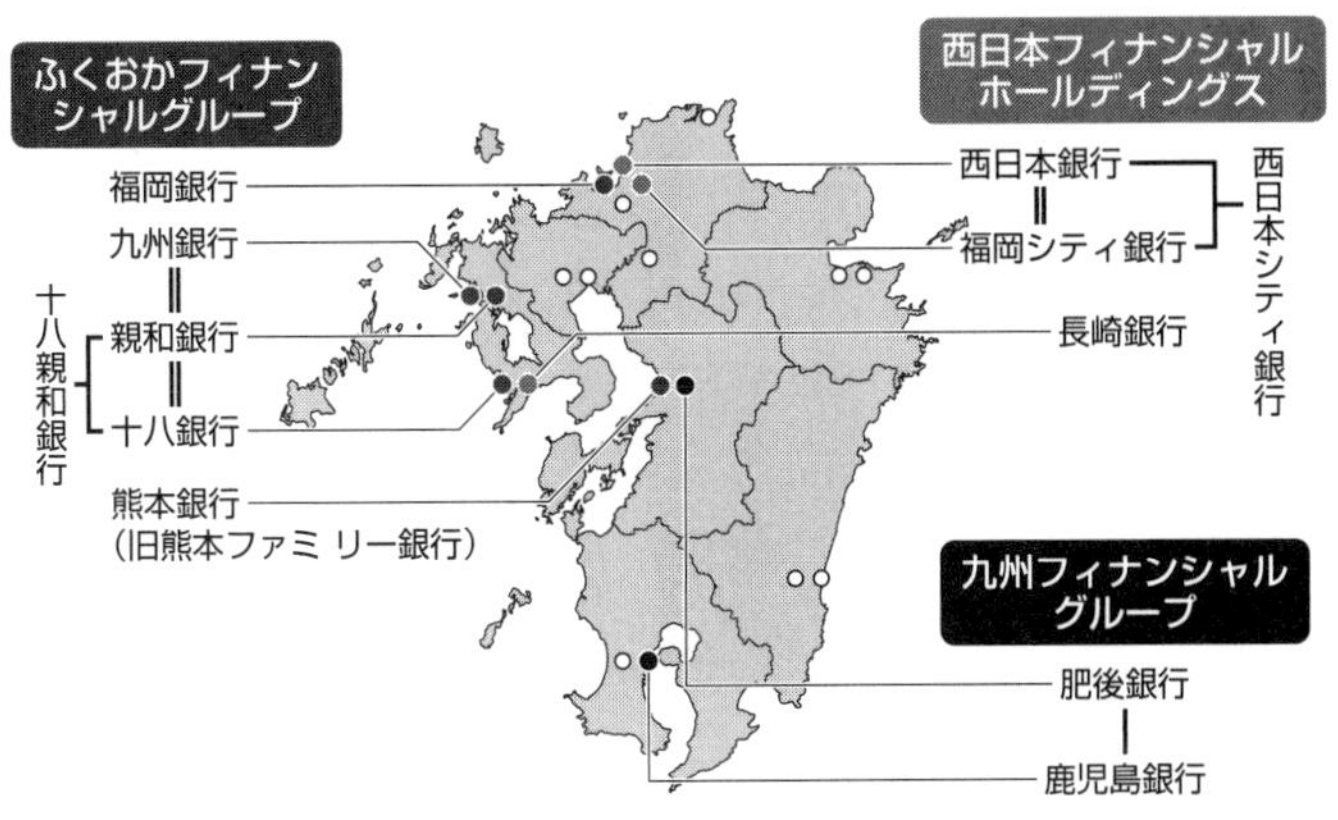

注：2020年10月時点、一本線は統合、二本線は合併、3グループ以外の銀行は行名を省略

話。必要とあらば即座に任せてくれと言えるようでないと、地銀の存在意義はない。では、100億円規模の融資をしびれずに判断するのに最初に何が必要かというと、それは我々の経営規模ではないかと思う。規模がなければ必要なリスクが取れない。リスク管理をいくら高度化してもリスクはあくまでもリスクだ」

「規模ではなく質だという人もいる。それはそれで正解かもしれない。だが、規模を追求しないと質がついてこないというのも事実だ。例えば、投資銀行的な機能が挙げられる。地方だからこそ、事業承継などのM&A（合併・買収）に助言してほしいというニーズはある。その時に、証券会社と組まないと何もできませんというのは芳しくない。即座にうちでやりましょうと言えるようにするためには、それだけの人材を確保するのに堪えうる経営規模に拡大しないといけない。資産の拡大が水平方向への拡大だとすると、機能の拡大は垂直方向への拡大。地域を支える金融機関になるためには、立体的に成長しないといけない」

吉戒孝（よしかい・たかし）

早稲田大学法学部を卒業後、福岡銀行入行。多くの役員を輩出する天神町支店などを経て、不良債権処理を担う融資審議室長や事業金融部長を歴任。01年に計上した1745億円の巨額引当金を託され、地元百貨店の岩田屋やダイエー福岡事業など、大型の再生案件を主導する。私的整理や不動産流動化、資産査定などの分野で当時の地銀としては先進的な手法を導入し、九州内外の「企業再生村」で豊富な人脈を築く。

親和、熊本両行の不良債権処理を手掛けた経験から、金融庁とのパイプも太い。特に、共に難題に向き合った西田直樹元審議官とはともに「戦友」と呼び合う仲だ。

自他共に認める「タフネゴシエーター」。再生時のスポンサー探しや銀行団との利害調整で培った交渉力を武器に、十八銀との統合責任者として自ら公取に乗り込んだ。
行員仲間でつくるバンド「カバーソウル」ではギター兼ボーカルを担当。十八親和銀行の森拓二郎頭取とは趣味の音楽を通じ、絆を深めた。
現在は福岡キャピタルパートナーズ会長や金融審議会委員を務める。

公取委との攻防戦　世論を味方に

――公正取引委員会との攻防戦は激しかった。

「統合計画を発表する前から、弁護士には『公取が無条件で承認することはない』と明言されていた。だが、統合を通じて地域経済を支えるという我々の主張は正しいと信じていた。統合の撤回ではなく無期延期を選んだのも、何があってもやり抜くという意思表示のつもりだった」

「親和銀と十八銀がそれぞれ店舗を構えるある町では、過去10年で人口が2割減少した。人口減でどちらの店舗も採算が合わなくなり撤退すれば、この町から金融サービスはなくなる。これが正しい競争のあり方だとは思えなかった。人口減少が続く以上、競争が成立しない場所、地域があるのも事実だ。『競争』という課題が重要なのは理解しているが、一方で、我々はたとえ過疎地域であっても一定の金融サービス機能を維持することが重要だと主張していた。要は優先順位の問題で、必ず世論の後押しを得られると信じていた。無期延期はそのための時間稼ぎの意味もあった」

――最後は「債権譲渡」という身を切る経営判断が必要だった。

「我々は当初から、（地域の金利動向などを事後的にモニタリングする）『行動的措置』を取れば十分との立場だった。東京証券取引所グループと大阪証券取引所が経営統合した際には行動的措置のみで統合が承認された。だが、公取は（店舗の譲渡などを伴う）『構造的措置』が必要との見解だった。銀行は小売りなどと異なり、各店舗に取引先がひも付いている。銀行都合で店舗を右から左へとなれば、取引先の理解を得られない。では、ということで議論の焦点は債権譲渡に移ったが、我々としても顧客の理解が得られないことはできない。債権譲渡をするくらいなら統合を諦めるべきだとの意見もあった」

「だが、統合はすでに決めたことだ。船はとうに岸を離れている。こぎ出した以上、対岸に着くまでこぎ続けるしかない。破談ともなれば、経営を揺さぶりかねない大きな問題になるのは明らかだった。そうこうしているうちに、新潟県の第四銀行と北越銀行の経営統合が公取に認められた。未来投資会議の議題に地銀の再編が上がるという情報もあり、潮目の変化を感じた。一方で、交渉が長引けば公取から排除措置命令が下される懸念もあった。そこで出てきたのが全貸出先に対する借り換え意向の調査だ。統合に伴い、2つの銀行が1つになると、他の銀行とも取引をしたいというニーズが一定数ある。そうしたニーズに応える形でシェアを下げることができれば、債権譲渡と同様の効果がある。だがそのためには顧客の意向を正確に把握する必要があった」

——途中、断念しようと考えなかったのか。

「統合によって1つの金融グループをつくれれば、コストを大きく削減できる。バックヤードだけ提携するような事例もあるが、効果は限定的だ。十八銀との経営統合では70以上の店舗を統廃合できる。どれも隣り合っていたような店で、顧客の利便性を下げることなく、経営を合理化できる。こうしたシナジーは統合でないと得ることはできない」

国も味方に

――「地銀の事業の改善を図るため、シェアが高くなっても特例的に経営統合が認められるよう検討を進めていく」。2018年4月、未来投資会議の場で、安倍晋三首相（当時）は宣言した。FFGと十八銀の統合計画は、独禁法適用に特例を認める「合併特例法」の制定につながった。

「私はすでに（FFGの）経営、業務執行にまったく関与していない。あくまでも個人的な見解ということで申し上げるが、広域に展開し、水平的な規模拡大と機能面での垂直的な拡大、つまり立体的な拡大を実現する広域金融機関と、地元の商店街まできめ細かくリレーションシップバンキング（地域密着型金融）のできる金融機関の2種類が必要だと考える。地銀が多すぎるという議論があるが、前者を見れば、まさにその通りだ。こうした金融機関は電力会社のように各地域に1つずつあればいいのかもしれない。だが、それだけでは全ての企業をカバーできない。100以上ある地銀の数は減らないかもしれないが、信金や信組のように地域に密着した営業をする地銀に存在意義は当然あるのではないか。十八銀との経営統合で債権譲渡に議論が及んだとき、長崎では受け皿となる金融機関が限られていた。信金や信組にも重要な役割がある。（合併特例法ができた）今こそ、それぞれの役割を見つめ直すときかもしれない」

3 青森・みちのくの苦悩

２０２０年11月に施行された、地方銀行同士の合併・統合を独占禁止法の適用除外とする「合併特例法」。その第1号として申請する再編が青森銀行とみちのく銀行の合併だ。

青森銀が見捨てたワケ

ＪＲ青森駅から徒歩数分の場所にある青森国際ホテル。２０２０年7月11日土曜日、本来なら観光客が往来するはずのロビー入り口には時折、工事関係者が出入りする「関係者以外立ち入り禁止」の貼り紙。5月末、青森地裁が運営会社の国際ホテルの破産を受理し、営業を停止した。

社長自身も青森財界に身を置く典型的な老舗ホテル。しかも、青森県最後の地場資本だった。同じ県内資本の城ヶ倉観光が不動産を買い取り営業を再開するとしているが、施設も建て直しが必要で再開のめどは不明だ。民事再生法や会社更生法のような事業継続を前提に置いた法的整理ではなく、破産を選ばざるを得なくなったのはなぜなのか。

破産に至った事情は複雑だ。メインバンクは県内シェア4位の青森県信用組合。同1位の青森銀行は自己破産申立書の最近の取引記録に登場してこない。事情通は「もともとは県信組の1行取引ではなく、青森銀行がメインバンクだった」と明かす。

青森銀が離れていくきっかけは約20年前にある。申立書によると、ホテルが最初に赤字転落したのは03年3月期決算。返済に窮することになったが、金融庁が資産査定を厳格に検査する姿勢に転じていたタイミングで、青森銀行も当時、地域の親密企業への対応に苦慮していた。01年11月に掲載した日本経済新聞「青森銀、地域密着を再考」の中で、当時の井畑明男頭取は「地域のためという言葉は錦の御旗ではなくなった」と語り、再生計画の妥当性で取引先を選別する方針を打ち出した。

青森国際ホテルはかつては青森銀行がメインバンクだった

ちょうど同時期に県信組の経営問題も浮上していた。県信組の自己資本比率は01年3月期に最低基準の4％を割った。正常債権にしていた国際ホテルの格付けを不良債権に格下げすれば、県信組の経営が大きく揺らいでしまう。信組の上部機関、全国信用協同組合連合会や青森県庁、みちのく銀行とともに青森銀行も県信組へ資本支援した。当時を知る関係者は「県信組の破綻を食い止めるためだった」。

ホテル再生では、銀行団が調整に入り、県信組以外の銀行が債権放棄し、県信組が1行で取引を続けることになった。２０１０年1月、青森銀行はほかの銀行と同様に取引を打ち切った。

時計の針を19年に戻す。県信組は体力的にも影響力的にも限界があった。夏頃、頼ったのは青森銀のライバル、みちのく銀行だった。傘下のサービサー会社が夏から支援に入り、ホテル再建案をまとめた。上部機関の全国信用協同組合連合会（全信組連）を通じ金融庁が公的資金を注入する案。金融庁・全信組連が出していた条件は銀行からの役員派遣。青森銀ではなくみちのく銀を指定した。70億円超の資本増強でようやく再生支援に動こうとした矢先、コロナ禍が起きてしまった。

青森県で起きた老舗ホテルの破産は、地域のトップバンクがリーダーシップを発揮できない弱点を浮き彫りにした。1位の青森銀のメインバンクシェアは40％に上るが、2位のみちのく銀行が30％で拮抗し、両行ともに全国地方銀行協会に加盟する第一地銀。県内で第一地銀同士が体力を削り合う過当競争に陥っていた。20年10月に合併した長崎県の十八銀行と親和銀行の関係とうり二つだ。

追い込まれたみちのく銀

青森、みちのく両行は19年秋、地域内の活性化を目指す包括的な業務提携を結び、20年7月20日、ＡＴＭ手数料を無料にした。青森銀行頭取の成田晋はみちのく銀に秋波を送っていた。20年秋の取材では「みちのく銀行と一緒になると長崎県以上のシェアになる。これまで非現実的だった合併に道筋できた。その意味で有力な選択肢になると評価している」と語った。

一方、みちのく銀行頭取の藤沢貴之はためらっていた。20年秋の取材当時、藤沢は「アライアンスは非常に大事。青森銀行さんともそうですが、ＳＢＩ（ホールディングス）さん、ほかの証券会社さんともやっています」とけむに巻いた。

それでも台所事情は火の車だった。20年3月期決算で11年ぶりに最終赤字に転落していたからだ。有価証券運用の失敗、北海道函館に進出した先で抱えた不良債権、高コスト構造……。

しかも、２０２４年に公的資金の返済期限が迫っていた。青森県信組と同様にみちのく銀行も09年、最終赤字に転落し、金融庁が公的資金を入れている。返済期限15年の契約で、次の中期計画が返済の最終審査になる。公的資金を除いた自己資本比率は最低基準（４％）に近い５・65％。外部資本を仰がなければ事実上返済できない。

金融庁から執拗に返済プランを迫られていた。ある金融庁幹部は「新型コロナウイルス禍で各種優遇策がなければ、行き詰まるのは目に見えた」と語り、みちのく銀が経営危機に陥っていたことを認めた。

藤沢の言葉と裏腹に、複数の関係者は「合併を含めた議論もしている」と打ち明けていた。

公的資金返済　合併にカジ

今から振り返ると、藤沢も着々と手を打っていた。

金融庁参与（当時）で公的資金注入行を監視する金融機能強化審査会委員を務めていた多胡秀人がみちのく銀の指名・報酬検討会議議長を退任したことがその1つだ。多胡は実質的な効果が薄い再編を否定しており、仮に青森銀との経営統合を持ち出せば、反対するのは明らかだった。

長崎県の十八銀行と親和銀行の合併に反対した急先鋒だったからだ。

多胡をみちのく銀に招いたのは2代前の頭取、杉本康雄。同行は05年に金融庁から行政処分を受けており、ロシア進出まで踏み込んだ大道寺小三郎頭取（当時）時代の負の遺産を処理した人物だ。地域密着型路線を打ち立て、農業、観光といった青森県の新しい成長戦略を鮮明にしたが、藤沢は杉本と距離を置いていた。杉本は相談役を退き、銀行に部屋もなくなった。杉本は国際ホテルの再生に見られるような地域密着と距離をおく青森銀行の姿勢に懐疑的と言われる。「本日開催した取締役会において、下記の通り、特例法に基づく持ち株会社設立による経営統合に向け、協議・検討を進めていく」。2021年5月14日、両行は特例法を申請する経営統合計画を発表した。24年4月をめどに両行が合併し、1県1行に集約されることになった。

合併特例法はリーダーシップを取って地域経済を反転攻勢させようという気概がなければ、単に寡占を認めるだけのモラルハザードになりかねない。「意識の低いところと低いところが一緒になっても必ずしも良くなるわけではないぞ」。金融庁の遠藤俊英長官（当時）は就任した直後の2018年夏、旧大蔵省の先輩でもある公正取引委員会の当時の委員長の杉本和行と二人で会った時の会話を今でも鮮明に覚えている。「合併すれば未来は必ず明るくなる」という楽観的な発想で課題を解決できるほど、地域経済の再生は簡単ではない。

国際ホテルの破綻で青森駅前の地元資本のホテルはなくなってしまった。再編を機に意識を転換できなければ、地銀も取引先と同様に淘汰されるだけである。

2行はライバル関係

①成績は青森に軍配（連結純損益）

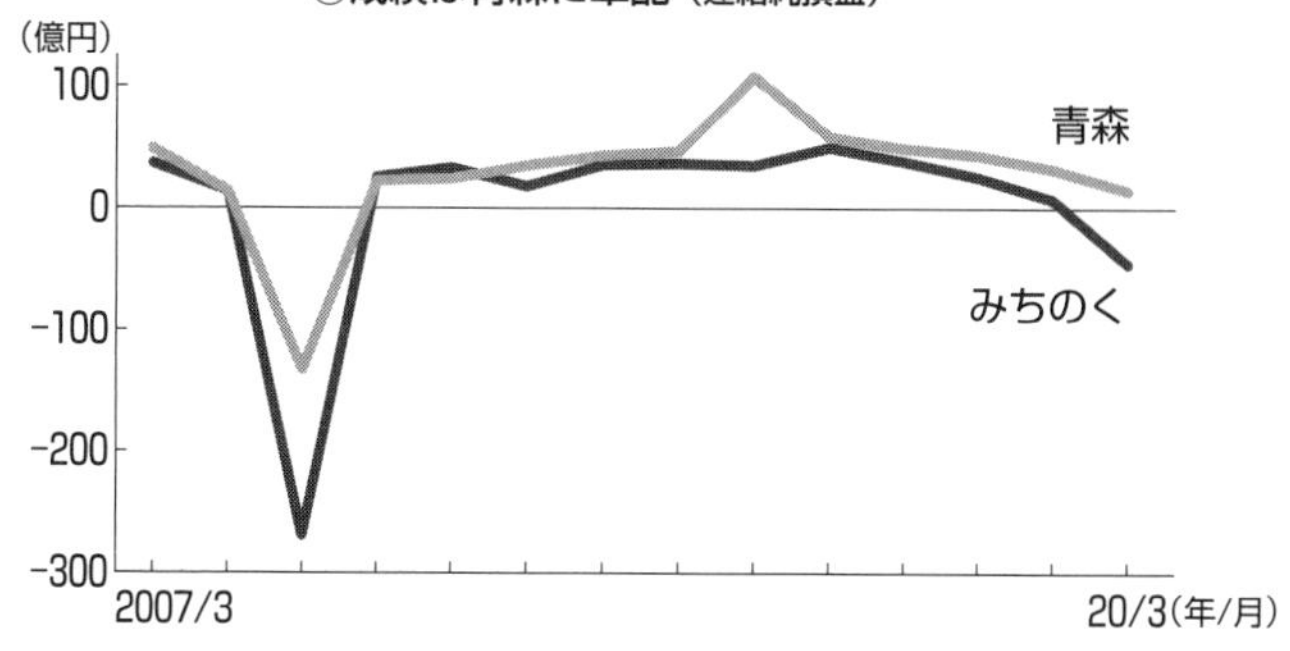

②稼ぐ力はみちのくが肉薄（コア業純）

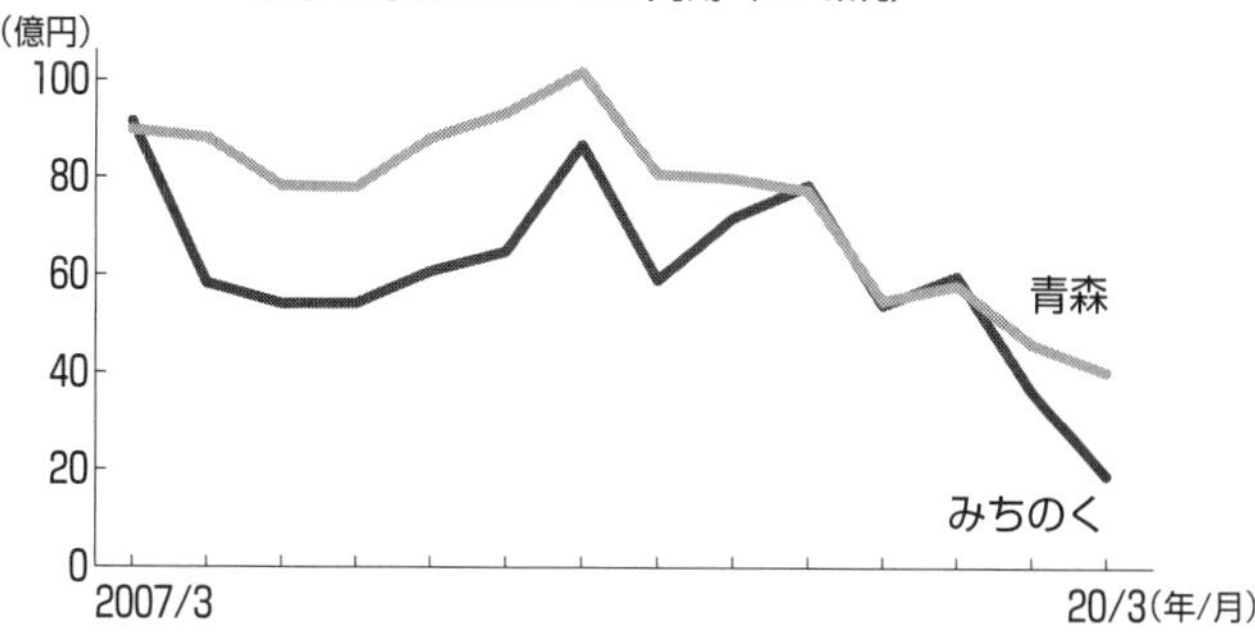

③健全性は2行とも大幅低下（単体自己資本比率）

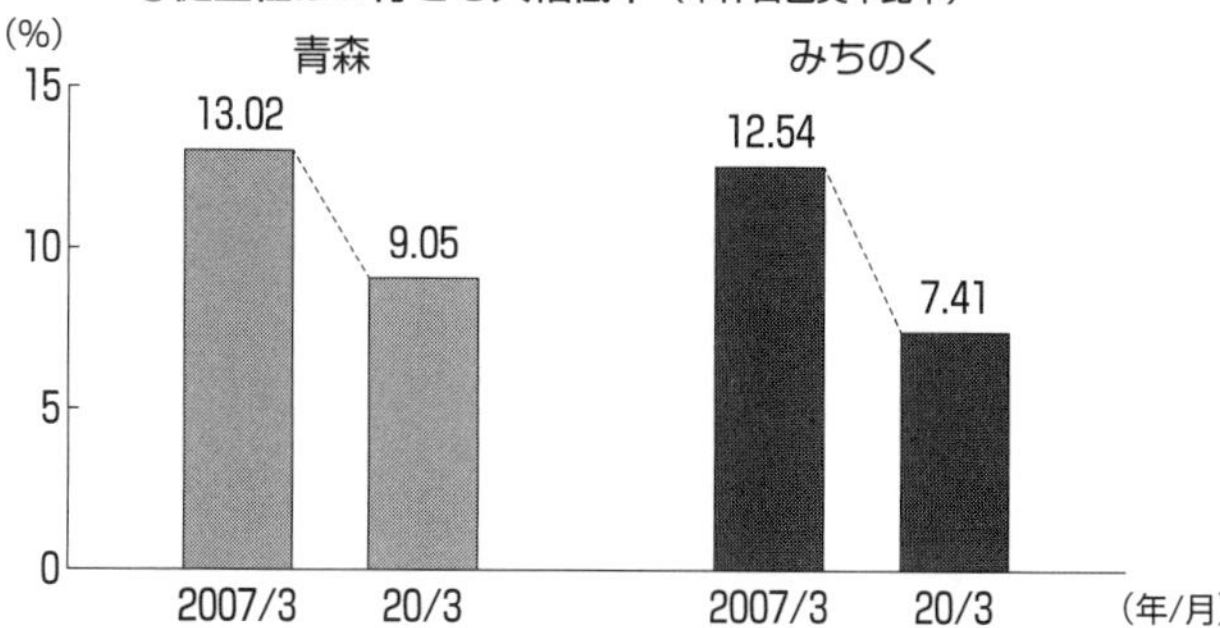

出所：両行の決算資料をもとに作成

4 福井・福邦の選択

金融庁が狙った「第1号」

菅政権になって懸案だった地銀再編が動き出した。日銀は経営統合を選んだ地銀に対しマイナス金利を免除する政策を打ち出し、金融庁は経営統合の初期費用を補助する新制度を用意した。金融庁が菅再編第1号として仕込んでいた地銀再編がある。福井銀行と同じ県内に本店を置く福邦銀行の経営統合だ。2021年10月1日、福井銀行が福邦銀行を子会社化した。地銀再編の王道は組織を一つにする「合併」。ただ、両行は福井銀行の子会社として福邦銀行の看板を残す「第3の道」を選択した。

2020年夏、福邦銀行は金融庁と水面下で事前協議していた。金融機能強化法に基づき公的資金60億円を受け入れており、定期的に報告する決まりだが、この時の報告はとりわけ意味を持っていた。

「返済期限24年3月」。米リーマン・ショックを受けて経営危機に陥った福邦銀は公的資金を受け入れて息を吹き返した。金融庁は、福邦銀が再生し安定軌道に乗るのに必要な期間を「15年」と想定。注入した優先株を普通株に強制転換する時期でもあり、これを返済期限の目安と定めている。

20年は返済期限前の「第5次経営強化計画（20年4月〜23年3月）」を審査する節目の年だった。23年3月期決算までの3カ年計画で、この計画が終了してもまだ1年余裕が残っている。にもかかわらず、金融庁は最終計画と位置づけていた。福邦銀の健全化が道半ばにあるからだ。

今の収益力なら、福邦銀は単独では期限までに公的資金を返済できる状況にはない。20年9月末の自己資本比率（連結）は8・05％で、国内基準行の最低基準4％を大きく上回るが、公的資金を除くと5・6％に落ちてしまう。

青森銀行との合併を選んだみちのく銀行と置かれた状況は同じだった。

福邦銀行がより深刻なのは、地銀業界で下から数えた方が早い規模の小ささ。人口減少による資金需要の減退、中小企業の業況悪化、日銀のマイナス金利政策の三重苦が経営を直撃。徐々にじり貧に陥っていたことは誰の目にも明らかだった。

本来なら、金融庁が神経質になる場面である。福邦銀が「返済断念」を宣言し、新型コロナウイルス問題を受けて20年8月に導入された返済期限のない「永久公的資金」を申請すれば、金融庁が拒否することは事実上不可能だからだ。期限のある公的資金からの事実上の借り換えと映れば、回収見込みのない公的資金を注入したと批判を受けかねない。金融庁に焦る様子がなかったのは、福邦銀を引き取る地銀が存在していたからだ。

「公的資金につきましては、24年の返済期限を見据えた対応について、包括提携先の福井銀行との資本提携を踏まえて検討を進めてまいります」。２０２０年9月30日、福邦銀行が発表した第

５次経営強化計画に初めて「福井銀行」の名前が登場した。金融庁関係者は「福井銀行と経営統合することを前提に次の計画を進めていく方向性を共有した」と解説していた。

「福井ファミリー銀行」

複数の交渉関係者によると、福井銀行と福邦銀行の経営統合はこの時点で既定路線だった。福井銀が福邦銀を子会社化し、福邦銀を「福井ファミリー銀行」として系列化するイメージだった。

福邦銀頭取の渡辺健雄が早い段階で「脱自主独立」へ意識を転換していたことが大きい。越えたくない一線は「合併」。中小零細企業に強いと自負する渡辺は「２ブランドを維持できるなら」と考えていた。福井銀行頭取の林正博も「合併はブランドが落ちることもあり、融合するコストもかかる」と語り、単なる合理主義者ではないタイプの経営者だった。

合併しない再編は不採算の経費構造を温存したままになりやすい。持ち株会社を作り傘下銀行を残したままの再編はシステムも別々、店舗やＡＴＭの統廃合も一部の重複部分にとどめる〝不可侵条約〟と揶揄された。

ただ、そういう声があっても、林は「２ブランドの方がメリットがある」と言う。「ある種の実験」と位置づける経営統合はどんなメリットを生み出そうとしているのか。読み解くカギは２行を一体と捉えた収益構造改革にある。

新型コロナウイルスが大流行し始めた２０２０年3月31日、内閣府が募集した「先導的人材マ

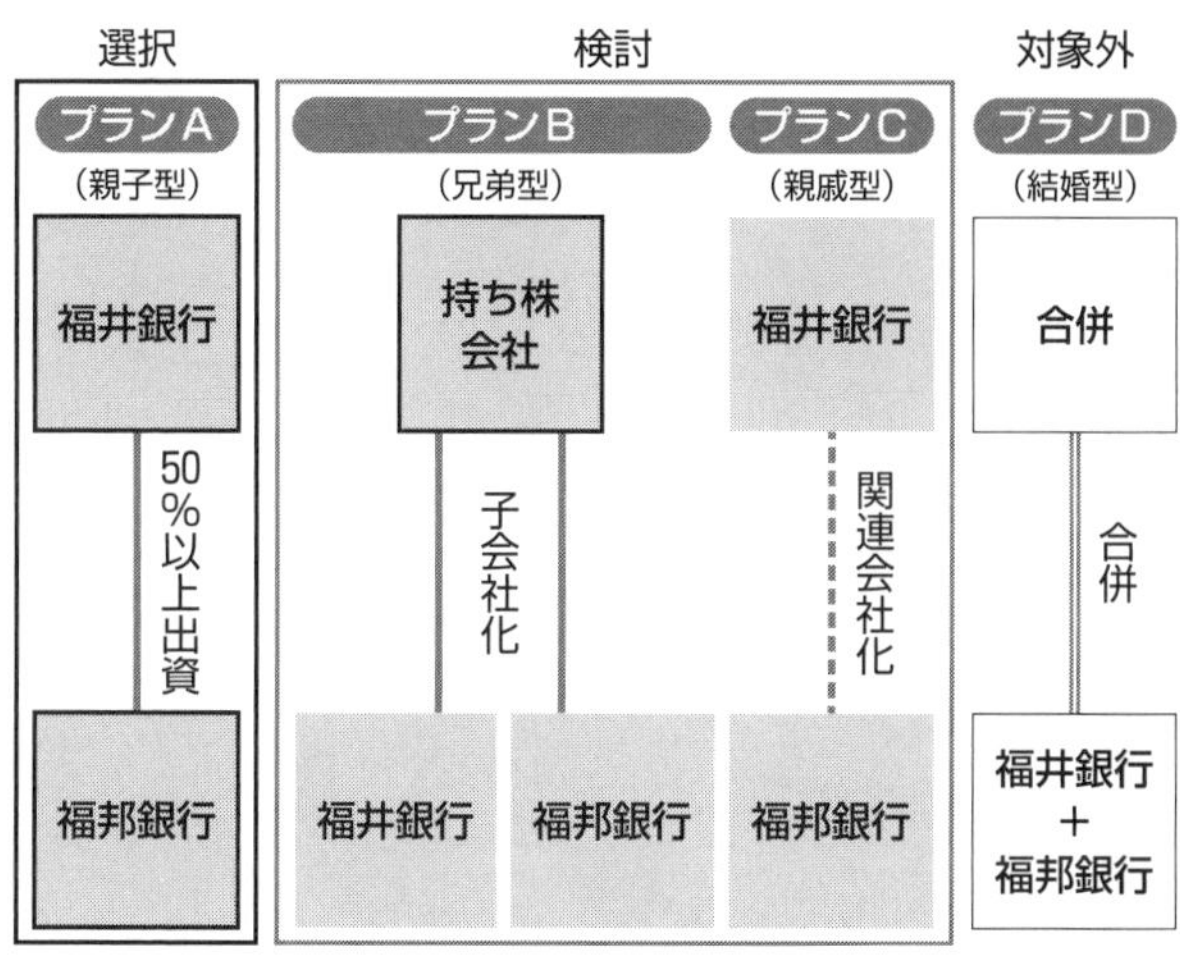

ッチング事業」の採択先に「福井銀行・福邦銀行」の名前があった。採択された60のうち地銀同士の共同採択は唯一だった。

福井銀が誘って共同申請となったこの事業は東京の専門人材を地方に派遣する政策だ。地銀は派遣先の中小企業を紹介する役割で、銀行同士が競い合う領域ではない。

福邦銀の5000弱の取引先のうちメイン先は約3割の1400社程度。「残りはほとんど福井銀行さんとバッティングしている」（林田和博取締役企画部長）。「NIKKEI Financial RAV」の総資産ランキング（21年3月期実績）によると、福邦銀は全99地銀の97番目の小規模地銀。福井銀のプラットフォームを借りなければ、申請できなかった。

福井銀と福邦銀は19年9月に包括提携の検討開始を表明し、20年3月に実際、提携を結び、Fプロジェクトという名称で共同チームを発足した。人材紹介の共同申請は5つの検討プロジェクトの1つ「地域経済活性化」で実現した連携策だ。

2行が再編に動き出すふ化器となったのはこの提携交渉だった。福井銀行の哲学は非競争領域を徹底的に統合すること。必然的にどちらかが撤退、廃止する事業が生まれかねない。同じグループの一員として安心感がなければ、大胆な事業の選択と集中に踏み切れない。

「補助系システムは統合できた。（基幹の）勘定系システムも1つにできたらいい」「2つの銀行が住宅ローンをやる必要があるのか」「市場運用も統合すれば規模の利益が出る」「そもそも2つの銀行が同じように預金を集めなくてもいいのでは」……。ATMも店舗も人材もそれに合わせて再配置すればいい。福邦銀行の石川県の小松支店は福井銀行内に移転・開業した。ほとんどの店舗が重複する福井県内の店舗・ATM統合も聖域ではない。

福井銀頭取の林は「後ろ（バックヤード）が一つになれば、お互いカバーする領域を広げることができる」が持論。無用な主導権争いを招いては本末転倒だが、それは合併を選択肢から外したことでクリアできたとの読みがある。

福邦銀行の自主独立路線、転機に

福井銀行と福邦銀行は成り立ちが違う。福邦銀は今でこそ同じ地銀という業態だが、1989年まで旧相互銀行だった。祖業は無尽と呼ばれる個人や小規模事業者の資金繰りを融通するノンバンク。小売り・卸、サービス、建設・土木など零細企業の支持率が高く、普通銀行に転換してから30年経ても名残りは色濃く残っている。福井銀行の営業幹部は「うちが取引していない企業が多い。アンチ福井銀行の取引先もいるので住み分けできる」と見ている。

福井銀も福邦銀も融資で稼ぐ貸出金利息で営業経費（システム費用、店舗・ATM費用、人件費）をまかなえていない。経費が重いのは預金、為替、融資という銀行3大業務をカバーするから。どちらかがフルバンキングを捨てれば、一気に息を吹き返すという読みがあった。

同一県内のトップ地銀が2番手、3番手の銀行を傘下に収める再編構想は浮いては消えてきた。最近の例で言えば２０１８年の出来事が象徴的だ。金融庁の検査で持続可能性に疑義が生じた島根銀行と福島銀行の資本支援先として、金融庁がそれぞれのトップ地銀に白羽の矢を立てた。島根銀は山陰合同銀行、福島銀は東邦銀行に対し、グループ化を打診していた。いずれも即答できる状態ではなく、その後、ＳＢＩホールディングスが資本支援に乗り出し、立ち消えた。

実は福邦銀も持続可能性に疑義が生じた地銀の一つだった。島根銀、福島銀より前の２０１７年、金融庁はひそかに実態を調べていた。詳しく調べてみると、時価のはっきりしない私募投資信託や東京の金融機関から買い取った不動産融資債権などリスクの見えにくい資産を多く抱えていた。ストレステストをかけて出た結果は市況変動次第ではあるが、自己資本比率が最低基準の4％を割る可能性があった。

２０１８年7月、福邦銀に転機が訪れる。北陸財務局長に金融庁で地銀担当審議官を務めていた西田直樹が就任したからだ。金融庁の福邦銀支援は仕切り直しとなった。

福邦銀行頭取の渡辺は北海道財務局長を最後に退官した元財務官僚。西田とは財務局採用同期の間柄だった。西田は09年、福邦銀に公的資金を注入した時の銀行第二課長で、福邦銀との因縁は深かった。

福邦銀が自主再建路線にこだわっていたのは、創業家三田村一族の存在があったからだ。

会長の三田村俊文は１９４３年に前身の若越無尽（１９５１年福井相互銀行、１９８９年に福邦銀行）を創業した三田村三之助・初代社長（当時の呼称）の孫だ。日本勧業銀行（現みずほ銀行）に入行後、１９６９年、福井相互銀行の取締役総合企画室長に入り、１９８０年、社長に就いた。２０１１年に会長に退くまで31年間、社長・頭取を続けた期間は当時最長。取締役の在任期間は51年。個人として４・15％の株式を握り、三田興産という創業家系とみられる企業も４・25％の株式を持っており、福井銀と経営統合する時、判断を左右することになる重要人物だ。公的資金を入れた翌年の２０１０年、社長を退いたものの、その後も隠然と力を持っており、再編をはねつけてきた。

ただ、福邦銀は持続可能性に疑義が生じるほど弱ってしまい、経営危機に陥れば所有する株式の価値も毀損するリスクが現実味を帯び始めた。日銀のマイナス金利政策で、２０１７年3月までの第3次経営強化計画で掲げた収益目標が未達になったからだ。事情をよく知る交渉関係者によると、「金融庁幹部が3度ほど接触し、理解を得られた」という。三田村の周辺に聞くと、本人は「もう出る幕はない」と話していた。

渡辺は福井県銀行協会を通じて林と関係を深めてきた。役所出身で、福井と縁の無かった渡辺にとって、林は銀行経営の先輩として腹を割って相談できる相手だった。渡辺は支援を仰ぐ意向を固める。２０１９年のことだ。

福井銀行の覚醒、脱創業家とライバル攻勢

福井銀頭取の林は富山県に本店を置く北陸銀行、石川県の北国銀行と言ったライバル地銀の攻勢に頭を悩ませていた。北陸銀行は大昔に福井の銀行を合併し、福井県内のメインバンクシェア（帝国データバンク調べ）は12％に上る。もし、シェア９％を持つ福邦銀行と合併したら、福井信用金庫を抜いて、福井銀に次ぐ2位の座に躍り出てしまう。福邦銀の捨て身の行動を福井銀が拒否できる状況ではなかった。北国銀行が福井銀行本店の隣に大きなビルをオープンし、攻勢を強めている。

西田にとって福邦銀の出口戦略は三度目の正直だった。先述の島根銀も福島銀も金融庁審議官時代、自ら乗り出して伴走していた案件。「地元のことは地元で解決する」のが持論の西田にとって、県内再編は悲願でもあった。そんな西田が金融庁時代から注目していたのが「福井銀行の覚醒」だった。

福井銀行が今のように〝改革派地銀〟に生まれ変わったのは、そんな昔のことではない。２０１０年3月のことだ。

「市橋さんが頭取だったら、福邦銀と再編を検討することはあり得なかった」。福井銀行幹部が口をそろえるように、今回の再編が生まれる起点は創業家出身の頭取、市橋七郎が引退したことだ。17年半君臨した市橋は会長にも就かず、取締役からも退き、創業家以外で初めてとなる伊東

忠昭にバトンを引き継いだ。

国立銀行が前身だったり地元産業界が興したりするのが一般的な地銀界で、福井銀行は繊維業で富を成した資産家が創業した全国でも珍しい素性を持つ。市橋家も創業した資産家の一族で、地元財界に網の目を張り巡らせる豪族的な存在だったからこそ君臨できたが、バブル崩壊がその基盤を壊した。

福井県、福井市はじめ地元自治体と距離を置き、バブル崩壊後の不良債権処理時代と重なり、地元企業との関係も冷え切った。銀行の健全性を優先せざるを得ない時代で、不良債権化しかねない中小零細企業より優良な中堅・中小企業との取引を優先した。林頭取も「不良債権を出さないことが一番重要で、とにかくきれいな資産を効率よく運用して収益を出していくモデルだった」と認める。

路線を転換する決定打となったのが、伊東が頭取3年目の2012年10月26日、福井県の中堅企業、小野グループ3社が会社更生法を適用したこと。不正経理が判明し、会社側と信頼関係を失った福井銀行が申し立てる異例の倒産劇。福井銀も傷を負い、単体で105億円の最終赤字に転落した。全国各地のトップバンクで赤字になったのは福井銀行だけだった。

伊東を支えていた参謀が林だった。林は「1回、足元をしっかり固め直すことがスタートだった。まだまだ地域内でやれていない。県外に出て行っても勝負にならないだろうし、自分の強みは何かと考えた時、『福井県のトップバンク』であることに行き着いた」と振り返る。

福井県は全国で5番目に人口が少ない県だが、人口1万人当たりの事業所数（非農林漁業）は

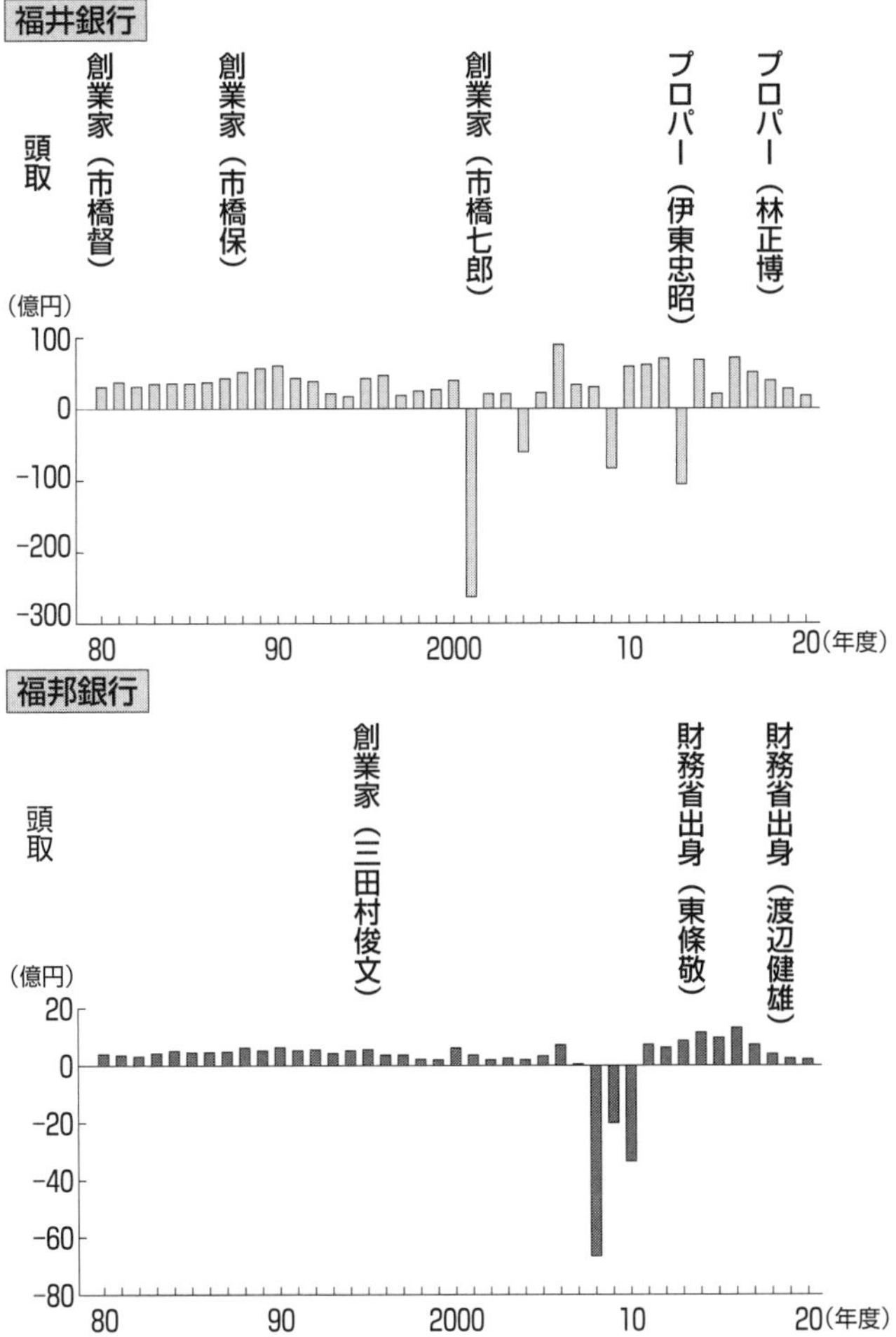

注：福井相互銀行が普通銀行に転換し、福邦銀行に行名変更
出所：全国銀行財務諸表分析から

逆に日本一。かつて繊維産業で潤い、眼鏡など地場産業の種類が豊富な土地柄で、一定の資金需要が発生。金利競争で顧客を奪い合っても銀行は食っていくことができた。ただ、福井銀ですら窮地に陥ったのが、日銀が発動したマイナス金利政策だった。林が再編を決意した背景は「従来は『金利が安いから借りてください』だった。それではダメだ」という切実な台所事情が横たわる。

地銀再編の王道である合併を選ばない再編は多様性を残す点で顧客目線にかなっており、地方創生の理想を目指したものだ。ただ、旧行を残したままの再編が主導権争いを招いてきた負の記憶は枚挙にいとまが無い。今回の再編が福井銀行主導で福邦銀を一体として収益構造にメスを入れることができるなら、金融庁・日銀が補助金を出してまで促す地銀再編の文脈に沿うことになる。

自民党新総裁に岸田文雄が選出された前日の21年9月28日。金融庁は地銀再編の費用を支援する「再編補助金」の第1号に福邦銀行を選んだ。福邦銀は10月1日、福井銀行の子会社となり、約60億円の公的資金を完済すると発表し、再スタートを切ることができた。地方創生を最優先の目的に置いた「協調型再編」。菅政権は1年という短命に終わったが、地銀再編に第3の道を切り開いた。

第4章

名門地銀の試行錯誤

かつてお殿様と揶揄された全国各地のトップ地銀。
シェアにあぐらをかくことができたのは今や昔。
石橋を壊してでも進み始めた名門地銀の試行錯誤を追った。

REGIONAL BANKERS

1　横浜銀行の「脱銀行都合」

合理主義者

かつて大蔵次官ＯＢが歴代トップに就き、地方銀行の盟主と呼ばれた横浜銀行がプロパー頭取の下で変革への大カジを切ろうとしている。頭取の大矢恭好（コンコルディア・フィナンシャルグループ社長を兼務）は「銀行都合はやめよう」と行内で呼びかけ、徹底的な顧客本位を目指している。マスの個人顧客にはスマホアプリを接点にしたライフイベントの支援を目指し、法人取引先には事業承継などのソリューション営業を展開する。年次にとらわれぬ実力本位の組織は５００人以上の中途採用者を抱え、時代の波頭に挑もうとしている。

大矢の執務室はほかの取締役や常務執行役員と机を並べる相部屋である。２０１８年6月に頭取に就くと、空いていた会長室に目を付けて改装した。コロナ禍が広がると、感染リスクをなくすためにもともとの頭取室にナンバー2の代表取締役常務が移ったが、本人はそのまま。午前6時半に出社し、役員同士で朝の打ち合わせをする。

合理主義者である。よくよく熱心に物事を調べ、解決策を見い出す。24年1月に基幹系システムをメインフレームからオープン系へ移行するが、更新時のいきさつがそれをよく物語る。

横浜銀行は経営がどん底だった2000年にシステム子会社を従業員ごとNTTデータに引き取ってもらった（現在のNTTデータフォース）。今は、NTTデータがサービスを提供する、ほくほくフィナンシャルグループや七十七銀行などと共同利用するシステム（MEJAR）の「長男」の銀行である。

更新の準備は17年に始まった。大矢はNTTデータに提案を求めた。汎用コンピューターの国内生産の見通しが不透明なことや、旧世代のコンピューター言語を使えるエンジニアの先細りは誰の目にも明らかだった。一方、NTTデータにとっては基幹系共同システムのオープン化は初めてのことだ。同社はまず自前で数百人規模のチームを編成して研究開発に取り組み、提案にまとめた。

大矢はシステムの外部評価を入れ、現行MEJARと新システムのコストや能力を比較した。現状は表向きのシステム経費の負担は重いが、処理件数当たりでみると安いこと、新システムに移行するとシステム経費が安くなることなどを確認した。

IBM発注の「刺激」

大矢が巧みだったのはその前に打った布石だ。15年、ATMやネットバンキング、電話など様々なチャネルの顧客情報を連携活用する情報系システムをNTTデータの商売敵である日本IBMに発注したのである。

「NTTデータにはインパクトがあったでしょう」と大矢はこともなげに話す。この話を、地銀を担当するＮＴＴデータの執行役員第二金融事業本部長の稲村佳津子に伝えると一瞬の沈黙の後、「大変刺激になりました」と苦笑いされた。大矢は事務統括部長の経験があり、難解なシステムのマニュアルを読みこなす。その要求水準の高さに舌を巻いているのだ。

今の銀行業務は基幹系システムではなく、インターネットを前提にしたＡＰＩの開発などが競争力を左右する時代だ。横浜銀行は、特定のシステム事業者に依存して言うがままになる、いわゆるベンダーロックインを免れたのである。

22年度にスタートするコンコルディアの中期経営計画（中計）はこれから策定が始まる。20年から同社社長を兼務する大矢にとって初の中計だが、「社外にどう説明するとか、担当分野がどうするというものにはしたくない。大事なのは何をやって何をやらないかだ」と話す。あくまで柱は「顧客のため」「地域のため」だ。

地銀にとって変哲もない目標に見える。しかし中身はこれまでと大きく異なる。例えばマスリテールと呼ばれる個人顧客は一人ひとりと支店で接点を持つのは難しい。代わって切り札と期待しているのが、22年度上期にリリースを予定している新しいスマホアプリだ。今のアプリも50万人を超える利用者がいるが、簡単にログインできるＩＤ管理や他行の口座も把握できるアグリゲーション機能をつける。

小が大をのむ買収に融資

進化はその先にある。地方自治体と連携して行政手続きや税金や公金の入出金を可能にしたり、一人ひとりのライフステージに合わせて車の購入や結婚、家探し、子どもの教育などの節目節目にチャットなどで助言したりする機能を持たせる。もちろん顧客の希望があればリアルの店頭での相談もできるようにする。

地銀にとって行政とのデジタル・トランスフォーメーション（ＤＸ）の連携は大きな課題だ。紙ベースの各種の手続きをデジタルに移行すれば行政窓口の「働き方改革」にもつながる。またこのアプリを通じて「取引先企業が銀行の個人客にアプローチできるようにもしたい」（執行役員デジタル戦略部長の田坂勇介）という。

福岡銀行は全国の個人客を想定したスマホバンキングの子会社「みんなの銀行」を5月に開業した。大矢は話す。「全国は狙わない、横浜（神奈川）、東京のシェアをあげていくこと、既存のお客さんに使ってもらうことが成長の源になる」

法人の取引先に対しては、ソリューション営業の提案を強化している。20年にこんな事例があった。小田原市の運送会社による、異業種の化学品メーカーの買収案件だ。運送会社は一手にこの会社の化学品の輸送を扱っていたのだが、ファンドの傘下に入ったため、買い手として名乗りをあげたのである。売上高でみると１５０億円の会社が２５０億円の会社を買収するという小が大をのむ案件。横浜銀行は日本政策投資銀行とともに買収資金を融資する主幹事になった。銀行から人を出向させるなど関係は一気に緊密になった。

中途採用者による推進力

こうしたM&A（合併・買収）で中核的な役割を果たしているのが、外資系投資銀行でキャリアを積んだ3人の中途採用のメンバーだ。ユニークなのは成約時の手数料の一定割合を歩合で還元する方式を取っていることだ。横浜銀行は地銀としては肥沃な市場に恵まれ、上場企業の与信先だけで300社にのぼる。コロナ禍で打撃を受けた企業に資本性ローンを提供する方針を打ち出すと、特に影響を受けている飲食業の1号案件としてワタミに30億円の融資が決まった。東証改革に伴う上場市場の変更といったホットなテーマから、事業承継や相続など幅広い取引先に関わる話まで、「このお金は生きたお金だよね、といわれるような多様な提案ができる体制にしたい」と大矢は話す。

取材を進めると代表的な地銀である横浜銀行には、いわゆる地銀と異なる姿があることに気づく。中途採用が多いこと、年次主義が希薄であることだ。その原点は約20年前に公的資金を受け入れた頃の「危機バネ」にたどりつく。

同期「3人の『O』」

「次につぶれるのは横浜銀行だと私も思っていた」——。約20年前の金融危機の当時をそう振り返るのは、横浜銀行から2019年12月に東日本銀行頭取に転じた大石慶之だ。入行同期（85年）にはコンコルディア・フィナンシャルグループ社長兼横浜銀頭取の大矢恭好と、大西浩信（18年、現職常務のまま57歳で急逝）がいた。あいうえお順で並ぶ3人がまだ30歳代だった90年代末、危機の渦中で大矢は企画、大石は人事、大西は営業部門でそれぞれ銀行の生き残りに必死に取り組んだ。

同行は2200億円の公的資金を受け入れ、海外からの撤退、システム部門の外部委託化、新卒採用の削減や取引先への大量出向など打てる手を全て打った。賞与のカット、希望退職者の募集などの修羅場を経て、公的資金を完済したのは04年。ピークに7473人いた行員は3382人に、本部人員は370人と4分の1に減った。これだけのリストラを乗り切って復活した地銀はほかに聞かない。

大矢は行内で「銀行都合はやめよう」と呼びかけ、徹底的な顧客本位を目指している

今の横浜銀行に受け継がれているのが、この「危機バネ」である。年功賃金の見直しと能力本位の人事に早くから取り組み、法人取引を大規模店に集中するエリア営業体制を整え、中途採用人材を思い切って活用した。強烈な危機感が横浜銀行の組織文化を変えたのである。多くの地銀はプロパー主義を続け、年次主義から脱しきれず、キャッシュレスが普及して極端に言えば支店の客の数より行員の数が多いという局面になってようやく店舗の統廃合に本腰を入れるようになった。

「危機バネ」が数字に

結果は数字に表れている。横浜銀行は東京に隣接する成長市場を地盤とするのに、メガバンクなどの攻勢をかわしてむしろ地元でのシェアを上げてきた。98年に23・5％だった神奈川県内の融資シェアは20年に35・2％まで上昇している。

災いが転じて福となった面がある。90年代末から2000年代前半にかけて取引先に出向ないし、転籍で引き受けてもらった行員は「多い年で200人、合わせて500人程度にのぼる」と大石は話す。取引先の総務部長や財務・経理部長に就いた人も多い。「地縁、人縁、血縁」を訴えた当時の頭取、平沢貞昭（元大蔵事務次官、後に会長）が常務まで務めた当時のナンバー2、池田憲人（ゆうちょ銀行社長）と「地元回帰」を打ち出し、経営資源を集中した。

メガバンクで横浜の法人営業を経験したある役員は「浜銀メインの取引先に入り込もうとしてトップに会おうとしても銀行出身の財務部長の鉄壁のガードに阻まれた」「融資はちょっと難しいと考える先になぜ横浜銀が融資をできたのか不思議に思ったが、大口の受注の情報を発注側の取引先から入手していた」と話す。

銀行員は取引先に出向・転籍を迫られると出身行に屈折した思いを抱き、協力的でなくなる例も多い。しかし「横浜銀ＯＢの場合は、地域に貢献したいという気持ちや出身行に役立ちたいという思いを隠さない人が多い」とこのメガバンクの役員はいう。

横浜銀行の課題は「神奈川県のため」

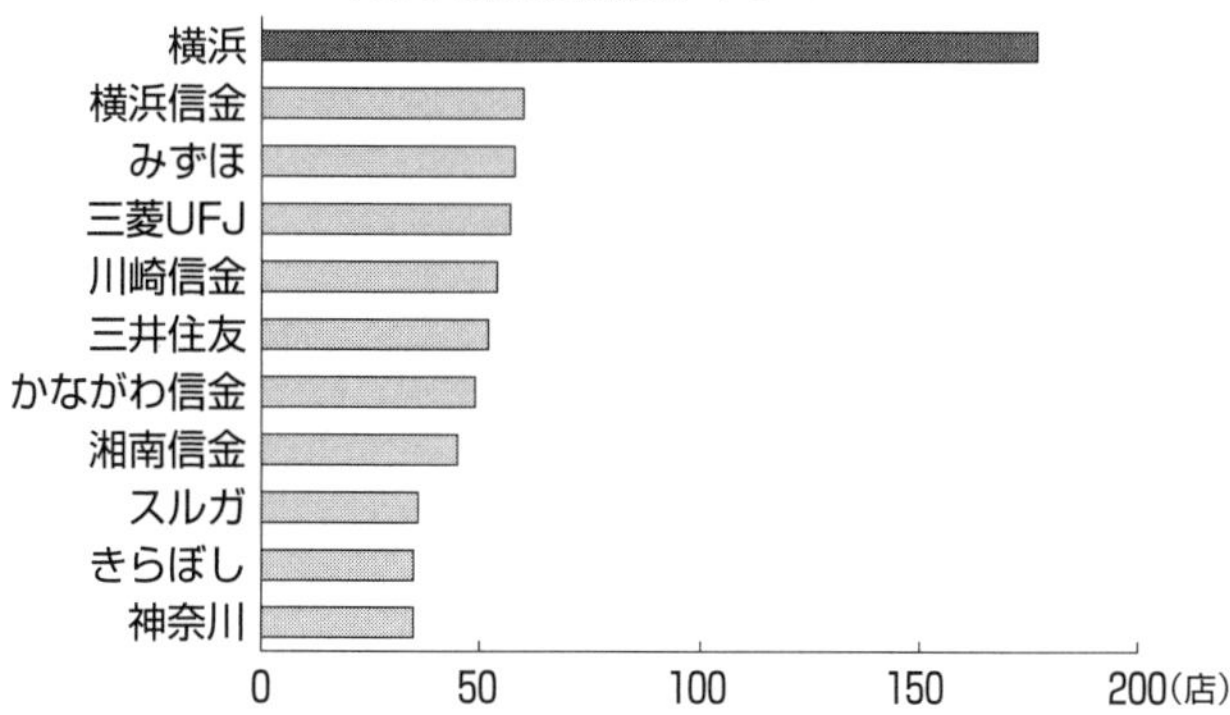

注：有人店舗数（2021年3月末時点）。横浜銀行調べ。

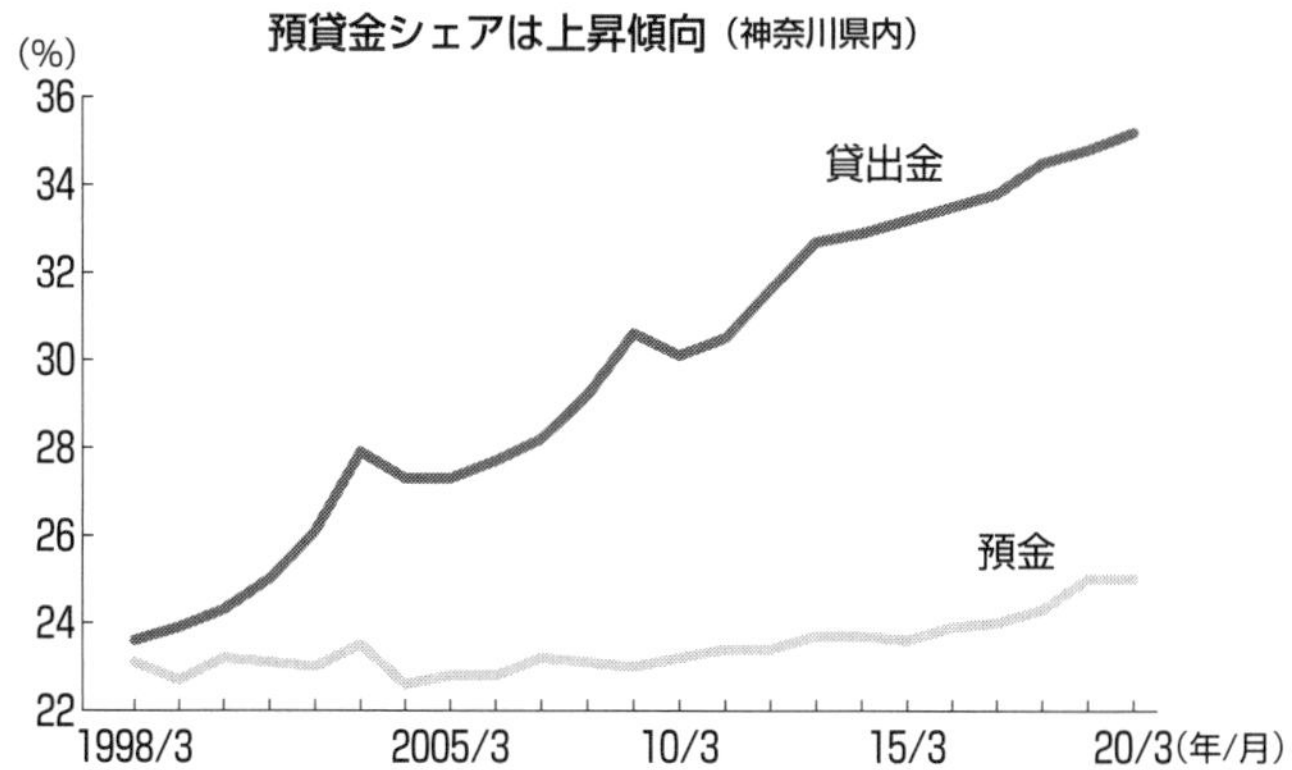

注：シェアは、ゆうちょ・信組・農協を含まないベース。横浜銀行調べ。

強固な「OB会」と500人の「中途部隊」

こうした出向者らへの横浜銀行のきめ細かいフォローは今も続く。現役の出向者らがメンバーの「朋友会」は約600人。本部の専任者3人が定期的にヒアリングに訪れ、近況を聞き、新たな人材ニーズがあれば適任者とのマッチングもする。これと別にOBが集まる「行友会」をエリアごとに開き、支店の現役行員とも交流し、情報交換の場にしている。これが面で情報を押さえる強固な地盤につながっている。

もう一つ、中途採用の人材が様々な部署で活躍していることも他の地銀では例を見ない。店頭での住所変更手続きなどをタブレット端末でこなせるようになったのは、基幹系システムをインターネットにAPIでつなぐ「データ連係基盤」を開発したからだが、その中核を担ったのは中途入社でシステム構築を担当したグループ長だ。

戦略商品となるスマホアプリの開発を担うデジタル戦略部は企画部門だけで3年で100人に増えたが、そのグループ長の半数は中途採用だ。市場営業部門にもメガバンク系列の証券会社の部長経験者らがいる。総数は行員数4550人に対し500人にのぼる。

さらにユニークなのは生損保や税理士事務所、コンサルティング会社などから受け入れる出向者が42人もいることだ。営業成果は出身元の組織と横浜銀の契約に基づき一部を横浜銀が受け取る仕組み。専門性を持つ人材がプロパー人材に刺激を与え、そのノウハウを共有することでビジネスを拡大している。

ただ窮余の一策という面も否定はできない。頭取の大矢は「公的資金を入れて、新しいことをやる余裕がなかった。時間をかけていられなかった」と振り返る。専門人材はそれでいいだろう。しかし将来経営を担う人材となると話は別だ。

成果や職責に応じて報酬を決める仕組みはある。しかし異動で人材のキャリアをどう形成するかなどの視点が乏しかったと大矢は言う。将来の経営を担う基幹人材にどのような経験をさせるか、「キャリアデザインをつくり、経験値を増やす必要がある」。営業現場は営業畑、本部の企画や人事はそれぞれの畑ということでは「相互理解が進まないし、(銀行をどの方向に向かわせるかという)ベクトルが合わない」のだ。役員の担務を営業と本部で入れ替えるなどの試みが始まっている。

16年に東日本銀行を経営統合し、持ち株会社コンコルディア・フィナンシャルグループを設立したが、思いのほかその負担は重かった。赤字続きの同行にナンバー2だった大石を送り、22年3月期の黒字化を目指している。横浜銀行本体も米市場の動向を読み違えた市場部門の業績が振るわず、その立て直しが課題になっている。

「困難」が創業の原点

困難に直面した銀行が地元の支援で立ち直る経緯は、横浜銀行にとって創設のエピソードに重なるものだ。第1次大戦後の不況で地元の七十四銀行などが事実上破綻し、その預金者保護や債権整理などのために1920(大正9)年に創設されたのが前身の横浜興信銀行である。このとき地元財界が立ち上がり、5万5000口の預金者から引き出し猶予など再建案の承諾を取り付けたことは語り草である。

それから100年余。大矢は何のための銀行かと問われると「地元のため」「顧客のため」と繰り返す。新卒採用や中途採用の志望動機で圧倒的に多いのも「横浜に住んで地元に貢献したい」という理由だ。地銀ではひときわ恵まれた地盤がある横浜銀行だからこそ、厳しい経営環境を勝ち抜くビジネスモデルを示す役割があるだろう。

2 紀陽銀行の「危機DNA」

時代に翻弄された地銀、関西空港「宴の後」

和歌山県は地銀再編が導いた全国唯一の「1県1行」の地である。紀陽銀行と和歌山銀行が合併して15年、事実上、国策として誕生した1バンクが創り出した世界を検証する。2020年11月、独占禁止法の寡占禁止規定を適用除外する合併特例法が施行された。1県1行の功罪を見極める近未来の姿でもある。

関西国際空港から車で50分の山あいに広がる工業団地「コスモパーク加太」。その一角に機械メーカーの小松原（和歌山市）が22年春、新工場を稼働させる。老朽化した2工場を統合させる狙いがあり、「まとまった土地が見つかった」と社長の玉置篤は胸をなでおろす。

コスモパーク加太の売りは総面積が252ヘクタールと、東京ディズニーランドが5つ入るほどの広さだ。昭和末期から平成初期にかけて関空の1期事業における土砂採取地だった。和歌山県は1985年頃、その跡地にリサーチ、レジデンシャル、リゾートの3Rを合言葉として大規模開発計画の構想を発表した。それがコスモパーク加太だ。だが、バブル崩壊で民間企業が相次ぎ撤退。現在稼働しているのはメガソーラーと2社の工場だけで、敷地全体の半分程度は整備すらされていない。

コスモパーク加太にはバブル崩壊の爪痕が深く残る

「企業立地課と話を進めさせてもらいます」。2017年に和歌山市内のホテルで開かれた懇親会でビールを片手にした玉置が工場進出の意向を伝えると、和歌山県知事の仁坂吉伸は「玉置くん、ありがとう」と笑顔で応じた。県は03年から20年間にわたってコスモパークの土地100ヘクタール前後を県土地開発公社から借り、転貸借を模索してきた。売却すると取得原価と時価の乖離（かいり）で損失が生じるためでもあり、実質上は〝塩漬け〟となっていた実態を仁坂は玉置に説明。「せやけど、放っておいてもかたはつけへんやろ」と言い、「進出した企業が成功したら税収もあがる」と語った。玉置は「思い切って負の遺産と決別する覚悟なんやな」と感じた。

銀行団「法廷闘争」の過去

コスモパーク加太は和歌山県にとっては古傷だが、これは県の指定金融機関を務める紀陽銀行も同じだ。県土地開発公社は2003年に融資の借り換えを模索したが、県の全額保証を要求した銀行団と対立。県も保証案を示したものの話し合いは平行線をたどった。最終的に和歌山地裁が債務の6割を県が保証するなどの決定を下し、矛を収めることとなった。この取り決めに従った返済はいまだに続く。原資は大半が空き地のコスモパーク加太に県が支払う賃借料であり、敷地の売却で得られる収入だ。

紀陽銀行の貸出金残高に占める不良債権比率は2・4%と地銀平均（1・8%）より高いが、そのうち0・35%分は開発公社案件だ。不良債権の約15%分を占め、貸し倒れに備え積んでいる引当金として、今も重荷を背負っている。

紀陽銀行を語る上で「関西国際空港」を外すことはできない。衰退し始めていた和歌山県経済を飛躍させる「救世主」と期待されたが、結果として、和歌山県内の金融機関を爆破する「火薬庫」だったからだ。コスモパーク加太は火薬庫になってしまったプロジェクトの1つ。そんなプロジェクトが山ほどあった。

「バブル崩壊後は日銀と金融庁が交互に毎年検査に入り、まるでいくら積ませたかを競うように引当金が膨れ上がった」。紀陽銀行の当時の担当者は検査のたびに青ざめたという。紀陽銀における1994年3月期から99年3月期にかけての不良債権処理額は総額3600億円にのぼった。94年3月期の純資産は1273億円。振り返ると、紀陽銀行ですら事実上、債務超過状態に陥っていた。

生き残るには生半可な対応では済まない。99年頃から和歌山県を中心に法人融資の機能を持つ店舗を2店に1店の割合で集約し始めたほか、店舗数自体も04年にかけて全体の1割ほど削減。人件費は賞与の水準を大幅に下げて、年収は大阪の信金クラスになった。バブル前、数千億円に上ったとされる有価証券の含み益も全て吐き出し、痛んだ自己資本を補うため、99年から06年にかけて3度の増資で計834億円を調達した。まさに綱渡りだった。

よみがえった紀陽銀、「阪+和」銀行に

時を2020年に戻す。15年前までもがいていた紀陽銀行の姿はもうない。

20年7月15日、紀陽銀行頭取の松岡靖之(21年6月から会長)は大阪の繁華街・北新地にほど近い紀陽大阪ビルで、「大阪堂島営業部」のテープカットに臨んでいた。「次なるステージが大阪北地区。できるだけメイン取引先を増やしていく」と攻めの姿勢を鮮明にした。

日銀のマイナス金利政策の影響で大部分の地銀が貸出金利息を減らす中、紀陽銀は20年3月期、11年ぶりに反転させた。21年3月期もその勢いは続き、全国でも珍しい反転攻勢を演出した原動力が大阪府内での融資と言われる。

持ち味は通常なら数日、新規取引の場合でも1週間から10日程度で融資実行に至るスピード感だ。不動産分野や比較的信用力の低いミドルリスクを含む顧客も開拓することで、平均年1・2%程度の金利を確保している。リスクを見極めにくいため、越境地銀は腰が引けがちなメイン

バンクの立場も貪欲に獲得し、手数料収入を拡大。「バブルの痛手が与信判断や苦境の顧客再生に役立っている」と経営企画部長の中越典秀（21年1月に辞任）は解説する。

和歌山市と大阪南西部の泉州地域は地理的に近いこともあり、紀陽銀は今から約70年前の1950年、大阪へ初進出した。60年代からは「北上作戦」と銘打って本格的に大阪南西部を開拓。今では新入社員の半数、執行役員の4割を大阪出身者が占める。「バブル後に貸出金を求めて出てきた他の越境地銀とは異なり、うちは大阪が地元の銀行でもある」と中越は強調。県境には縛られない版図と組織を長年かけて築いてきた自負を持つ。

19年7月に世界遺産に登録された百舌鳥（もず）・古市古墳群にほど近い南海高野線の堺東駅。駅を出て古墳群とは反対方向の公的機関や商店が並ぶ大小路筋を10分ほど歩くと、安藤忠雄が設計した近代的なコンクリート建築が見えてくる。紀陽銀の堺支店だ。単なる支店機能だけではなく、12年には法人顧客のコンサルティングなどを担う営業支援部を和歌山市から移管した。

実はこの敷地、紀陽銀が64年に買い取るまで使っていたのは堺商工会議所だった。現在のビルに建て替えたのは94年。それまで同じ建物を支店として使っていた。「紀陽銀はかなりの高値を出す代わりに、商工会議所に企業の紹介を頼んだ」（関係者）。真偽はともかく、この譲渡がきっかけとなって同商工会議所は紀陽銀をメインバンクとし、会員の間でも利用者は拡大。現在も5400社のうち7割は紀陽との取引がある。

「紀陽銀は堺市の成長期を支えてくれた」。堺商工会議所会頭の葛村和正は今でも紀陽銀に感謝している。世界遺産登録の機運を高めるために立ち上げた「世界遺産 百舌鳥・古市古墳群を応援する堺市民の会」も法人として最も多く会員を獲得したのは紀陽銀。「和歌山が本店ではあるが、堺に根ざした銀行だ」と葛村には映る。

堺市では04年に地場の旧南大阪信用金庫が大阪信用金庫と合併。08年には旧泉州銀行が旧池田銀行と合併に動き出し、地元に本店を置く金融機関がない政令指定都市になった。

バブルの後遺症で立ちゆかなくなった旧和歌山銀行と06年に合併し、315億円の公的資金を受け入れた新生・紀陽銀行にとって、〝空白地〟となった泉州地域は絶好の草刈り場と映る。旧和歌山銀の行員500人を戦力配置して大阪での融資を大幅に増加。12年3月期には融資全体に占める大阪の割合が過半を超えた。

13年まで公的資金を通じて経営計画を見てきた金融庁のある幹部は紀陽銀行のビジネスモデルについて、こう例える。「和歌山市はワシントン。堺市はニューヨーク」。重要な意思決定は和歌山で下し、事業の発展は大阪が担う構図だ。紀陽銀は04年に施行された金融機能強化法に基づき公的資金を注入された第1号となった。全16行のうち完済できたのは3つだけ。東日本大震災の特例注入だった七十七銀行を除くと、返済期限より3年前倒しで完済した1号でもある。紀陽銀がスピーディーに健全化を果たす収益力の源泉こそ大阪攻略だった。

紀陽銀行は上場地銀、県内トップ地銀として優秀成績者の地位を取り戻した。それを立証するデータはいくつもある。

05年3月期と21年3月期との比較では、全国地方銀行協会平均で貸出金残高が65％増えたのに対し、紀陽銀は86％増の3兆2800億円まで拡大。低金利によって稼ぐ力が落ちる中で地銀協平均の経費率（ＯＨＲ）は69％と約８ポイント悪化したが、紀陽銀は63％と約２ポイントの悪化にとどめている。

紀陽銀行は公的資金をてこに「収益力」を高めて「効率性」を磨き、ついに「健全性」を取り戻した。本業の貸し出しと手数料ビジネスを合わせた顧客向けサービス業務利益は黒字を確保し続けている。さまざまな指標で地銀の経営を分析する「NIKKEI Financial RAV」では、１０２行の中で「収益力」は９位、コア業務純益の伸び率やＰＢＲなどで算出する「成長性」にいたっては２位につけている。

優等生の立場を取り戻した戦略立案者の１人が、会長の松岡靖之だ。松岡自身は和歌山の営業経験が長く、行内でも「地元思いの慎重派」と言われてきた。その地元派の松岡が前頭取の片山博臣とともに目の色を変えて挑んだのが大阪攻略。堂島攻めはその集大成と言える。当初は「行き過ぎた北上策にためらいを見せる役員もいた」（同行の関係者）。それでも北へ北へと突き進む加速力はとどまるところを知らない。22年３月期以降は大阪市内に「エース級をさらに20人ほど送り込む」（中越）。

県外に出稼ぎまでして稼ぐ執念の意味を知るには、過去に遡る必要がある。

国策ワンバンクに　風評との闘い

今から24年前、１９９７年11月25日から28日の４日間に起きた「取り付け騒ぎ」は金融当局も紀陽銀行自身も「悪夢」として刻み込んでいる。

「誰かが意図的に噂を流しているとしか考えられない……」。悪夢の予兆は前日の24日に起きていた。３連休の最終日、休日にもかかわらず、紀陽銀行専務が近畿財務局に緊急連絡してきた。

「ＣＤ（キャッシュディスペンサー）、ＡＴＭの出金が増えています。当行に関する流言飛語が飛び交っています」

当局に残っている記録によると、翌25日からの４日間に流出した預金は個人が約２０００億円、法人が約２００億円。預金残高の減少率は法人は約４％だったが、個人は約10％に上った。個人が定期預金を中途解約し、とりわけ大阪府泉南・岸和田地区で顕著だった。

紀陽銀はその後、「意図的かつ組織的な風説の流布」と総括した。悪夢の４日間が始まる前の３連休の情報を収集し、以下2点を「ほぼ間違いない事実」と当局に説明している。

「和歌山市内の営業店周辺で、男性2人が当行の行員を装って、『25日をもって営業を終了します』と挨拶に回っていた」

「南海電車の車内で、男性2人が『紀陽銀行は25日に業務停止になる』と声高にしゃべっていた」

しかし、こうした犯罪的行為が行われても、それを信じる預金者がいなければ取り付け騒ぎは起こらない。信じてしまう精神構造が当時、紀陽銀行を見る預金者の心の中に眠っていた。要因は大きく2つある。

見捨てられた「阪和銀行」

1つは「金融当局に対する不信感」だ。紀陽銀取り付け騒ぎのちょうど1年前、1996年11月21日に起きた別の事件が伏線になっていた。

大蔵省が紀陽銀行に次ぐ県内シェア2位の阪和銀行に、戦後初めてとなる業務停止命令を出したことだ。当時、紀陽銀行で常務だった久山稔（紀陽銀取り付け騒ぎ当時の専務）は自らの著書『平成・和歌山地域金融動乱史』の中で、「突然で初めての普通銀行に対する死刑宣告だった」と記している。日銀代理店であり和歌山県の指定金融機関である紀陽銀でさえ、発動日の午前1時まで知らされなかった。トップバンクである紀陽銀行も呆然と見守るしかなかった。

阪和銀行に対する業務停止命令は今のように破綻処理法が定まっていない時代の突貫工事の様相を呈していた。その結果、預金者に生々しい記憶が残ってしまったのは「定期預金の中途解約ができなかった」こと。大蔵省が「すべての預金が全額保護される」と宣言しながらも、紀陽銀の取り付け騒ぎが起きる3カ月前の翌年8月まで中途解約を制限し続けた。

もう1つが「銀行そのものに対する不信感」だ。破綻する前の阪和銀行と当時の紀陽銀行は似通った経過をたどっていた。阪和銀は大蔵省が停止命令を発動する約2週間前、中間決算が3億6600万円の赤字になる見通しを発表した。結果として、これが「発表できたのだから、破綻はないだろう」と預金者に誤解を与えた。

紀陽銀は1996年3月期決算で戦後初めて最終赤字に転落。翌97年3月期は黒字に転換したが、不良債権を前倒し処理しようと98年3月期決算で再び多額の最終赤字を計上する必要に迫られていた。3連休前の21日金曜日、その中間決算発表の場が再び赤字に転落することを公表するタイミングだった。

1週間前に北海道拓殖銀行が経営破綻し、3連休初日の22日、日本経済新聞が「山一証券、自主廃業へ」と報じた。阪和銀騒動で想像以上に疑心暗鬼になっていた預金者の心の火に油を注ぐような外部環境でもあった。

当時の金融庁幹部の記憶によると、取り付け騒ぎ自体は「(3日目)以降、預金流出は沈静化していった」。蔵相の三塚博と日銀総裁の松下康雄が談話を発表し、近畿財務局長と日銀大阪支店長が共同記者会見を開き、信用不安を払拭するため、再三、情報を発信した。騒動はかろうじて終息し資金繰り破綻は避けられたものの、紀陽銀行は自ら背負った十字架の重さを痛感せざるを得なくなる。トップバンクとして阪和銀行の破綻処理で受け皿にならなかった事実だけが残ったからだ。当然、紀陽銀行の台所事情も苦しく、たられぱで語ることはできない。ただ、信用秩序を維持できなくなったとき、トップバンクだからこそ自らの身にも跳ね返る不条理な世界が訪れた。

自らも信用不安、「信用秩序維持」へ転換

紀陽銀行はこの騒動を転機に「信用秩序の維持」へカジを切る。

取り付け騒ぎの翌月12月26日、和歌山県知事に対し、和歌山県商工信用組合を救済すると伝えた。騒動の4カ月前の7月、同信組から救済要請を受けていたが、結論が延びに延びていた。阪

和銀行に続く2件目の破綻処理で、事業を譲り受けるかどうか決断を迫られたが、コスト面で譲り受けた後、支店の存続など地元の期待に応えることができない懸念もあった。先述の久山の著書では「苦渋の決断」と記し、その後、「地元とのあつれきも生んだ」と解説した。

それでも銀行OBも派遣し、和歌山県経済を壊さないと腹をくくった紀陽銀の振る舞いは、県経済を背負うトップバンクの姿に転換していた。

7年後の04年、再び試練が訪れた。和歌山銀行との経営統合構想だ。

和歌山銀は02年に120億円の公的資金を受けたが、翌年には収益の低迷を理由に業務改善命令を受けていた。05年4月のペイオフ全面解禁を控え、経営が安定しない同行は金融庁にとって頭痛の種の一つだった。当時、金融庁が描いていた信用秩序維持策は「再編」。金融庁は和歌山銀行社長の鈴木剛夫に紀陽銀との再編を促し、腹を固めた鈴木も意を決して統合を申し入れた。和歌山銀の捨て身の行動を紀陽銀はその場で拒否することはできない。

「和銀（和歌山銀）と一緒になってどないするんや」。自らもバブル後遺症に苦しむ紀陽銀にとって、当初、和歌山銀は招かれざる客だった。和歌山県における地域金融機関の規模では紀陽銀、きのくに信用金庫に次ぐ3番手。だが、もともとは阪和銀行と和歌山県商工信用組合が存在したため実質的には4～5番手で、経営内容もつかみかねていた。当然のことながら、さらなる不良債権を抱え込むリスクを巡り、当時の役員の大半が合併に反対したという。

「どうせなら『せん銀』とも一緒になった方がメリットはある」。せん銀とは泉州銀行（今の池田泉州銀行）のこと。一時、紀陽・和歌山・泉州の3行統合を模索する動きも出た。しかし、泉州銀との統合構想は途中で立ち消えになる一方、「和歌山銀行の救済については、金融庁の意向を強く感じた」と当時をよく知る紀陽銀のＯＢは証言する。

再編を条件に、その後、国に提出した経営計画で計画未達となっても経営責任を不問に付す。04年に施行された金融機能強化法で明文化された規定は、紀陽銀行のために盛り込まれたと言っても過言ではない。早期健全化法などそれ以前の法律は経営計画より３割以上、実績が足りなければ行政処分の対象となり、２期連続なら経営責任を問うていた。

金融庁も公取委も再編促進

１県１行に減ってしまうことに当時の公正取引委員会は疑念を抱いていなかったのか。複数の関係者に聞くと、独占禁止法には「救済」の場合は特例として認める規定があり、それに該当したという。長崎県の十八銀行と親和銀行の合併を巡って２年以上に及ぶ論争を金融庁と繰り広げたが、当時の公取は沈黙し、企業結合審査もすんなり承認した。

紀陽銀行は06年10月、和歌山銀行と合併し、翌11月、金融庁は金融機能強化法に基づき３１５億円の公的資金を注入した。「国策としての１県１行」ができあがった瞬間だった。

バブルという夢が破裂し、暴風を耐え忍んだ紀陽銀行。健全化に成功した点では金融庁の評判も悪くない。ただ、紀陽銀行の真価を、それだけで判定することはできない。バブル崩壊で大混乱し深い傷を負った和歌山経済を立て直す産業振興のハブになっているのだろうか。１県１行が繁栄をもたらす世界なのかを見るには、地元和歌山の実態を検証する必要がある。

「選択と集中」論争　経済ピラミッドの頂点に

新型コロナウイルスが猛威を振るい、金融機関が企業の資金繰りに奔走した20年。第3波が押し寄せつつあった冬のタイミングに実施された一通のアンケートがある。対象は和歌山県の「中小零細企業」で、テーマは「地域金融機関の対応について」。ある経済団体が実施した調査だが、ストレートな問いかけに和歌山県内における紀陽銀行の立ち位置が浮き彫りになった。

紀陽銀行については「やや満足」を含めて85%が「満足」と回答した。「事業承継で相談に乗ってもらっている」「担当の方も上司の方も対応がよい」などの理由が並ぶ。だが、目をこらせば別の側面も見えてくる。「回答率」だ。

紀陽銀の和歌山県内における貸出金のシェアは46%、帝国データバンクによるメインバンクシェアは都道府県別でトップクラスの64%を誇る。にもかかわらず、紀陽銀と取引があると回答したのは回収したうちの3割程度。送付したアンケート全体で見るとわずか5%にとどまった。忙しくて回答する暇もなかったのか、それとも無関心だったのか。担当者は「明らかに少ない」と首をかしげる。

「休日もなく積極的に対応していた」。和歌山商工会議所の会頭を務める勝本僖一は紀陽銀のコロナ禍への対応を評価する。日頃から付き合いは深く、「企業の面倒を十分よく見てくれている」と満足そうに話した。にもかかわらず、上記のような極端な低回収率が生まれるのは、そもそも和歌山県内における役割分担と無関係ではない。紀陽銀行は商工会議所の幹部に就くような業歴も長い財界名士などとの付き合いは手厚いが、日常生活のインフラとなるすそ野を幅広くカバーし切れていないのではないか。新型コロナで苦境に陥る町の飲食店や観光関連の商店と言った零細企業にリーチが伸びていないのではないか。

「資金繰りは大丈夫ですか」。約370社の会員を抱える和歌山県中小企業家同友会は20年5月頃から、資金繰りに困ったら紀陽銀行に相談するよう会員に呼びかけた。国が用意した特別対応の融資、通称〝ゼロゼロ融資〟が始まる直前の4月下旬、代表理事の堀口寛司らが紀陽銀行側から「真剣に相談に乗りますのでぜひ会員にお声がけいただきたい」と頼まれたからだ。

だが、会員からは「もう他に頼んだから紀陽はええわ」「紀陽銀からは電話も来ない」など反応は芳しくない。同行の中小企業や個人事業主への対応は、大阪府や和歌山県内に計6カ所ある「ビジネスセンター」が受け付ける。いわば待ちの姿勢で、先回りした他地域の地銀や信用金庫に資金ニーズをさらわれたのだ。

きのくに信用金庫も先回りした金融機関の一つ。市町村から受ける必要がある認定手続きを代行する手軽さも売りに全取引先を含めて幅広くアプローチした。『「きのくにに言えばすぐやってくれると聞いた』と駆け込んでくる経営者が非常に多かった」と専務理事の木下巌は振り返る。

和歌山県内におけるゼロゼロ融資の保証承諾件数を20年12月末時点で見ると、メインバンクシェア64%の紀陽銀行は3086件なのに対し、シェア17%のきのくに信用金庫は5106件と圧倒的な差が開いた。日常、中小零細企業と数多く接する信用金庫に軍配が上がったが、紀陽銀行が進めてきた「選択と集中の戦略」が後遺症を招いていた面もありそうだ。

「コアカスタマー戦略」の落とし穴

18年4月から紀陽銀行は「コアカスタマー戦略」を始めた。

貸出金残高が3000万円以上か、預金と預かり資産残高の合計が5000万円以上の約9000社（ベースはCIF＝カスタマー・インフォメーション・ファイル）を「コアカスタマー」と定義。この優良顧客が事業性の全取引先数に占める割合は4％にすぎないが、事業性の収益ベースでは8割を握る。「主要な顧客を見える化し、そこに戦力を集中配分する一方でコアカスタマーをさらに増やしていく」と経営企画部長の中越は説明する。

だが、先述のアンケートに回答した紀陽銀行取引先の割合が5％だったことを考えると、この戦略の帰結ではないかと邪推したくもなる。

並行して法人融資機能を持つ和歌山県内の店舗を33から13まで集約した。1つの店舗に法人営業の担当が集まったことで情報共有が進み、和歌山で年間100億円程度だった事業性の融資が足元で300億円のペースに高まったという。一方で、集約された支店の顧客へは目が届きにくくなり、距離が遠のいた可能性がある。

大まかに言えば、こうした企業を含めてコアカスタマーから漏れた96％を受け持つのが、コロナ対応でも待ちの姿勢が目立ったビジネスセンターという構図だ。結果として、「紀陽銀の行員が来なくなったから口座を開きたい」と他行に駆け込む事例も出てきた。「それも仕方ないと割り切り、ピラミッドの頂点の顧客を守ることに決めた」と関係者は明かす。

バブル崩壊で致命傷を受けた紀陽銀。再生への道のりは取捨選択の歴史でもあった。その原体験につながったのが、２つの危機で目の当たりにした温情だ。

１つ目は先述した97年11月の取り付け騒ぎ。「『支店長、新規に（預金を）持ってきたで！』と駆けつけてくれる顧客がいて、本当にありがたかった」。当時店舗の支援に駆けつけた取締役常務執行役員の原口裕之（21年6月から頭取）はしみじみと振り返る。本当に信頼できるのは真のメイン先だけというトラウマが経営陣にこびりついている。

経営資源を集中させる層を見える化した

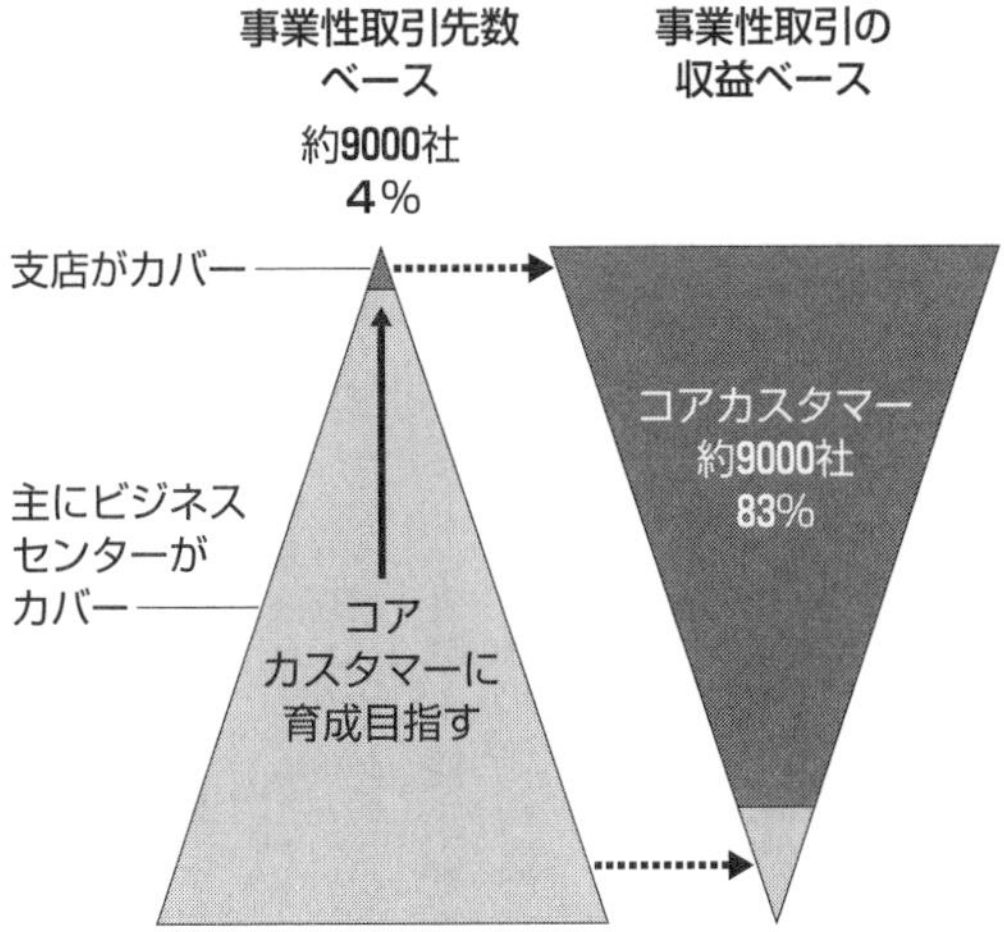

事業性取引先数ベース
約9000社
4％
支店がカバー
主にビジネスセンターがカバー
コアカスタマーに育成目指す

事業性取引の収益ベース
コアカスタマー
約9000社
83％

もう１つは紀陽銀行の経営破綻を防いだ99年と02年の「第三者割当増資」だった。

２回で合計５８２億円の増資の引き受け先は延べ５５１６で、大半が地元の企業と個人だった。「当時を経験した誰もが『地域に大切にしてもらったから今の紀陽銀がある』と感じている」と原口は話す。とりわけ02年の第三者割当増資が経営陣に強迫観念を植え付けた。

株価「２１００円の壁」だ。02年の増資では１株２１０円で引き受けてもらい、その後の単元株数の変更で実質２１００円となった。ここを割り込めば、「地元の顧客や個人に損をさせる」という強い意識が経営陣に根付いたという。

もっと言えば、「時価総額1000億円」を死守しなければ、さらに株価が下がってしまうという恐怖感もある。紀陽銀の株式保有割合の約12％を占める外国法人のほか、信託銀行を通じた日銀や年金積立金管理運用独立行政法人（GPIF）の存在を無視できない。時価総額が1000億円を割り込むと、彼らの投資対象から外れる危険性があるからだ。

自らを支えてくれた地元の株主や優良顧客にこそ「恩返し」。収益向上へ執念を燃やす「健全化路線」の裏側には、紀陽銀行の外から見えない地元への背徳感が横たわっている。

あるOBの反省

「株式会社としては優秀だが、地域金融機関としてはしたたかで冷たい」。あるOBはある意味、仕方ないと割り切っていた。地方自治体に深入りして大やけどを負い、修羅場をくぐり抜けるのになりふり構っていられなかったからだ。経営の再建期は特に地方自治体と距離を置き、地域貢献や活性化と金融を安易に結びつける考えを嫌う風潮が行内では強かった。そのため「地元の政治家からの評判はすこぶる悪かった」と振り返る。

取り付け騒ぎ以降、ニューヨーク支店の廃止に始まり、なくした有人店舗は40をゆうに超える。来店客が少なく、廃止しても実質的に影響がない店舗もあるが、「店舗を閉めることに抵抗感が少ない銀行になった」。銀行を離れて地域の声を素直に聞けるようになった今、「和歌山での効率化に踏み込みすぎたのではないか」と自問することがあるという。

地域活性化、ピンポイントで

一方で、経営の健全化に伴って少しずつ地域の活性化に取り組む動きも出てきた。和歌山県の霊峰・高野山。総本山である金剛峯寺のすぐ近くに21年秋、仮想現実（ＶＲ）画像の大型シアターが誕生する。

ドローンで撮影した高野山の上空や主な寺院の内部、文化財をＶＲ画像にして見られるという、訪れた観光客に高野山の魅力を分かりやすく伝えて滞在時間の延長につなげる。近隣の高野山大学でも、食堂や学生寮を活用して精進料理や瞑想を売りに人を呼び込む計画が進む。

こうした活動の中心役を担うのが、まちづくり会社のＤＭＣ高野山。官民ファンドの地域経済活性化支援機構（ＲＥＶＩＣ）と地銀が設立した観光遺産産業化ファンドの出資案件だ。

紀陽銀が計画の打診を受けたのは19年6月。コロナ禍前の当時は観光客が多く訪れ、高野山はにぎわっていた。だが、少子高齢化で真言宗の信者や大学生の数は減少し、見えない衰退が進んでいることが課題だった。

話を受けた地方創生推進室長の吹田和彦は地元のキーマンに対し、「一過性の客寄せではなく、１２００年の歴史をしっかりと伝える取り組みにしたいんです」と一年以上かけて同意を取り付けた。紀陽銀はファンドに1億円出資し、元高野山支店長もＤＭＣ高野山に出向している。

経営の健全化で銀行内にも地元を応援する余裕が少しずつ出てきたが、「総花的な取り組みではかえって何もできない」。集客力の高いアドベンチャーワールドを抱える白浜町や、日本初の民間ロケット発射場の整備が進む串本町など、あえてピンポイントで狙いを絞る戦略で活性化の道を探る。

「地域のために地域を捨てる」

だが、経営の健全化に時間を費やす間に和歌山県は衰退が進んだ。96年からの20年間で、土台である人口は108万人から約95万人へ、事業所数は6万725から4万8218へ減少。全都道府県の中でもとりわけ厳しい減少率だ。

人口が減ると何が起きるのか。地元が支持母体の地銀にとって絵空事と割り切れないのは「預金リスク」だ。預金者が亡くなり相続として県外に流出してしまえば、紀陽銀行が地域活性化したくてもその原資を調達できなくなる。地域のお金を地域に回すビジネスモデルの前提条件が成り立たなくなりかねない。

紀陽銀行が原点を見つめ直すきっかけとなった「ある失敗」がある。15年頃に実施した大阪南部の預金獲得の実験だ。フタを開けると、破綻時に国が保証してくれるペイオフ対象の1000万円を超える預金は集まらなかった。しかも、キャンペーンが終わるとすぐに預金を引き上げられるケースが続出したという。

大阪での中小企業開拓には貸出金に加えて預金を集める狙いも隠れているが、いくら攻略を強化しても一般個人の預金者にとっては「和歌山の銀行」。根本的に地元和歌山で7割の預金を調達する構造を解消しようとするのであれば、大阪の地銀と再編でもしない限り、限界のあることが浮き彫りになった。

紀陽銀と長年付き合いのある経営者がぽつりと漏らした。「この先紀陽銀が倒れそうになっても、地元はもう支えられへんと思うな」。その理由は企業としての余裕がないからではなく、「和歌山には企業自体が残ってないやろうから」。

「地域のために地域を捨てる」。一言で言えば、過去20年、紀陽銀行が築き上げたビジネスモデルは選択と集中の歴史の産物だった。しかし、平成金融危機の当時はまだ和歌山経済がバブルを作るだけの生命力を持っていた時代。夢破れて地銀が残ったことが再起を図る唯一の光明だった。一方、令和金融危機が起きた時、和歌山経済に生命力が残っているのだろうか。紀陽銀行の姿は「地銀廃業時代」に入るかどうかの瀬戸際に立たされている現実を映し出している。全国地銀の未来予想図なのかもしれない。

3　京都銀行の「ファンド経営」

京都ファンド――。そんな異名を持つ地方銀行が京都銀行だ。上場前から保有する任天堂、日本電産、京セラなどの株式の時価総額は1兆円超。含み益は地銀最大、受け取る株式配当金も年間170億円に上る稼ぎ頭だ。融資だけで稼ぐことが難しいマイナス金利時代、出資と融資を組み合わせて未公開企業の成長を実現する「プライベート・エクイティ（ＰＥ）ファンド」を地で行く京都銀行は地銀が生き残るロールモデルのはずだが、金融監督当局の評判は芳しくない。

金融当局と「20年論争」　持ち合い株の攻防戦

２０２０年９月下旬。京都銀頭取の土井伸宏は言いぶりが変わったことに違和感を感じていた。対峙していた相手は日銀のリスク担当部門の担当者だ。

日銀担当者「政策保有株をだいぶ持ってますね」

土井頭取「売れということですか」

担当者「売れということではないですが、リスクはあります」

違和感の理由は20年の日銀考査が新型コロナウイルスの影響でオンラインに切り替わったからではない。考査は基本、経営に及ぼすリスクの認識をすりあわせ、必要があれば、是正を求める。金融庁の検査のように行政処分で改善を求めるわけではないが、鋭い質問で突っ込んでくる考査は金融機関も一目置いている。オンラインとはいえ、担当役員や部長などと次々面談し、２週間ほど対応を迫られた。

違和感を感じたのは「株削減」を封印したからだ。代わりに強調したのは「リスクはあります」。金融庁検査でも定番の質問項目だったが、最近はしつこく株売却を迫られることが少なくなった。

バブル崩壊以降、京都銀行と金融監督当局の20年論争ともいえる長い闘いの論点は「銀行が株式を保有することの是非」だった。日経平均株価が長期低迷し、減損処理を迫られれば最終赤字に転落したり、場合によっては健全性の最低基準を下回ったりする。平成金融危機で経営破綻に至った地銀の多くは不良債権処理費用をまかなえなかったことが主因だが、追い打ちを掛けたのが保有株式の減損処理だった。

政策保有株。通称、持ち合い株と呼ばれ、とりわけ銀行が物言わぬ安定株主として持っていた取引先企業の株式が批判のやり玉に挙がった。2001年、政府は「銀行株式保有制限法」を制定し、銀行の株保有に上限を設けた。

銀行が株を持つことは本来、矛盾を抱えている。預金は1000万円までなら元本を保証しているが、その預金を使って買った株式は元本が保証されているわけではない。株価が下がれば元本を割ったり、その企業が破綻すれば元本は消失したりしてしまう。金融監督当局は銀行が有価証券で運用するとすれば、元本割れリスクのない日本国債で運用するのが基本と考えてきた歴史がある。海外の先進国でも銀行は基本的に株式を直接購入することは少なく、保有する量も限定的だ。保有先の企業が順調で

政府・日銀は京都銀に保有株の売却を促してきた

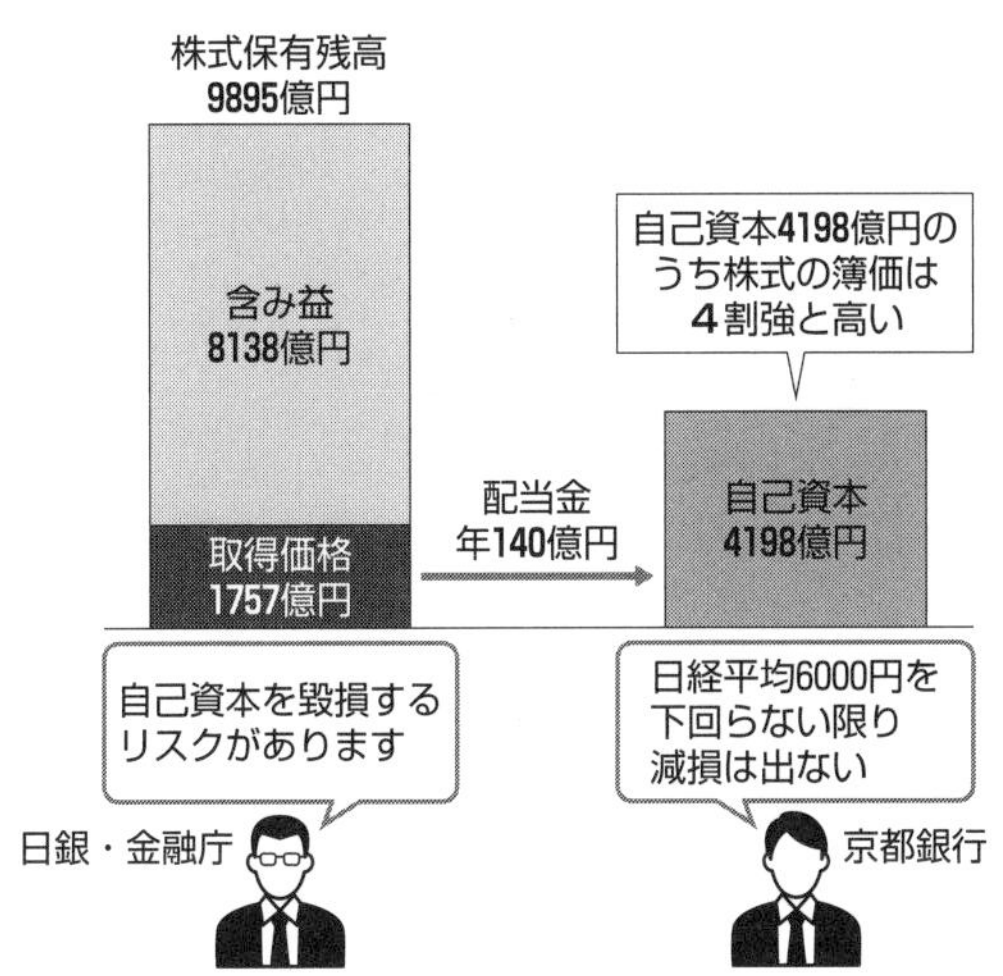

注：20年9月末の株式保有残高などを活用。単体ベース

あれば銀行経営も安泰だが、逆境に陥れば銀行が破綻してしまう。日本はそれが現実になった苦い記憶が残っている。

土井は「これまでの京都銀の歴代経営者は政府・日銀が『減らせ』と言うのに一貫して抵抗してきた。簡単なことではなかった」と振り返る。

株保有制限　包囲網に

風向きが変わったのは、アベノミクスだ。2つの潮流が京都銀行に転機を迫っている。

一つは日銀が2016年2月に発動したマイナス金利政策だ。日銀が株売却を強く迫らなくなった背景には、マイナス金利政策を発動した張本人との自覚もある。ただ、最大の転換点は日銀のカウンターパート、金融庁の変心だ。貸出金で収益を稼ぐことが難しくなり、従来の銀行業務を「融資依存モデル」とあたかもそれ自体がリスクのように言い始めた。銀行に禁じていた事業会社の出資比率を制限する「5%ルール」の緩和に着手。地域経済活性化のため商社機能を持ったり、廃業する企業のインフラサービスを守る事業承継機能を持ったりするため、地銀の株保有を認めざるを得なくなり、大きくカジを切ろうとしている。

地銀のビジネスモデル論争が活発になればなるほど、京都銀行が作り上げたPEファンド型経営が持続可能な理想型に近づいていく皮肉な時代の変化である。

時価1兆円超の保有株式は自己資本の2倍以上。簿価だけで見ても自己資本に対する割合は4割強と高い。日銀が「リスクはあります」と言うのはこの点を指したものだ。ただ、京都銀行はバブル崩壊やリーマン・ショック、東日本大震災を経ても保有株で減損を出したことがない。ある幹部は「日経平均が6000円を下回らない限り起こりえない。起こりえないリスクはリスクではない」と反論する。

PEファンドは未公開企業に出資と融資を組み合わせサポートすることで、成長後の果実を上場益や配当収入で回収するビジネスモデル。京都銀が聖域と言う京都企業の株式は約30銘柄。京都以外にも広げると約150銘柄に及び、年間配当として170億円もの安定収入をもたらしている。当時、アベノミクスで株高を演出した第2次安倍政権の戦略は京都銀行のビジネスモデルを追認したとも言える。

任天堂の変

もう一つの潮流はマイナス金利より2年前、2014年に始まっていた。「日本再興戦略2014」。こちらは京都銀行の屋台骨を揺さぶりかねないコーポレートガバナンス強化だ。

2018年秋、京都銀行の知らないところで一大事が起きていた。

ゲーム機「ニンテンドースイッチ」の販売が好調だった任天堂。幹部が訪れた先は三菱UFJ銀行京都支店だった。「御行は政策保有株の解消を進めたいのですよね」。切り出したのは三菱UFJが持つ任天堂株を市場で売却してほしいという打診だった。

任天堂は個人株主を増やしたかった。スイッチ人気に乗じて自社の個人ファンを作りたかったからだ。2018年6月に就任したばかりの古川俊太郎社長は経理畑。銀行の台所事情はよく知っていた。何より、構想を温めていたのは、前任社長の君島達己。君島は三菱ＵＦＪ銀行の前身、三和銀行出身だった。持ち合い株売却構想は君島退任間近の18年春から水面下で動き出していた。事情をよく知る関係者は「コーポレートガバナンス強化の一環で、証券会社が持ち合い解消を促していた。その提案に乗ったのだろう」と舞台裏を解説する。

京都企業は持ち合い株の売却を極度に嫌がる。「みずほ（フィナンシャルグループ）がある電子部品メーカーの株を売却し、大目玉を食らったことがある」「株売却を持ち出せば冷や飯食わされる」とささやかれ、株売却はご法度という空気が醸成されていた。任天堂から来た打診は三菱ＵＦＪにとって渡りに船。持ち合い解消の流れが一気にできあがる。

慌てたのが京都銀行だ。「個人が任天堂株を買う受け皿として、銀行が持つ株を売り出してほしい」。任天堂から打診を受けた京都銀行は保有株数５８８万株、金額にしてざっと１５００億円に上る４・９％を保有する大株主。任天堂は同時に自社株買いを計画しており、京都銀の保有比率が相対的に上昇し、銀行法で株保有率を制限する「５％ルール」に抵触してしまう可能性があった。企業価値の向上につながるという古くからの取引先の要望に売らないわけにいかない袋小路に陥った。

それから半年後の２０１９年２月22日。任天堂は「株式の売り出し」を発表した。京都銀行は保有数の６分の１に相当する１００万株の売却を受け入れた。ただ、その直後の東京で開かれた京都銀行の投資家アナリスト向け説明会で、土井頭取は「うちはこれ以上売却するつもりはない」とくぎを刺した。取材でも「あのタイミングで売却する必要性はなかった。特殊な例だ」と強調している。

京都銀行を困らせたのは再興戦略の目玉として15年6月から全上場企業に適用を始めた「コーポレートガバナンス・コード」。法律に基づく規制ではないが、原則と呼ばれるコードに従って行動するかしないかを決める。しない場合は投資家に対して説明を義務付けるディスクロージャー制度だ。

実はこの旗振り役は金融庁だった。任天堂が株売却に動き始めた18年前半は金融庁が主催する政府の実務者会議で、持ち合い株式の解消を促す議論がまとまりかけていた時期だった。当初は保有方針の開示にとどめていたが、削減に向けた考え方を迫ろうとしていた。東証は18年6月、方針を転換。持ち合い株解消の包囲網ができあがった。

「京都銀は『京都ファンド』のように投資家から見られている」(三菱UFJモルガン・スタンレー証券の安岡勇亮アナリスト)。外国人投資家の比率が28%と高く、「中には政策保有株の売却益を目当てで買っている投資家もいる」(京都銀幹部)。

「偶然の産物だ」。金融庁幹部が突き放すのは、過去築いた先人の遺産を相続しただけとの見方が背景にある。融資から投資へ。銀行のビジネスモデルはいや応なく、リスクをとらざるを得なくなっている。リスクを取らなければ地元経済を守ることもままならず、経営の持続性を担保することもかなわない。しかし、「配当金収入にあぐらをかいているだけではないか」という京都銀に対する冷めた見方が金融庁内にはある。

本当にそうなのか。それを確かめるには京都銀行の生い立ちを振り返り、今の京都銀行がビジネスモデルをどう描いているか見てみる必要がある。

「ぐだぐだ銀行」の道

「愛すべき『ぐだぐだ銀行』だ」。20年1月、京都市内で開かれた京都銀行主催の講演会。そこに日本電産の永守重信会長が登壇した。創業当時、米国の3Mから初めて5億円の注文を取った逸話を披露。その際に京都銀が融資を実行したとし、「新しい工場を作るのに金を借りに行ったが、ぐだぐだ渋っていたのが京都銀だった」と振り返った。

永守重信・日本電産会長は「京都銀行がぐだぐだ言うときこそ事業がうまくいった」と語る。ひょっとすると雑言に聞こえがちだが、「ぐだぐだ」という形容は永守流の褒め言葉でもある。京都銀側が提出された事業計画を事細かに精査する。事業者側からすれば融資の実行を急いでほしいが、一度立ち止まって計画を練り直すいい機会にもなる。その精査のなかで経営者の課題意識やビジョンが見えてくる。永守は「ぐだぐだ言うときこそ事業がうまくいった。すっと貸すんじゃなくてもっとぐだぐだ言ってくれ」と発破をかけたとも語っている。

京都銀と日本電産の関係は深い。永守が自宅の納屋を改造して日本電産を創業したのが1973年。京都銀は創業直後から融資や出資を通じて日電産を支援。88年の上場後から現在まで約2480万株を保有し続け、時価で3330億円まで拡大している。

連結売上高1兆円を超える世界的な総合モーター企業に育った日本電産を支えた京都銀。「ベンチャーの都」として発展した戦後京都において、京都銀が支援して成長したエピソードには事欠かない。稲盛和夫率いる京セラや山内溥の任天堂などだ。特に、任天堂はゲーム機「ファミリーコンピューター」を開発するはるか以前、カルタや花札、トランプを手がける時代から資金や職員を派遣し、今でいう「ハンズオン」支援を徹底した。立石電機（現オムロン）の立石一真、日本電産の永守など、徹底的な目利きで有力経営者を選び抜き、融資や出資を継続。現在の「京都ファンド」「投資銀行型モデル」という異名につながる礎を築いたと自負している。

「ぐだぐだ」という言葉は永守流の褒め言葉だ

「非・京都の銀行」負い目に

京都銀が京都企業に食い込んだのはその「生い立ち」と関係がある。

「京都北部の福知山は創業の地として思い入れも強い」――。

真夏の日差しが照りつける20年8月。土井頭取は京都府北部の福知山市にいた。NHK大河ドラマ「麒麟がくる」の明智光秀が築城に関わった福知山城と隣接する福知山市役所で、同行として初めて、廃校などの利活用を進める連携協定を結んだ。

同市では過去9年間で16校が廃校するなど深刻な状況だ。大橋一夫市長は「今回の締結は公民連携の大きな一歩だ」と京都銀にかける期待がうかがえる。京都銀としても事業者を紹介し、資金が動けばビジネスになる算段だ。

そもそも京都銀行は1941年に京都北部の両丹銀行、宮津銀行、丹後商工銀行、丹後産業銀行の4行が合併し「丹和銀行」として誕生した。43年に京都支店を開設。「京都地場の銀行を作ろう」という当時の京都経済界の呼びかけに応じた。当時の一万田尚登・日銀総裁は京都支店長を歴任した人物。「これだけの大都市に地元銀行がないのは『日本七不思議』の一つ」と表現した。51年に京都銀行に改称し、53年に本店を京都市に移した。

ただ、当時の京都市の主要産業は和装産業。いわゆる室町や西陣などの「いとへん産業」は滋賀銀行や当時の三和銀行、三菱銀行などが抑え、京都銀は後発組だった。京都市中心部の「洛中」の旦那衆からすれば「京都銀行さんは京都やないさかい」といけずを云われても仕方がなかった。

いとへん産業に食い込めなかった京都銀が着目したのがいわゆる京都の戦後ベンチャーといわれる企業群だ。京都銀によると「ベンチャー支援を進めた頭取がいたわけではない」とのことだが、第2代頭取片岡久兵衛時代を中心に、資金繰りを支える融資だけでなく、資本面で支える投資まで広げてサポートした。

京都はかつて「ベンチャーの都」と呼ばれたが、近年は有力なスタートアップ企業は登場していない。新規上場の数も減少傾向にある。新規上場が絶えているという危機感は地元経済界では根強い。「第2の任天堂」「第2の日本電産」を継続的に発掘できていれば、京都銀のビジネスモデルは持続性があると金融当局も認めざるを得ないはずだが、実際はそうでもない。

「明石」というフロンティア

「子午線の街」といわれる兵庫県明石市。駅から南に5分ほど歩くと、地元では「明石のウォール街」と呼ばれる大明石町がある。その雑居ビルの6階の一角に、20年9月中旬、京都銀はひっそりと新拠点をオープンさせた。当初の拠点の常駐行員は4人。それぞれの机と椅子、パーテーションで仕切られた会議室があるだけ。窓からは明石海峡が望める。

この明石法人オフィスは地元住民にほとんど知られていない。というのも個人への貸し出しなどリテール業務をおかない法人営業中心の軽量店舗という位置づけだからだ。島野善仁オフィスチーフら4人は9時から夕方まで挨拶回りを繰り返す。神戸支店明石法人オフィスは京都銀のバンキングエリアの最西端に位置する「フロンティア」だ。

兵庫県明石市はタコや子午線で有名だが、れっきとした阪神工業地帯を支える工業都市。工業出荷額は1兆円超で、川崎重工業やキャタピラージャパン、三菱マテリアルなど「重厚長大」系産業が集積し、技術力の高いサプライヤーも多数ある。人口も約30万人で周辺の神戸市や加古川市から子育て世代も流入し、合計特殊出生率は1・7と今後の人口増も期待できるエリアだ。

当然のこと、明石市は他行が競争にしのぎを削る激戦地だ。3メガバンクだけでなく、関西地銀、関西以外の地銀も中国銀行や山陰合同銀行、百十四銀行などが進出。日新信用金庫など地元金融機関が地盤を固めるこの地域に京都銀が20年9月に参戦した。「京都銀が取引先に来ているか警戒している」(明石市に支店を置く地銀関係者)との声もある。

京都銀行は隣県に進出していく「広域型地銀」の先駆けだ。京都府北部から出てきて、10年超で府内シェアトップを達成した。1999年3月期決算で初めて最終赤字に転落したにもかかわらず、その翌年の00年、拡大路線を打ち出した。

超・広域展開路線へ

当時の柏原康夫頭取(現名誉顧問)が打ち立てた拡大戦略はヒットした。「現状維持は衰退だ」。潤沢な配当益を原資に00年からの20年間で、滋賀・草津を皮切りに大阪市内、奈良、兵庫、愛知など59店舗増の174店舗まで拡大。02年3月比で預金量は2倍の8兆円、貸出金2・2倍の5・8兆円まで拡大した。

「規模を拡大すれば、単独で生き残れる」。京都銀をよく知る金融関係者は柏原頭取、その次の高崎秀夫頭取がそう話していたことをよく覚えている。

ただ、拡大戦略に突然、転機が訪れた。16年2月のマイナス金利政策の導入だ。配当金収入で安定的に稼ぐことができる上に、融資に回せず預金が余っても日本国債で運用すれば、営業経費(店舗や人などの維持費用)を稼ぐことができた。しかし、京都銀行ですら貸出金利息で営業経費をまかなえなくなってしまった。

まさにマイナス金利導入の直前の15年に就任したのが土井頭取だ。土井も手をこまぬいているわけではない。拡大路線の旗を降ろさないが、店舗の採算にこだわる「軽量型店舗」がその一手だ。「所有」から「賃貸」へ。「フル」から「法人中心」へ。明石法人オフィスは店舗形態を転換する初めての実験店だった。

もっとも、京都銀行の拡大路線は他行より低い金利を提示して食い込む「金利商売」と批判される。他行と違い、京都企業から受け取る安定収入が巡り巡って、体力勝負を仕掛ける余裕を生んでいるのは確かだ。しかし、「金利の安さで選ばれれば、金利の安さでお客は逃げる」というのも事実だ。

京都銀行は近年、営業改革に本腰を入れ始めた。最大のポイントは20年6月に営業担当専務の阿南雅哉に代表権を持たせた点だ。出世コースと言われる経営企画や人事、頭取秘書など本部ポストを経験したことのない営業畑。法人営業の最前線を知り抜いていた。「異端」である阿南が託された任務は「融資依存モデルからの脱却」だった。

阿南は00年に滋賀県の草津支店に課長として配属された。拡大戦略を進める第一店舗目だった。人口増に支えられた住宅ローンだけでなく、上場企業の工場も多く、それに伴って多くのサプライヤーがあり、事業性融資の規模も大きい。

「滋賀銀が黙ってない」「申し訳ないけど他を当たってください」――。滋賀県は滋賀銀行が県内シェア5割超を持ち、ガリバー的存在だ。阿南は朝から晩まで挨拶回りの日々。「お茶を飲ませてもらうだけでもありがたかった。なにくそと思ってやった」

その営業で気づいたのが「金利は本質的ではない」ということだ。京都府内は京都銀、京都中央信用金庫、京都信用金庫、それに大手行など競争が激しい。その中で金利は低くならざるを得ない。ただ安い金利で滋賀県に打って出ても滋賀銀の牙城は崩せない。それでも食い込めたのには「課題解決型の提案が必要だった」という。

ただ、拡大路線の先駆けとも言える滋賀県の草津支店の開店から20年にもかかわらず、県内シェアが2%までしか増えないのが広域展開の難しさを浮き彫りにする。「課題の解決が京都銀の収益にもつながる成功体験がまだまだ足りない」

「全員営業」。阿南が目指す京都銀行のビジョンだ。草津モデルに限界があるとすれば、それは課題解決を徹底できていないから。本業支援、つまり仕事の悩みに耳を傾ける営業スタイルだ。それを解決するためであれば、融資であろうと出資であろうとコンサルティングであろうと何でもよい。

PEファンドに参入できるか

手応えを感じている市場がある。事業承継だ。高給取りのメガバンク行員では採算が合わず、クロージングまで手間暇もかかる中小企業のM&Aは地銀にしか手伝うことができないゾーンだ。

「事業承継を考えたいんやけど」。16年、ある関西の卸売会社の社長から1本の電話がかかってきた。売上高が20億円程度。「オリンピックのある20年までには決めたい」とクロージングまで足の長い話だった。具体的に動き出したのは18年冬。議論をするなかで京都銀行が提案したスキームに落ち着いた。

京都銀行の子会社が運営するファンドと外部のPEファンドが共同出資し、特別目的会社（SPC）を作り、そこがいったん受け皿となる提案だった。「京都銀が面倒を見てくれると従業員に説明できるので安心感があった」という利点もあった。事業承継においてすぐ承継先を見つけることは簡単ではない。銀行がタイムラグのリスクを引き受け、その間、企業価値が向上すれば配当収入を得られ、売却益も見込める。事業承継先を見つけられれば成約・仲介手数料をもらえる可能性もある。当然、倒産や廃業のリスクと背中合わせだが、事業リスクに向き合い、何ができるか考えることこそ銀行の本分と言える。

京都銀行は他行で働いた外部人材を登用している。その数は累計100人以上。現在174の支店のうち17で外部人材が支店長を務める。M＆Aチームも自前で育成し、20年時点では約10人まで増えた。必ず証券会社や監査法人、コンサルティング会社に出向し、武者修行するのが決まりだ。人材の厚みもセットで取り組んできたことが京都銀行の特徴だ。

京都銀行は17年、営業本部内に投資金融室を設立。「エクイティビジネス部門」の中心を担う。他行からは出遅れているものの、外部のPEファンドに資金を供給し、投資銀行ノウハウを吸収し始めた。阿南は「23年ごろまでに100億円を運用し、5年で100億円のリターンを得るのが理想」と意欲をにじませる。

土井も阿南も京都企業の株を持つ今の株式保有と、ファンドや特定目的会社を通じて創業や困った企業を支援する今の改革を「別次元」と仕分けしている。ただ、「別次元」で整理して良いのだろうか。京都銀行に宿る経営思想が「企業の本業支援」というのであれば、なおさらだ。低金利競争に明け暮れ、エクイティ投資を通じて経営者と本気で向き合う「ぐだぐだ精神」を忘れ去ったのではないか。持ち合い株式から得られる莫大な収入にあぐらをかいているのだとすれば、金融庁の言う通り冷めた目で見るしかない。

4 伊予銀行の「流儀」

デジタル化、「自走」へ人づくり

伊予銀行は6年前の2015年からデジタル化を進める有力地銀である。営業店の窓口をタブレット対応に切り替え、顧客の待ち時間を縮め、事務効率化も進める。ただ、まだ道半ばだ。次の一手はデジタル化を「内製」で広げて、深める人づくりである。

デジタル化のリーダーの一人、20代の女性行員に話を聞いた。もともと一般職で入行し、支店の窓口に4年勤務したが、その後総合企画部に異動し、今は計算事務などを自動化するRPA(ロボティック・プロセス・オートメーション)の1、2を争う使い手だ。

「大学でコンピューターを学んだわけでもなく、最初は苦手意識があったが、先輩女性と一緒に学び、人に教えられるレベルになった」と率直に話す。本部の営業部署などで先輩行員らを対象に育成プログラムを運営し、業務サポートも一手に引き受けている。

行内でＲＰＡを開発できる人材は女性行員が大半で20～30人にのぼる。同行はそれに満足せず、彼女らを核にＲＰＡ人材の「増殖作戦」を展開しているのだ。

伊予銀のデジタル化計画は「日本一手続きが簡単な銀行」を目指し、２０１５年に始まった。10年がかりの計画の実績をみてみよう。

営業店では顧客による書類の記入、受け付け、端末への入力、書類の後処理という事務の流れが普通だった。今では行員がタブレットで顧客に向き合い、二十数種類の手続きが一気通貫でできるようになった。住宅ローンやカードローンの手続きもスマホで数分で済む。顧客の店での滞在時間は大幅に短縮できた。

それは銀行が業務プロセスを変え、生産性を上げることでもある。16年のマイナス金利の導入で経営環境が一層厳しくなり、当時の大塚岩男頭取（現在の会長）が業務見直しの「一段の深掘り」を指示した。ＢＰＲ（ビジネス・プロセス・リエンジニアリング）を強力に進めたのである。

営業店手続き「デジタル完結90％」に

営業店で発生する事務は各種集中センターへ集約した。営業店ごとに保管していた書類も本部のドキュメント業務センターに集めることで、業務量は20年秋までの2年間で23％削減できた。営業店では、紙なしにデジタルで完結する手続きの比率がＡＴＭを含めると90％まできている。

計画には数値目標がある。18年3月に１３００人いた営業店の窓口の事務人員を２０２３年に６５０人に減らすこと。20年9月時点で２４０人減っており、退職による自然減などを見込むと達成は十分可能という。

縮むばかりではない。18年8月に発足したコンサルティング営業部が新市場開拓のカギを握る。120人余りの部隊で事業承継や相続、ものづくりやICTの支援などで取引先の相談に乗っている。年間の手数料収入はまだ30億円だが、伸び代はある。自らのRPAなどの取り組みを取引先にも広げる考えだ。

過去5年の取り組みは、アクセンチュアのコンサルティングを受けた、いわば「補助輪」付きの改革だ。総合企画部課長の石川秀典は「自走への移行」を目指すという。デジタル人材を営業現場などでも増やし、熟練度も上げる必要がある。

伊予銀は地銀では珍しく基幹システムを共同化せず「自営」を貫き、システム人材を育ててきた。そうした人たちがメインフレームと各種のアプリをつなぐWEB連携基盤を日本IBMと共同で作り上げ、BPRのベースを作った。

新卒総合職2割、理系に

ただこれからは次代を見据えた、大がかりなデジタル人材づくりが欠かせない。それが2021年度からの中期経営計画の柱だ。前倒しで取り組んできた3分野が採用、育成、人事の見直しだ。

新卒採用は毎年総合職の2割程度を理系出身者にシフトしている。19年から地元で理系学生に限ったインターンを始めた。理系学生の全国的な登録サイト「LabBase」とも契約し、銀行側から学生にアプローチする手法も始めている。

中途採用も年10人前後に増やしており、累計では100人程度にのぼる。IT関連の専門職を積極的に採用している。

育成についてはまず適性を把握し、その後研修を通じてスキルを向上させる。20年11月からエクサウィザーズと契約し、「HR君DIA」を使ったデジタルイノベーター検定を開始。入行から30歳くらいまでの全行員を対象にデジタル分野に配置する適性をみる。

常務で人事担当の河野治広は「人材投資に過剰はないというのが当行の伝統。階層別や業務別の研修をしてきたが、それだけでは今の時代は対応できなくなっている」と話す。

人事制度の見直しも焦点だ。「総合職は単なるゼネラリストでなく、何か専門性を持つT型人材が求められている。その一方、弁護士や高度な専門家のニーズもある」（河野）。適性に応じて多様なキャリアの実現を可能にするには、賃金制度や人事改革に踏み込まなければならない。

頭取の三好賢治は様々な働き方の実現に期待している。コロナ禍もあってこう話す。「東京にいて伊予銀のために働きたい人や、東京にいるけど愛媛に引っ越したいという人も出てくると思う。これからは多様な働き方ができることが大事だ」

市場部門出身の頭取

ここで大塚岩男（現会長）と一緒に企画担当役員として6年前からデジタル化の旗を振り、20年4月に頭取に就いた三好賢治の横顔と、改革への覚悟を紹介しよう。

地銀トップには珍しい市場部門の出身である。静岡銀行で資金証券部長を務めた小栗直登（和キャピタル社長）はつきあいが長い。じゃこ天をみやげに上京する三好は「温厚だが、物事をはっきり話す人だ」という。

そんなオープンな性格は組織に新しい風をふき込んでいる。伊予銀にはデジタル化に関連して、組織に横串を通す委員会が数多く設けられ、課長や課長代理クラスがリーダーとして会議を回している。

部長以上で構成する会議に課長代理も参加できるようになった。役員室に若手がアポもなく入って打ち合わせをする光景も珍しくなくなった。

前例主義、減点主義といわれる銀行業界の古いカルチャーを壊そうという意志が感じられる。三好は「ものが決まるプロセスは若手も含めてみんながわかった方がいい」と事もなげに話す。

伊予銀へのアクセンチュアのコンサルティングはピーク時20～30人が常駐し、バックアップも含めると100人程度にのぼった。同社のコンサル料は業界では相当高額だといわれている。

これに対し、三好は「銀行にない考え方で業務をシステムに落とし込めるから価値がある」「デジタル化は小出しでは効果が出ない」と割り切っている。説得力があるのはこのデジタル化の大きな投資を支えたのが、自らがいた市場部門だったからかもしれない。

計画づくりが始まった14年の直前、三好は資金証券部長だった。アベノミクスや円安進行という環境にも恵まれ、想定以上の利益を稼ぐことができた。関係者によると、ざっと100億円単位のこの「利益」がデジタル化に投じられた。

愛媛県は「1%経済」といわれる。県内総生産や人口が全国のほぼ1%にとどまるからだ。そこが地盤の伊予銀は、なぜデジタル化に正面から向き合えたのだろうか。

三好が銀行員としてのキャリアを磨き、強い資金証券部の基盤が固まったのは1990年代である。それは後の空前の海運ブームで伊予銀の経営の柱になったシップファイナンス（海事関連融資）の分野で、取引基盤を盤石にした時でもある。

伊予銀行頭取の三好はオープンな性格だ

「東邦相互銀行」救済

時計の針を30年前に戻そう。91年、伊予銀に試練が訪れた。大蔵省から経営が傾いた地元の東邦相互銀行の救済を求められたのである。

伊予銀は「共倒れになる」と慎重だったが、預金保険機構の支援第1号になることを条件に苦渋の決断をした。

伊予銀行の140年史には当時の頭取の水木儀三が日銀総裁の三重野康に励まされ、思わず落涙したと書かれている。89年にはライバルである愛媛銀行が相互銀行から普銀転換しており、競争激化への心配もあっただろう。

だがこれは杞憂（きゆう）だった。資金支援は日銀なども含めて430億円の低利融資で、利益を確定できたのは20億円だ

株式時価総額は地銀の上位

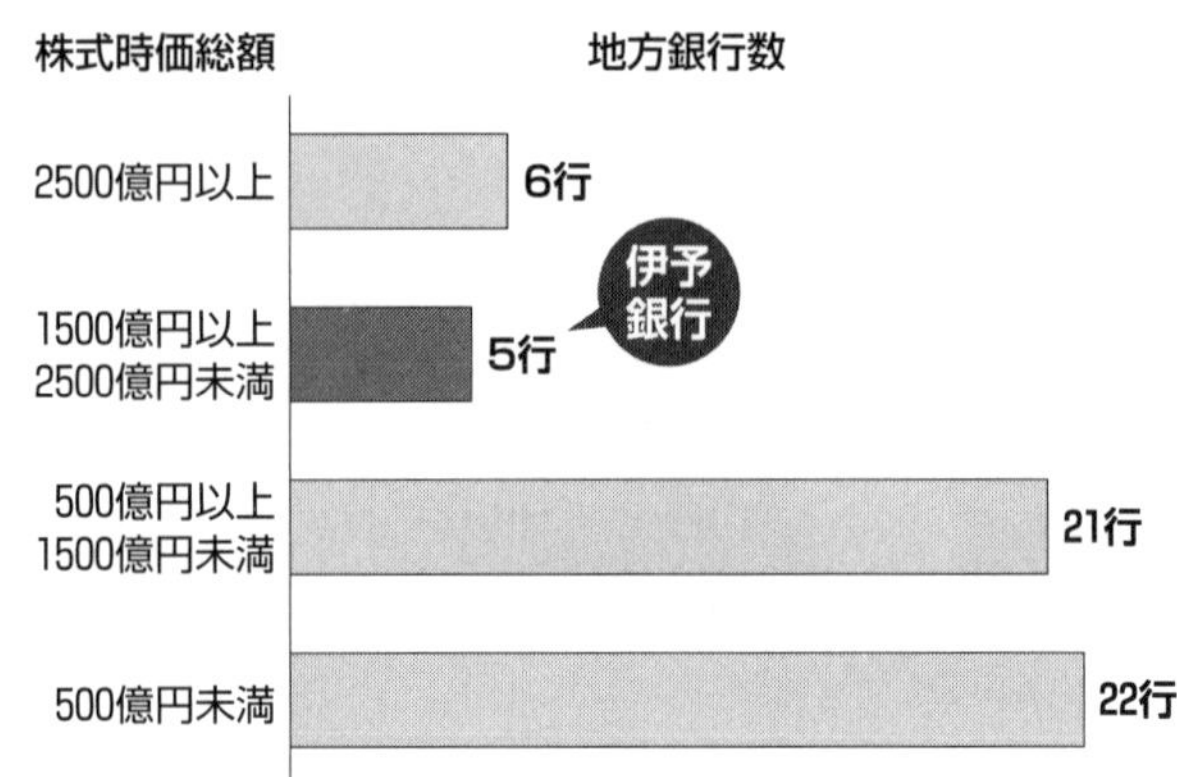

出所：2020年3月末時点、伊予銀行のディスクロージャー資料より

け。運用力の勝負になったが、金利低下を見込んで、表面利率の高い長期国債主体の運用を続けたことが、結果的として功を奏した。

一方、伊予銀の総貸し出しに占める海事関連融資の比率は、現在18％にのぼる。もともと今治などの船主との取引に強みがあったが、東邦相互の合併で裾野が広がり、愛媛県内の7割の船主と取引を持つまでになっている。

愛媛県では今治を中心に歴史的に造船・海運業が盛んだが、為替や市況の変化で荒波にさらされ続けるビジネスだ。伊予銀はその荒波を乗り越えようとする船主の言葉に耳を傾け、取引関係を深めてきた。２０００年代は中国による資源の「爆買い」で空前の海運ブームが訪れ、それが銀行にも追い風になった。16年に支店に昇格したシンガポール支店では海外船主向けの融資も手掛け、新たなリスクテイクに挑んでいる。船主らの為替リスクをサポートする仕事は銀行本体のリスク感覚を高める機会にもなっている。

デジタル化の「黒船」

作家の司馬遼太郎は、幕末の宇和島藩主、伊達宗城の進取の精神を小説『花神』で描いている。ペリー来港を浦賀で目撃した伊達は、自藩に人材もノウハウもないために長州人で蘭学者の村田蔵六（後の大村益次郎）を宇和島に呼び、軍艦建造を頼んだ。村田は3年でこの約束を果たす。

デジタル化の「黒船」に直面して、大塚と三好もアクセンチュアという外部に知恵を求めた。今、三好はＤＸ（デジタル・トランスフォーメーション）について「ＤＨＸではないか」と話す。人（ヒューマン）を育てて、取引先に価値を提供できないとデジタル化は完了しない、という意味だ。

伊達宗城は維新後に宇和島に国立銀行を設立するよう働きかけ、１８７８年に第二十九国立銀行が開業する。伊予銀行の歴史の始まりである。

それから約1世紀半、デジタルの「黒船」を迎え撃つ三好らは伊予銀にどんな歴史を刻むだろうか。

5 池田泉州銀行の「模索」

最後の独立系地銀

平成金融危機が始まる前の平成元（１９８９）年、大阪府には住友、三和、大和の旧都市銀行、住友信託銀行、それに地銀・第二地銀を合わせて13行が本店を構えた。それから32年後の令和３（２０２１）年現在、その数は2行。６分の１に激減した。

都銀、信託銀は東京に本店を移した。大阪、近畿、なにわ、福徳、幸福、関西の6行は経営破綻の憂き目に遭ったり、紆余曲折を経たりして、１つの地銀に寄せ集まった。これが今の関西みらい銀行だ。残ったとは言え、都市銀行に救済された結果であり、今ではりそなグループの子銀行というステータスで、大和出身者が経営を担う。

一方、平成金融危機の激動をくぐり抜け、旧都市銀行の軍門にも降らずに残ったのが大阪府最後の独立系地銀である池田泉州銀行だ。大手行が首都圏にシフトする一方で越境地銀の攻勢が激しさを増す中、地域における存在意義を模索し続けてきた。

「単独でもデジタル銀行」

「体質強化にめどを付けた。次は成長戦略だ」。池田泉州銀行頭取の鵜川淳は、21年4月から始まった中期経営計画をこう位置づける。18年に本業のもうけが赤字の状態でトップを引き継ぎ、着実に改善のステップを踏んできた。一方で、現在の顧客は中高齢者層に偏り、若年層に十分リーチできていない。「リアルバンクだけで、将来にわたって顧客ニーズをつかみきれるのか」。3年間、自問自答してきた危機感だ。

「デジタル銀行の件ですが、単独でも追求しようと考えています」。21年の春先、大阪・梅田の本店13階の応接室で、鵜川は前任頭取の藤田博久と向き合っていた。藤田は鵜川就任前にデジタル銀行構想への道筋を作った人物だ。

とはいえ、藤田の構想は複数行の共同出資会社方式。「えっ、ほんま?」。とっさに出た言葉は単独でできるほど生易しいテーマではないと考えていたからだ。それでも鵜川が覚悟を固めたのは、参画していた勉強会では一向に前進しない現実に内心、焦りを感じていたからだった。

18年6月にできた共同出資会社「フィンクロス・デジタル」。池田泉州のほか、群馬、島根・鳥取両県の山陰合同、高知県の四国、千葉興業、筑波、福井の7行(後に東京都のきらぼしが参加)がパートナーとなり、普通預金口座1230万口座と融資先90万社・人のビッグデータをデジタル技術で分析し、新しい銀行ビジネスを創造しようと始まった野心的なプロジェクトだ。

デジタル銀行を視野に入れて始まった地銀界のプロジェクトは初めてだった。人工知能(AI)を活用したシステムを開発し、各行の業務効率化や収益拡大につなげる、いわゆるデジ

フィンクロス・デジタルの出資関係

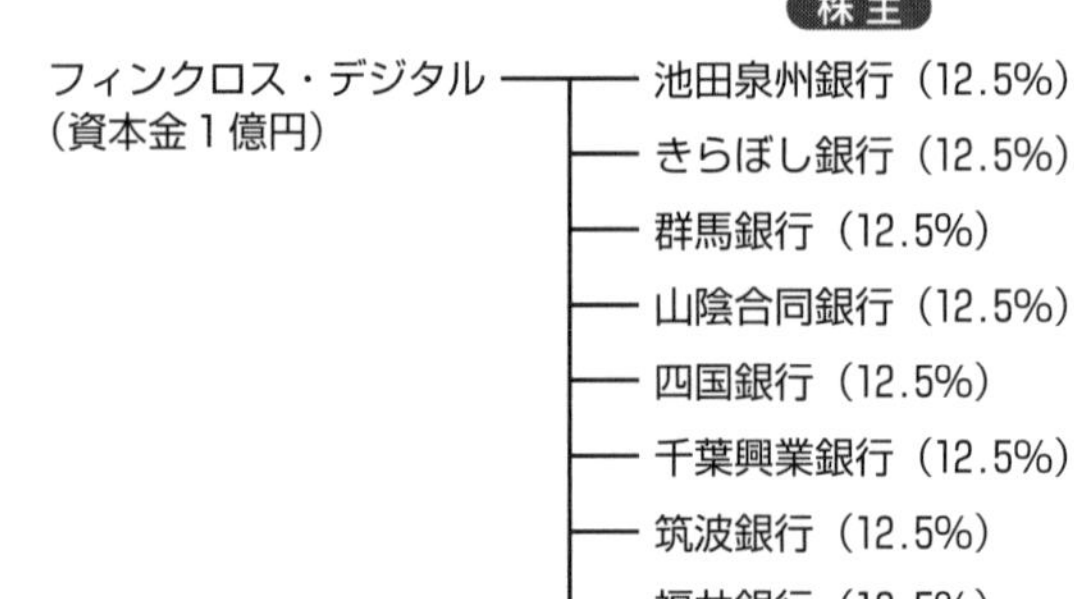

出所：フィンクロス・デジタルHP

タル・トランスフォーメーション（DX）がはやり言葉になりかけていたタイミングだ。ふくおかフィナンシャルグループ（FG）がデジタルバンク「みんなの銀行」を発表する約1年前だった。

プラットフォーマーと組む

これに強い関心を示したのが前頭取の藤田だった。「7行の中では最後発で滑り込みの参加」（池田泉州銀の幹部）だったが、2年後の20年5月、池田泉州銀行を中核にした池田泉州ホールディングス（HD）は25年までの経営指標「Vision'25」の中に、「デジタルバンク（次世代型銀行）」を盛り込んだ。鵜川が藤田の思いを引き継ぎ、バトンをつないでいた。

だが、地銀の壁が横たわっていた。池田泉州は大都市の地銀ゆえに地域におけるシェアが低い。メガバンクやフィンテックなどと闘う異種格闘技戦だ。デジタル銀行はスタートアップといったリアルバンクで取り切れていない領域に手を伸ばす「攻め」の発想だった。

一方、地銀にとってのデジタル銀行は、先細りする本業を補完するための「守り」になりがちだ。さらに、潤沢な預金を抱える地方の名門地銀にとって、多額の投資をして新たに預金機能を持つ意義を見い出せなかった。「レンディングかバンクかで議論がまとまらない」（参加行の幹部）

地銀が共同で新設すれば、新銀行は高い信用力を背景に存在感を発揮できるのではないか。池田泉州銀は「新銀行設立を急ぐべき」と訴えたが、その声は届かなかった。検討の土壌から1行、また1行と他行が降りていく中、鶉川がぶれずに主張を貫いた結果が「1行単独路線」だ。

デジタル銀行を模索する原動力は鶉川の危機感だ

体質強化に一定のメドをつけたとは言え、1行単独路線に仰天したのは構想した張本人の藤田だった。前任者まで驚かせた鶉川の決意は思いつきで出た付け焼き刃なのだろうか。

鶉川本人に聞くと、温めている計画の輪郭はできていた。組む相手を地銀からプラットフォーマーに切り替えていたことだ。GAFA（グーグル、アマゾン、フェイスブック、アップル）のような外資勢もいれば、楽天やSBIホールディングス、ヤフー・LINE連合のような日本勢もいる。メルカリなど金融への参入が意欲的な新興勢も次々現れている。

決済の世界で銀行を席巻したこうしたＩＴ勢が次に狙うのはレンディング。試行錯誤しながらも触手を伸ばしつつある。

地銀の本丸「中小企業市場」にいつ参入してきてもおかしくない。大都市の中小企業は想像以上にデジタル化が進み始め、いずれどこかで脅威になるのは間違いない。とりわけ地銀はデジタルスキルが高いスタートアップ企業の囲い込みが苦手だ。財務諸表の数字は過去の結果だが、彼らの価値は足元で売り上げを創っている現在価値であり、近未来に大化けするポテンシャルにある。

「企業の価値を見抜くことができる銀行を作りたい」。鵜川が挑戦したいビジネスモデルは、法人向けのサービスや資材販売などを手掛けるプラットフォーマーと組み、その顧客の必要に応じて融資を提供するBtoBtoBだ。サービスや資材の購入の支払い状況など、プラットフォーマーが持つ顧客の商売情報と銀行が持つ口座の入出金の情報を組み合わせ、ＡＩで与信判断すれば、リアルタイムの融資実行も可能になるのではないか――。

大阪府の法人市場はなお、メガバンクに牛耳られている。帝国データバンクのメインバンクシェア（２０２０年）によると、1位が三井住友銀行、2位が三菱ＵＦＪ銀行、3位と4位が同じりそなグループのりそな銀行と関西みらい銀行だ。5位は地域に根を張る大阪シティ信用金庫で、池田泉州銀行はトップ圏外の6位に位置する。

中長期の姿を鵜川に問うと、「4次中計は体質強化。5次中計は成長戦略。6次をあえて私が作るなら、やはりプレゼンス強化中計だ」。鵜川の目線はその先の「存在意義」をどう創るかに注がれる。プラットフォーマーの裏方に徹しても良いという割り切りすら覚悟している鵜川が描く勝算は、池田泉州銀が磨くことのできるソリューション機能にある。融資につながった新たな企業にM＆A（合併・買収）やビジネスマッチングのサービスを提供できれば、「企業の成長につながるリアルバンクのサービスも売りに、レンディング専業の事業者とは差別化できる」。

銀行機能提供に徹する黒子役のデジタル銀行構想。新銀行はフルバンクサービスを提供する池田泉州銀行では担えない領域を探索する役割だ。だからこそ「機能を徹底的にそぎ落としたシステムにする。別組織でなければならない」。当然、リスクもつきまとうので、「費用の動向次第で中止もあり得る」。失敗確率もそれなりにある非連続に挑む鵜川の姿勢は、ある意味、池田泉州銀行らしい。

創業理念「フレッシュな銀行」

大阪府池田市の閑静な住宅街に、歴史を感じさせる洋館がたたずむ。阪急電鉄を創業した小林一三の旧宅「小林一三記念館」だ。旧池田銀行の社史によると、戦争直後の1946年1月3日に小林の誕生日を祝う恒例の茶会が開かれた。そこに集まった客の1人に、小林がこう語りかけたという。

「池田に銀行をつくらないか。君が中心になってフレッシュな地方銀行をつくるのだ。僕も手助けを惜しまない」。声をかけられたのは清滝幸次郎。池田泉州銀行の前身、現頭取の鵜川の出身母体でもある池田銀行初代頭取に就く人物だ。

池田泉州銀行は「存在意義」を試され続け、そのたびにリスク覚悟で大きな判断を下してきた。第一関門の通行手形を手に入れた時の池田銀行創業のエピソードがよく表している。実は戦前、源流とも言える池田実業銀行が存在していたものの、大蔵省の「一県一行主義」の一環で、45年に住友銀行と合併し、消滅してしまった。

小林に白羽の矢を立てられた清滝は、池田実業銀行最後の頭取。戦後の復興期で不足する資金を地域に循環させる役割にはうってつけだった。合併後に就いた住友銀行取締役という役職も踏まえ、数年かけて悩み抜いた清滝が再建を決意した瞬間こそ、今の池田泉州銀行の原点の1つだ。51年、正式に発足し、小林も設立発起人に名を連ねた。地盤となる阪急宝塚線沿線は宝塚歌劇団のホームグラウンドである宝塚大劇場を擁し、富裕層が多く住む。こうした顧客も取り込むことで、後に「上品でイメージの良い銀行」という定評につながった。

ただ、この恵まれた立地が後に運用先確保という難題で池田銀行を苦しめる。

1970年の大阪万博前後に府北部の都市開発が急激に進み、預金が爆発的に増加。資金不足時代には悩む必要のなかった預金過剰の構造は、金融自由化の波が押し寄せたこともあり、バブルとバブル崩壊で経営を揺るがす構造問題に転換してしまう。

大企業や優良企業は「住友や三和、大和が握り、池田銀行の取引先は小粒だった印象が強い」と金融当局幹部も語る。池田銀行は有価証券運用への傾斜を強めていくこととなる。

創業以来の第二関門は健全性確保だった。外国株式や債券だけでなく、日本の株式や債券も世界市場と連動するグローバル市場。生き馬の目を抜く世界で、市況急変が経営を直撃する事態が頻発する。

例えば米同時多発テロが起きた02年3月期。下落した保有株式の評価損を計上して239億円の最終赤字に転落した。バブル期の不良債権処理に次ぐ一大事だ。

米国のサブプライムローン問題とリーマン・ショックでも、株式や不動産投資信託（REIT）の価格下落で08年3月期に550億円、09年3月期に372億円の最終赤字を計上する。リスクを取り過ぎたことは明らかだった。

大阪府南部が地盤で三和銀行の子会社だった泉州銀行との経営統合は、まさに池田銀行が有価証券の痛手を被っている時期に進んだ。上品なイメージを持つ池田銀行に対し、泉州銀の地盤は時に荒々しいイメージがつきまとうだけに、「池田銀行のブランドイメージが悪化した」という声は当時から聞こえた。

それでも、当時経営統合の現場に携わった関係者は「コンプライアンスやリスク管理、ガバナンスの面で、三和銀行の水準を満たした泉州銀行は非常に洗練されていた」と驚いた。逆に池田銀行はいつのまにか「フレッシュな銀行」ではなくなっていた。

第二関門を突破するため選んだのが経営統合だった。09年10月、両行を傘下に置く池田泉州HDを発足させ、両行を10年5月に合併させた。第二の創業に挑まなければ、再びメガバンクの軍門に降りかねない。それでもこの結婚は「独立路線」の旗を再び下ろしかねない薄氷の再編だった。

「メガに呑み込まれるな」薄氷の再編劇

「銀行等保有株式取得機構9・76％」。有価証券報告書で記載される「大株主の状況」。21年6月に提出した有報の注記には、当時の傷痕が残っている。一方、今では保有比率1・94％まで低下した三菱ＵＦＪ銀行が池田泉州ＨＤ発足時、42・36％に上る巨大な大株主だった事実は風化しつつある。

日本興業銀行（現みずほフィナンシャルグループ）出身者の頭取もかつて存在し、「メガとは等距離。八方美人型」（鵜川）だった池田銀行が経営統合時に懸念を募らせたのが独立性の維持。背景には東京三菱銀行を中核とした三菱東京フィナンシャル・グループ（当時）と三和銀が母体のＵＦＪホールディングスが経営統合し、三菱ＵＦＪフィナンシャル・グループが05年に発足したことがある。

合併相手の泉州銀行は三和銀の子会社で、有価証券の損失処理を迫られた池田銀行も08年、事実上の資本支援となる優先株を三菱ＵＦＪに引き受けてもらっていたためだ。三菱ＵＦＪの中にも新銀行が三菱ＵＦＪ傘下に入る観測が流れていた。

池田銀行の当時の頭取は服部盛隆。創業者である清滝家からバトンを受けた生え抜きのトップということもあり、独立した経営の維持は統合の大前提だった。「三菱ＵＦＪ側にも繰り返し池田のスタンスを説明しており、独立が損なわれるのであれば交渉はまとまらなかっただろう」と鵜川はみる。

一方の三菱ＵＦＪの中でも資本効率を優先する路線が台頭。自己資本比率低下につながる政策保有株を手放す方向に傾いたことで池田側との思惑は一致し、新銀行は大手行の軍門に降る必要はなくなった。市中で一斉に売却すれば株価が急落することも踏まえ、三菱ＵＦＪは銀行等保有株式取得機構に譲渡する形で出資比率を急速に下げていった。

ちなみに三菱ＵＦＪはその後、岐阜銀行を十六銀行に売却したほか、同じ大阪地盤の大正銀行をトモニホールディングスと経営統合する形で切り離した。今につながるメガバンクの地銀離れの潮流が、池田泉州銀行の「独立路線」に追い風となった。

第二関門を越えた池田泉州銀行に再び試練が訪れたのは、18年3月期決算。独立経営の是非を問いかける第三関門に立っていたのは金融庁だった。

合併からの期間に誤算が生じていたことは当時の経営陣も認識していた。旧行同士の重複店舗が少なく、合理化を十分進められなかった。その間に訪れたのが日銀のマイナス金利政策。越境して大阪府に参入する地銀が相次ぎ、もはや同じ地銀も仲間ではなくライバルになっていた。11年3月期〜17年3月期の間に貸出金利回りは0・59ポイント減の1・14％に低下。過当競争が導いた大阪金利が登場し、再び有価証券運用で稼ごうとする池田銀行時代の悪循環が始まる。

有価証券運用の呪縛

11年3月期から17年3月期にかけて有価証券の残高自体は12％減った。しかし、長らく低下していた日本国債の金利上昇を恐れて、ドル建ての米国債に振り替えた。同期間の増加率は2・3倍。残高も日本円に換算して2206億円に上った。そんないびつなポートフォリオを直撃したのが、17年1月に誕生した米トランプ政権だ。その後金利が急上昇し、トランプラリーと呼ばれた。

18年3月期には含み損の減損処理を迫られ、国債等債券損益で137億円の赤字を計上。池田泉州銀行が誕生して以来、本業のもうけを示す「実質業務純益」が初めて赤字に陥った。含み益のある株式を売却し、最終黒字を確保できたものの、金融庁検査官は厳しく批判した。「持続可能性に問題がありませんか?」。過去の教訓を生かし切れなかったことは明らかだった。

18年5月、日銀大阪支店で開かれた決算会見の席上、前野博生取締役(現監査役)は「本業の利益を整え直す必要がある」と反省の弁を語った。

原点に宿る存在意義

こうした状況で18年6月にトップを引き継いだのが、現頭取の鵜川だった。

「本業で一定の利益を計上できる体質に転換する」。21年3月期までを体質強化期間と宣言し、構造改革路線に切り替える。

米国債を含む海外の有価証券は106億円と、9割以上削減。及び腰だった店舗統廃合も姿勢を変え、138カ所あった有人拠点を15%も減らした。危機バネを発動したと言って良いほどのスピード感で、当初3年で経費は12%も減り、経費率(コアOHR)は8ポイント低下した。

それでもコアOHRは82%と全国地方銀行協会の平均(67%)を依然大きく上回る。体質改善に一定のメドを付けたが、有価証券の代わりの運用先が見つかったわけではない。大阪府における独立系最後の地銀としてのプレゼンスも確立したとは言えない状況だ。

「関西ナンバー1」。池田泉州銀が発足した当初は規模に存在感を求めた。だが、未曽有の低金利時代に入り、単純な拡大路線や名ばかりの看板にもはや意味はない。池田泉州銀の存在意義を「規模ではなくソリューションの徹底で顧客の役に立つ機能」と鵜川は見定めた。デジタル銀行構想も必要な機能の提供という延長線上にある。

鵜川の思いは20年春に撤廃した業績表彰制度によく現れている。銀行内の他店舗をライバル視し、手数料収入など表彰項目のプッシュに拍車がかかる営業風土にメスを入れた。営業部門の士気低下を懸念して反発する声は多かったが、そのリスクも承知で顧客に目線を合わせにいったとも言える。

池田銀行、泉州銀行ともに設立から70年。日本が戦災から復興を目指す中で生まれた2つの戦後地銀は「地域に必要とされた原点」が宿っている。法人、個人問わず「無いと困る」という存在意義だ。メガだろうが、地銀だろうが、「もう銀行は要らない」と見捨てられる恐れのある時代。池田泉州銀行は暗中模索の中、創業時の原点を試されている。

論争——「選択と集中」は恥なのか——紀陽銀行と京都銀行

「地域のために地域を捨てる」と一線を越え、収益力の回復にこだわってきた和歌山県の紀陽銀行。「超広域展開」を進め、自力で近畿地方トップの地位に押し上げた京都銀行。店舗統廃合や顧客の選別といった「選択と集中路線」は地銀にとって道しるべになるのか。地域の支持を集めてできあがった業態の苦悩について、紀陽銀行の原口裕之頭取と京都銀行の土井伸宏頭取に聞いた。

原口　裕之（はらぐち・ひろゆき）
85年（昭60年）同志社大法卒、紀陽銀行入行。14年執行役員田辺支店長、17年取締役上席執行役員、19年取締役常務執行役員、21年頭取。和歌山県出身。

上場地銀のバランス感覚、「銀行をこえる銀行へ」

――紀陽銀行をどういう銀行にしたいですか。

「我々は目指す姿として『銀行をこえる銀行』を掲げている。顧客の期待や地域の壁、そして新しい領域の事業化に挑戦する。紀陽フィナンシャルグループ全体で地域や顧客の価値を共創し、バリューチェーンすべてに関わっていく」

「個人的な思いとしては安定して将来に不安がない会社にしたい。私が入行した時（１９８５年）は手堅い銀行だったが、バブルで大きく伸びた後にはじけて厳しい時期を過ごしている。人事部にいた時に採用した若手がすぐに辞めていくのを見ていた。行内が落ち着かないと顧客にも気持ちが入った営業を展開できない」

――**前の5次中計（18～20年度）では顧客向けサービス業務利益を大きく伸ばしました。**

「転換点はその前の４次中計（15～17年度）。16年のマイナス金利導入で拡大路線の方針を一気に変えることになる。拠点を設けても10～20年で資金を回収できない。しかも1兆円程度を国債で運用していたが、単純計算で１００億円ほどの収益がほぼ消える。本業をしっかりやらざるを得ないな、と。デジタル化が進み拠点にこだわる必要もない。うちの強みとするＩＴ（情報技術）コンサルティングにもつながった」

「当初はほぼコスト削減しか考えていなかったが、蓋を開けてみればコスト削減と収益拡大が半々。恐ろしいほどにうまくいった」

――**拠点も95店まで集約しました。**

「元は110店あったが、80程度が最終形態だと考えている。他行と比べて突出しているわけではない。10年前より来店客が35%減ってデジタル化も進んでいる。地銀であるかどうかは店舗のあるなしではない」

「今後は店舗にどう付加価値をつけていくかが重要だ。富裕層に資産運用関連の幅広いアドバイスを何でもするなど、色々考えていきたい」

「一方、和歌山市内で6拠点が持っていた事業性取引の機能は、21年7月に新設した和歌山営業本部に集約した。元は20拠点あったが、エリアや業種ごとで担当を持たせ、専門性や生産性を高めつつ顧客に良質な提案をしていきたい」

顧客を選択と集中　全方位は難しい

——「コアカスタマー戦略」が18年4月に始まりました。事業性取引先全体のうち約95%を占める非コアカスタマーとの距離が遠くなったとの指摘もあります。

「コアカスタマーに近い概念は昔から持っていた。公に出したので一部で批判も受けたが、大手行ならとっくにやっていることだ。地銀とはいえど全ての顧客を回れるわけではなく、ある程度信金とのすみ分けもできている」

「一方で紀陽ビジネスセンターという窓口を和歌山と大阪に計6カ所設けて、支店では接触できていなかった企業に声をかけたり、時には訪問したりする役割を持たせた。まだ過渡期ではあり、もっと顧客をコアカスタマーに引き上げていくためのブラッシュアップは必要だが、今の体制になってむしろ顧客との接点は確実に増えたはずだ」

――本業の収益が大きく伸びた要因は。

「1つはコンサルティングのメニューがそろったことだ。実はバブルの傷に苦しんでいた時、（ITコンサルを手掛けている）紀陽情報システムの前身にあたる企業を売却しようとしていた。当時の経営者が『これは大事な会社だ』と残してくれたことが、270人のIT人材という戦力につながっている」

「融資や事業性のサービスが伸びている背景にはバブル崩壊後に苦しんでいた時の経験もある。債務を返済順位の低い劣後ローンに転換する『DDS』や株式化する『DES』を提案するなど、あらゆる手段で再生に向き合ってきた。こうしたノウハウが残っており、大阪の顧客開拓でも事業性の判断に役立っている」

――地方創生にどう向き合いますか。

「地方創生に力を入れていくのは我々の絶対的な使命だ。かつての経営危機では地元に出資で支えてもらった。その恩は忘れていない。大阪での事業に力を入れて出た収益は和歌山のインフラを維持するために使っているとも言える」

「ただ、あらゆる層にサービスを網羅的に提供するために人材を大量投入します、という取り組みをするのは難しい。現状では金利が低すぎて地銀としてはビジネスが成り立たない。強みや効果があるところにピンポイントで人を投じていきたい」

大阪も地元　行政区域は関係ない

――大阪での事業拡大は続けますか。

「行政上の県境は我々にとって関係ない。和歌山に本店はあるが、70年前から大阪に進出しており、南大阪と和歌山に位置する銀行だ。役員と従業員も4割が大阪の人間で、『昔から紀陽銀行は大阪にあったやん』という感覚を持っている若者は多い」

「和歌山県内のメインバンクシェアは64％だが、大阪市内ではまだ1％弱。ここには多くのチャンスがある。和歌山の企業と大阪の企業のマッチングを進めることで地域全体の価値を上げていく。実際にうまくいく例も出てきているし、それが目指している『地域の壁をこえる』という意味でもある」

――現在は役員、従業員ともに大阪府出身者は4割。やがて和歌山で発祥した大阪の銀行になりませんか。

「営業戦略として大阪にかなり力を入れているが、預金の7割を和歌山が占める。こうした基盤がある中で和歌山は捨てられない。ただ、新卒は大阪出身者の割合が多くなっており、さらに10～30年たったら『本店を大阪に持って行こう』という頭取が現れるかも知れない」

「高野山で研修をして和歌山のいいところを体験してもらう取り組みはすでにしているが、出身地や勤務での経験でうまく和歌山と大阪をシャッフルすることでハイブリッドな人材を育てなければならない。地域にきちんと目配りのできる銀行であり続けるためにも、和歌山というルーツを若い世代に徐々に根付かせていきたい」

土井伸宏（どい・のぶひろ）

80年（昭55年）滋賀大経卒、京都銀行入行。人事・経営企画畑を歩む。柏原康夫頭取の秘書などを経て07年に取締役。08年常務。15年に頭取に就任。阪神タイガースをこよなく愛す「虎党」の一面も。

店舗縮小「恥ずかしくないのか」

――当時のエクイティ投資が「偶然だった」という指摘もありますが。

「エクイティ投資が100％当たるなんて考えられません。確かに、京都でこれだけのベンチャーが育ったのは偶然といわれれば偶然ですが、京都銀としては経営者の熱意を見て投資してきました。京セラの稲盛さん、日本電産の永守さん、オムロンの立石一真さん、任天堂の山内さんらがそうです。そんなに偶然がたくさんありますかと聞きたい」

「京都銀は京都では新しい銀行です。（府北部の）福知山から出てきて、室町や西陣など当時の京都を支えていた繊維産業からは相手にされなかった。そのなかで、新しい企業と取引を進めようと戦略的に進めてきた。今はメガバンクとの取引が多い企業でも、最初は京都銀というのが多い。永守さんも当時を振り返って『京都銀行はぐだぐだ銀行や』というけれど、あれは愛情の裏返しです」

――10年後の京都銀をどのような姿にしますか。

「地方銀行とはそもそも何なのか、どうやったら生き残れるのかとよく考えます。メガバンクのように世界に儲ける手立てを求めることはできない。一方で、ネットバンクのようにデジタルで完結するのも違う。やはり店舗を中心とした『リアルな接点』が生き残る上で必要なんです」

「リアルの接点」、地銀の生きる道

――地銀が店舗網の縮小を進めています。

「誤解を恐れずにいえば、それで恥ずかしくないんですか、ということです。『あんたんとこは配当益があるから』と言われるが、我々だって収益は厳しい。2000年から『広域型地銀』として店舗を増やしてきた。当時の前提は量を積めば収益は付いてくる。例えば、500億円を貸したら5年で黒字化するというビジネスモデルだった。それが金融緩和政策、とどめのマイナス金利でこの絵は描けなくなった。やはりコストが合わなくなる。そうなると、簡単にコスト削減できるのは店舗の削減と人を減らすことなんです。他行を批判するわけではないが、目先の2、3年の利益を求めて店舗を削減しているように見える。店舗を減らすことは将来を捨てることです」

――店舗を減らせばコストを下げる工夫もしなくなる。

「デジタル化を進めつつベストミックスを追求するのが重要です。従来のように、例えば300坪の土地を買って建物を建てて、カウンターラインを置いて、駐車場には何台も止められるようにする。そんな店舗の出し方は無理です。ただ、エリア制を敷いて機能を変えて少人数で回すとか、相談業務だけやるとか方法はまだある。今回新たに設けた明石オフィスはテストケースです。月10万円のビルの一室を借りて、『基地』として置く。カウンターはないけれど、お客さんには本気度が伝わります。河原町支店は上層にホテルを置くようにする。工夫の余地はあるんです。リアルで接点を持つのが地銀の生きる道だと思います」

バックオフィスを効率化

――菅総理（当時）が『地銀の数は多い』と発言されました。

「多いのかどうかは分からないが、今の金利環境で経営統合して業容拡大し、資金量を増やしてもメリットがない。京都銀行としても経営統合はまったく考えたことがありません」

「ただ、経営統合ではなくて他の銀行と協力することはできると思っている。例えば、バックオフィスにおいて、事務やシステム、現金配送業務など協力して効率化できないか。ATMもそれぞれの銀行が並んでいる。三菱UFJ銀行と三井住友銀行が共同利用を始めましたが、あれは画期的でした。彼らがやったのなら私たちもやればいい。滋賀銀行や南都銀行、池田泉州銀行、信用金庫も含めてお客に迷惑がかからない範囲で効率化を進められる分野もあるはずです」

――その中核になると。

「そういうことができませんかと提案したい。統合まではいかなくても、色んなのが考えられるはずです。誰かが動かないといけない。経営統合せずに営業を一緒にやろうというのは難しい。経営統合までいかなくてもバックを工夫する余地はある」

第5章

銀行よりも強い信金・信組

預金を元手に信用創造機能を発揮する
金融機関は銀行だけではない。
信用金庫や信用組合の方が地域によっては
銀行よりも存在感を持っている。
上場しているわけでもなく株式会社でもない。
収益力が至上命題ではない協同組織金融機関の方が
地域経済を底支えしているケースも少なくない。

1　京都信用金庫――取引先は「コミュニティ」

日本で初めて「コミュニティ・バンク」を宣言した金融機関である。地域の発展なくして金融機関の繁栄はない。金融機関として短期的な収益を追いかけない。取引先を「コミュニティ（地域社会）」と定義し、理想を追いかける姿を斜に構えて見る金融機関もいる。それでも意に介さず我が道を突き進むのが京都信用金庫だ。ブレない姿勢の原動力は何だろうか。

「支店」を消した

京都信金は新施設「QUESTION」をオープンした。

2020年11月2日、京都市中心部に位置する河原町通りの一角に新しいビルがオープンした。「?」を8つ組み合わせたロゴを見て、おしゃれなホテルでもできたのかなと思う通行人はいるかもしれないが、答えはノー。ホテルではない。

建物名はその名も「QUESTION（クエスチョン）」。地上8階まで一面のガラス張りは新手の飲食店ビルと見えなくもないが、看板は出ていない。これも答えはノーだ。

では、このビルは一体何なのか。答えは京都信用金庫の「支店」だ。正確に言うと「支店が入居する複合ビル」なのだが、建物のどこを見ても京都信金の名前はない。理事長の榊田隆之に聞くとわざわざ「文字を消した」と言う。6階に入る「空中店舗」すら宣伝しない徹底ぶりだ。

ただ単に信用金庫のイメージを変えたいから奇をてらったのだろうか。目的は何なのか。半信半疑に思う人はそう感じるかもしれないが、この施設が提供するコンテンツの取材を進めると視界が晴れる。

「世界一の美食の街をモデルにして、大きなパラダイムシフトを起こしたいんです」。キッチンやダイニングスペースを完備した8階の運営を担う「Q s'（キューズ）」の新社長に就いた田村篤史の一言がその象徴と言える。榊田が「最も大事な場所」と位置づける8階に秘めた思いは、京都信金がこだわる「コミュニティ」の創造につながるからだ。

「コミュニティキッチン」というカルチャーがある。スペイン・バスク地方のサン・セバスチャンという街に存在する、地元住民が集まる共有キッチンのことだ。当地では「ソシエダ」という呼び名で通る。キューズはそれを京都で再現しようと構想中だ。

田村曰く「スペインやイタリアでは本当においしいものは大都市に流通しない仕組みがある」。田村は京都への移住支援を手掛けるツナグムというスタートアップ企業を創業した起業家。観光だけではなく、東京一極集中を打破するにはどうすればいいのか。「この地に良質なおいしい食材がとどまるような消費地を作れれば、東京で食べることができない価値が生まれる」と食の可能性に期待をかける。

触媒は交流する場、つまりコミュニティが必要だと悟り、会員制の「美食倶楽部」を立ち上げた。地元の野菜や肉などを料理し、互いに食を通じた交流を深める。「食の公民館のような場所にしたい」。話題になるようなレベルに突き詰めれば観光拠点に発展できる。そうすれば雇用も生まれ、経済効果も出てくる。

田村は「まだまだ先の話」と謙遜するが、京都信金と組めば絵空事と言えなくなる。京野菜を食材にした京イタリアンを考案した「ＩＬ ＧＨＩＯＴＴＯＮＥ（イル・ギオットーネ）」のシェフ笹島保弘が２００２年に独立した時、開業融資をしたのは京都信金だった。

「京イタリアン」を育てた実績

笹島シェフは榊田が本店長時代から付き合いがある。京都中の全銀行・信金に断られ京都信金を訪ねたところ、融資を決めたのが榊田だった。「これは融資じゃなくて投資です」。今や東京、大阪にも店を展開し、業界をリードするオーナーシェフになった。開業資金３００万円も用意できなかった無名のシェフにお金を投じたのは、京都というコミュニティの価値向上につながると感じたからなのかもしれない。

「コミュニティキッチン」の運営に既存の業者を誘致する考えもあったが、京都信金が首を縦に振らなかった。「すでに事業を展開する会社に任せると利益重視に陥りかねない。ゼロから創るなら全面サポートする」。京都信金が出した答えは１２０％だった。出資を通じた支援を決めたからだ。中長期的にサポートするには当面の返済が不要な「投資」がフィットするという判断。出資比率は１割だが、運命共同体になることを宣言した一手は京都信金の真骨頂と言える。

榊田が狙った新ビルのコンセプトは「様々な人の『?』が集まる場所」。パートナーとして田村のツナグムを含めた7法人と連携。そのほかにもイベントを多数開催している。「地域の課題解決は京都信金だけでできない。多様な人々が寄ってたかってこの街を変えていくことが重要」という。あえて京都信金の名を冠さず色を付けないことにこだわったのは、「金融機関が気づかない地域の課題が眠っている」と目線を低くしたかったからだ。

1階は京都芸術大学の学生らが運営するバー「awabar kyoto」が入居する。awabar は六本木や福岡などにもあるバーで、さくらインターネットの創業者の1人、小笠原治が立ち上げた。六本木ではIT系スタートアップ起業家が足しげく通い、事業連携や新サービスにつながったとされ、京都での再現を狙う。

バックボーンが全く異なる様々な人種が集う異文化コミュニケーションこそ、この場に魂が入ると考えている。起業家や経営者は様々な経営課題にぶつかる。解決策はネット上に転がっているわけではない。むしろ、デジタルを通じて課題解決法を知っている人々につながっていく。「デジタルとヒューマンがつながっていく仕組みこそが必要」と榊田は考えた。

「問いの掲示板」はリアルにもデジタル上にも設置するこの新ビル最大の仕掛けだ。ここで京都信金の出番が到来する。コミュニティマネージャーという京都信金職員が48時間以内に何かしら回答する仕組み。京都信金でどうにもならない場合はアソシエーションパートナーと呼ぶ約200社の協力企業が問いに答えを出す流れ。「やってみないと分からない」。榊田が挑むのはそんな不確実性から生まれる新しい課題解決のコミュニティづくりだ。

京都信金はコミュニティバンクを初めて提唱した

1923年	前身の「京都繁栄信用組合」設立
40年	榊田喜三組合長が就任
51年	信用金庫法に基づき京都信用金庫として発足
61年	京栄信用金庫を吸収
70年	榊田喜四夫が理事長に就任、「コミュニティ・バンク論」を提唱
74年	大津市信用金庫を吸収
85年	京都府民信用組合を吸収
2018年	榊田隆之が理事長に就任
20年	新施設「QUESTION」を開業

本店	京都市下京区
預金	2兆7828億円
貸出金	1兆7874億円
店舗	92店
中小企業等貸出先件数	6万5157件（20年3月末）
自己資本比率	8.41%
不良債権比率	4.68%

出所：京都信用金庫、金融庁資料をもとに作成。記載ない数値は2021年3月期

50年前の榊田理念

榊田がコミュニティづくりにこだわる源流を知るには、今から約50年前にさかのぼる必要がある。榊田の父である元理事長の榊田喜四夫が1970年に提唱した「コミュニティ・バンク論」だ。

当時は高度経済成長のまっただ中。まさに事業拡大に伴い預金が倍々で増え、貸出量も増えている時代だった。その時代において、喜四夫は「地域社会の問題をまず第一に考えるような金融機関、それも単に資金を集めそれを貸し付けるといった単純機能ではなくて、金融をベースにしながらも、各種のサービス機能を持った金融機関が求められようとしている」（「榊田喜四夫著作集」）と予言した。

富の分配から課題の解決へ。相互扶助組織である信用金庫にとって、生きる方向性に光を照らした先端的な考え方で、これ以降、コミュニティ・

バンクを掲げる信用金庫が急増する。

コミュニティ・バンク論の教えは息子である榊田にも引き継がれている。その理論を実践編に落とし込んだのが「コミュニティ・バンク5カ条」だ。①先駆者のまねをする②場をつくる③おせっかいを焼く④寄ってたかって⑤他流試合——。新ビル「QUESTION」こそ5カ条を形に示すシンボリックなプロジェクトだった。

榊田は課題解決機能に21世紀型の金融のあるべき姿を見つけた。近代経済学の父であるアダム・スミスは金融機関の機能として「決済」や「仲介」を強調したが、「それらに『課題解決機能』が加わった」と指摘する。金融機関はともすれば預金量や貸出量をKPI（目標数値）として競いがちだが、これからの成熟社会に向けて需要の喪失、事業承継、環境汚染などの課題を解決する機能こそ地域金融機関が担うべき役割だと考えている。

米国で見つけた可能性

コミュニティ・バンクの伝道者になった榊田がこの道に突き進む意を強くしたのは、父の教えに影響を受けたからだけではない。理事長に就任する前の17年、意外なところで意外な共通点を見つけたことも影響した。米国だ。

榊田と職員10人は17年9月、米オレゴン州ポートランドへ飛んだ。プロジェクト名は「コロンブスの旅」。従来の事業の延長線上ではなく、発想の転換を目指すべく組織された。訪れた目的の一つは西海岸で金融業を展開するベネフィシャル・ステート・バンクを視察すること。カリフォルニア州オークランドに本拠を有し、オレゴン州やワシントン州など西海岸を中心に30店ほどの支店を持つ小規模な金融機関だ。

07年に設立されたばかりの新しい銀行をなぜ視察先に選んだのか。

今では注目されているESG（環境・社会・企業統治）への取り組みで先行している地域金融機関の一つだからだ。社会的側面、環境的側面、経済的側面の3つからなる評価軸「トリプルボトムライン」を導入した経営を標榜し、中小企業を中心に投資し、生み出された利益を地域に還元するスタンスを貫く。融資量の75％以上を環境や社会に配慮した取引先に向ける目標を掲げていた。

榊田は「リーマン・ショック前後にできた銀行。資金供給だけを考えない新しいスタイルのコミュニティ・バンクだ」と評する。プロジェクトに参加し新施設QUESTIONの館長を務める森下容子は「"made here"という街を自分たちで作っていくんだという考えを学んだ」と振り返る。

人種差別などマイノリティー問題が根深く存在する米国はマネーゲームの対極とも言える金融規制が存在する。1977年から存在するCRA（Community Reinvestment Act、地域再投資法）。金融当局に課した監督・検査の枠組みで、金融機関に低所得者やマイノリティーへの融資を差別なく実行するよう義務付けた。

ベネフィシャル・ステート・バンクはこのCRAの理念を体現したような新興銀行だった。そこに共感した京都信金と米国には共通点がある。規制と経営論の違いはあるが、究極の目的が金融排除（Financial Exclusion）対策にある点だ。

　日本の場合は平成金融危機を経て取引する企業を選別し、担保や保証があり、事業計画がなければ、金融機関が融資しなくなってしまった。緩やかな形だが、少なからずマイノリティー層が生まれてしまった。ベンチャー企業が生まれにくく、財務に傷がついたことのある企業はそれだけで融資対象から外れてしまうことも少なくない。

榊田は米国のコミュニティ・バンクに共感した

　京都信金のコミュニティ重視、課題解決への道はまさに資本主義のワナにはまり、自然体のままなら金融の恩恵を受けることができない企業をすくい上げる取り組みとも言える。金融機関に課す健全性規制と相反するが、金融の本源的機能である。

　金融庁も京都信金のコミュニティ・バンク路線に注目し始めていた。米国視察の1年前の２０１６年秋、当時、金融庁監督局長だった遠藤俊英はお忍びで京都信金を訪ねた。訪問から2カ月後に公表した２０１６事務年度の行政方針で「『日本型金融排除』が生じていないか実態を把握する」と問題提起した。

　健全性だけで割り切れない現実が金融監督の世界にも訪れていた。「持続可能性（サステナビリティー）」。新たな切り口で金融機関を見ないと経済の土台である社会基盤を壊しかねない。金融庁が京都信金の唱えるコミュニティ・バンク論に共鳴した瞬間だ。

「てっぺん」を目指す

時間を2021年に戻す。図らずも訪れた新型コロナウイルスの猛威が京都信金の唱えるコミュニティ・バンク路線の真価を問うている。需要が減退し、事業意欲を失いかねない中小零細企業の廃業ラッシュを防ぐことができるかどうかだ。

京都信金は21年2月、コロナ禍でまさに苦境に陥る小規模事業者を支援する「BASEバンク」を発表した。新型コロナの影響で客足が遠のいた小規模のカルチャー系施設の救済策だ。京都市内の民間ミニシアターや劇場を運営する5団体と協力し、6月にも基金を設立し、新たに作る一般社団法人のトップに理事長の榊田が就く予定だ。「THEATRE E9 KYOTO」の運営に携わる支配人の蔭山陽太は「民間芸術施設は経営的に安定していない。そこを京都信金さんは理解してくれた。『やりましょう』と力強くいってもらった」と感謝する。

京都信金は預金量で信用金庫業界全国トップ10に入る規模を誇るが、健全性を示す自己資本比率は8%台、不良債権比率は4%台と経営指標が取り立てて優れているわけではない。業界平均はそれぞれ12%台、4%程度。自己資本比率が平均より低いのは、どちらかと言えばリスクを取っていることを示している。

メガバンクのある支店長は「コロナ禍において京都信金は未回収リスクの高い案件にも積極的

に融資して驚いた。メガバンクはもとより、京都銀行や京都中央信金が貸さない領域にも融資を広げている」と目を見張る。

コロナ禍でも京都信金の信念は揺るがなかった。20年6月、2030年までに融資の8割をESGに取り組む企業に限定する構想を掲げた。コミュニティの向かうべき方向を積極的に提示する役割を担おうとしている。全国の地域金融機関として初めて認定制度も整備。「京都信金だけではなく、コミュニティ全体がソーシャルに変わっていく必要がある」と榊田は語る。

「地域という面で広げた仕事をする本当の意味での地域金融機関が信用金庫だ」。榊田の父、喜四夫は著書の中で、信用金庫こそが地域コミュニティに本気で報いることができる唯一の存在と説いた。それから50年目の2020年、息子の榊田は父の教えを「論より証拠」で実践し始めた。そのスピードは21年に入り勢いを増している。金融機関が社会から信頼される存在になれれば、心が折れて店をたたもうとする経営者の心に再び火をともしたり、新しい事業を始める勇気を与えたりできるのではないか。コミュニティ・バンク論「実践編」はポストコロナを読み解くヒントである。

2　飛驒信用組合――マネー地産地消へ

名古屋駅から特急列車で約2時間30分。岐阜県北部の山中にある飛驒高山は、江戸時代以来の城下町の姿を残す風光明媚（めいび）な観光地だ。幕府の天領として栄え、小京都の風情を求め、新型コロナウイルス禍以前は世界中から観光客を集めた。経済の中心地の高山市や飛驒市、世界遺産の白川郷のある白川村などがある。

3000メートルでスマホ決済

この地域では飛驒信用組合と高山信用金庫が圧倒的な存在感を示し、貸出金の地域シェアは合算すると7割近くに達する。山深い岐阜の奥地に隠れた、信金・信組王国の今を追った。

「年配の方たちもスマホ決済してますよ」。高山市の観光名所「古い町並み」近くの商店街で登山用具店「ＫＯＮＧ」を営む川上淳さんはこう話す。ここで言うスマホ決済は「ペイペイ」や「d払い」ではない。飛驒信組が独自開発した「さるぼぼコイン」だ。ＫＯＮＧに来店する7～8割は地元客で、毎日のようにコインは使われる。飛驒信組の口座からコインをチャージし、商店街で使って地域にお金を落とすという循環が根付く。いわばマネーの地産地消の取り組みだ。

さるぼぼコインの加盟店は小規模事業者を中心に１５４８店（21年3月末時点、以下同）あり、２万１０００人が利用する。これまでの累計決済額は33億円、累計利用数は96万５０００件にのぼる。計算すると1件あたりの平均利用額は３４００円ほどになる。

高山市内の古民家を改装したイタリアンレストラン「オステリア・ラ・フォルケッタ」の土井正行さんによると「1万円以下はさるぼぼコインなどのスマホ決済、それ以上になるとクレジット決済が多くなる」という。店でのキャッシュレス決済比率は年々高まり、今では半分以上が現金以外の支払いだ。

地元商店街やスーパーで利用できる

一般のＱＲコードを活用したスマホ決済の多くは手数料が決済額の３％前後。さるぼぼコインは導入時の手数料がかからないうえに決済手数料もゼロだ。客がさるぼぼコインで決済すると、同額のコインが店に入る。店はたまったコインを現金に戻す際に交換手数料を払うが、１．５％前後に抑えている。中国のスマホ決済「支付宝（アリペイ）」とも連携し、共通のＱＲコードで決済できる。

山間部ならではの需要もある。北アルプスの名峰、穂高岳にある穂高岳山荘は２０１９年にさるぼぼコインを導入した。山荘は標高3000メートルの高地にあり、慣れていない人だと片道9時間かかる難所をたどる。登山客が支払う現金を麓まで運ぶのは大変な作業だ。なるべく硬貨での支払いを避けてもらうようにしているが、紙幣もかさばる。「キャッシュレスは現金輸送が難しい地域ほどなじみやすいと思う」(山荘を運営する今田恵さん)

観光反転できるか

コロナ禍でさるぼぼコインは真価を発揮した。主要産業が観光の飛驒高山の経済は深刻な打撃を受けた。少しでも消費を盛り上げようと、飛驒信組と高山市が手を組んで20年10月に期間限定で「20%還元キャンペーン」を始めた。市が予算付けしてさるぼぼコインの利用額の20%をコインで還元した。キャンペーンは好評で市中心部にある安川商店街では期間中に3800件の利用があった。前述の登山用具店KONGでは「多い日で1日30件のコインの利用があった」という。

信用組合ながら独自の電子通貨を作った飛驒信組は、経営規模で高山信金と並ぶ、地域を代表する金融機関だ。1954年に飛驒商工信用組合として設立し、合併を経ずにほぼ単独で事業を拡大してきた。09年には預金横領などの不祥事隠しで金融庁の処分を受け、十六銀行から役員を招くなどしてコンプライアンス(法令順守)体制を立て直した。

貸出金残高は1200億円と10年前比で5割増えた。クラウドファンディングなど新しい分野にも積極的で、15年には地元スーパーの開業に合わせて売り場の一角に支店を移し、土日営業の店舗に変えた。21年6月の総代会と理事会で大原誠会長が理事長に復帰した。さるぼぼコインを推進してきた大原のもと、信用組合の姿に縛られない「ひだしん（飛騨信組の愛称）イズム」が再加速していくかどうかが注目される。

さるぼぼコインが一段と飛躍するには何が必要か。地域密着のスーパー、駿河屋を経営する溝際清太郎社長は「ひだしんだけの囲い込みを考え直した方がいい」と話す。さるぼぼコインのチャージは飛騨信組の口座からが基本だ。コンビニATMでチャージする方法もあるが、チャージ額に応じたポイントは付かない。

飛騨高山では高山信用金庫や十六銀行、JAバンクなど他の金融機関をメインにする人は少なくない。ほかの地域金融機関にコインを開放すれば利便性は高まる。コインは飛騨信組の強みであり差異化する手段でもあるので一朝一夕にいかないのは承知の上だが、次のステップに踏み出す

単独で事業を拡大してきた

1954年	飛騨商工信用組合として設立
74年	飛騨信用組合に改称
81年	自営オンラインシステムを稼働
99年	高山市の指定金融機関に指定
2009年	飛騨市の指定金融機関に指定
14年	クラウドファンディングの運営開始
15年	地域活性化ファンドを設立
17年	さるぼぼコインを開始

飛騨信組の経営データ

本店	岐阜県高山市
店舗数	16
貸出金残高	1206億円
預金残高	2800億円
自己資本比率	15%
メイン取引先数	1143先
メイン融資残高	575億円

注：2021年3月期

上で外部開放の議論は避けられそうにない。

【INTERVIEW】飛驒信用組合理事長（取材時は会長） 大原誠

――さるぼぼコインをどう発展させていきますか。

「まずは加盟店を増やすことに注力する。21年3月の1500店から2000店を目標にして営業部隊が走り回っている。飛驒市とはプレミアム商品券の一部をさるぼぼコインにするなど連携を深めてきた。21年4月から飛驒市に移住した世帯に最大15万ポイント（1ポイント1円相当）を付与する取り組みも始めた。行政との連携が増えれば地域通貨としての魅力は高まる。（経済の中心地の）高山市とのコラボレーションも増やしていきたい」

「BtoB（企業間取引）にも興味がある。コインの使われ方の大半は消費者が店で商品を買ったり、飲食したりするBtoCだ。個人同士でコインをやり取りするCtoCも一定程度、普及している。それに比べてBtoBの取引はごくわずかだ。仕入れ代金の支払いなどコインが活躍できる場は多いはずだ」

――ほかの金融機関の口座でもさるぼぼコインを使えるようにしてほしいという声があります。

「当組合が相応の費用をかけて作り込んできた。ただで外部に開放するというわけにはいかない。アプリの改修などランニングコストも発生する。一方で地域全体の利便性を考える必要はある。ここを解決していくには行政に一段と踏み込んでもらうしかないだろう。行政が音頭を取りながら、さるぼぼコインの将来を皆で考えていくのはどうだろうか」

――ライバルの高山信用金庫と比較して強みはどこにあると思いますか。

「互いに切磋琢磨（せっさたくま）してきた。高山信金は中心部の商店街との取引に強く、我々は周縁部を開拓して規模を拡大してきた。取引先の動向に目配りして細かなニーズを聞き出す力は負けていない。以前から有価証券運用に力を入れており、安定した運用益が財務の支えになっている。課題は事業承継だ。ノウハウが不足している。専門人材を育てていく」

3 城南信用金庫──現代版「貸さぬも親切」

「貸すも親切、貸さぬも親切」──。大ヒットしたドラマ「半沢直樹」でも登場し銀行員のあるべき姿勢として語られた名せりふだが、実はその格言を生み出したのは銀行マンではない。東京都に本店を置く城南信用金庫の中興の祖、小原鉄五郎元理事長である。およそ90年の時を経て訪れた新型コロナウイルス禍。そんな逆境の中、城南信金にその哲学が蘇り始めている。

金融庁イベント、陰の功労者

2021年3月13日、羽田空港の前身「東京飛行場」跡地に作られた「HANEDA INNOVATION CITY」という名の新施設。雨が降る中、金融担当副大臣の赤沢亮正、金融庁元長官の遠藤俊英、審議官の堀本善雄、地域金融企画室長の日下智晴が次々と入っていった。

目的地は城南信金が20年7月、全国の信金と共同でオープンした「よい仕事おこしプラザ」だ。東京都大田区が開発したプロジェクトに呼応した城南信金が音頭を取って開いた中小企業サポート拠点だが、この日の来訪者は中小企業経営者ではない。

商談会を開いて融資に結びつけるのが、こうした拠点のよくある風景だが、この日開かれたイベントは融資と直結させるのが狙いではない。監督官庁の金融庁が19年3月から始めた官民交流イベント「ちいきん会」の2周年記念のオンラインミーティングを開くためだ。金融庁と地域金融機関の有志職員らが参加する草の根イベントは、全国各地でそれぞれが悩んでいることを打ち明け、共有し、知恵を交換し合う交流会。この日参加した遠藤元長官は熊本県の有志がプレゼンした内容に「起業に悩んでいる若者にチャンスをあげてほしい」と画面越しにエールを送った。

実はこのイベントの運営を東京側の事務局として担っているのが城南信金だ。地域課題を解決することが金融機関の役割であり、解決すべき地域課題を掘り起こすのがイベントの目的。よい仕事おこしプラザと命名したのは、ちいきん会の活動を担ってからたどり着いた着想で、城南信金が目指す信用金庫像の現在地である。

「貸すも親切、貸さぬも親切」。その真意は「人のためになる金は貸すが、ためにならない金はどんなに担保を積まれても貸さない」が語源だ。高度成長期で経済が右肩上がりのさなか、有価証券運用で収益を底上げする「財テク」に企業が足を踏み入れることへの戒めでもあった。

バブル崩壊後の失われた20年を経験し、新型コロナウイルスの感染拡大による逆風を受ける現在、「貸さぬも親切」の1つのあり方が「貸して終わり」にしないということだ。羽田のイベントのように一見、利益につながらないような活動に力を注ぐのは、融資に頼らないビジネスモデルの確立を唱えた小原鉄五郎の哲学が起点にある。

【COLUMN】 小原鉄五郎とは

小原は1956～75年に理事長を務め、全国の信金の顔である全国信用金庫協会のトップも約20年続けた。「貸すも親切、貸さぬも親切」の元になったのが、今から約90年前、小原が30歳の時に産業組合中央会の弁論大会で1等賞を取った際の一節だ。当時は城南信金の前身の大崎信用組合の所属。城南信金の本店内には今も小原の勲章の証書や仏壇を置く専用の部屋を設け、21年1月には33回忌の法要も城南信金が取り仕切った。

本店のある東京・五反田の土地にはかつて小原が通った小学校があったという。大崎村（現品川区）の農家に生まれた小原は、小学校卒業後に農業を手伝っていたなかで当時の町長と知り合い、1919年の大崎信組の立ち上げに関わった。終戦間際の15信組の合併による城南信組の立ち上げ、信金法の制定を政府に働きかけ、全国信用協同組合連合会の旗揚げなど業界の中心に身を置き続け、いつしか「信金の神様」とまで称されるようになった人物だ。

小原の時代から城南信金は外部との連携に注力してきた。象徴の1つが69年の東京銀行（現三菱UFJ銀行）との外国為替業務での提携だ。業法上認められていなかった自金庫での外為の取り扱いに道が開いた。東銀が懸念を抱いていた円資金の調達に城南信金が協力することで双方に利益が見込める提携で、小原は自著で「会心のできだった」と振り返っている。そもそもは取引先の中小企業が輸出入を増やすなかで、金融として後押しする必要があったというのが背景にある。

東日本大震災が起点に

城南信金が考える「現代版の貸さぬも親切」は貸すのであればその先の事業を創造する、突き詰めると企業の仕事を創ることだ。金融機関がなぜそんな回り道をする必要があるのか、そんな迂遠な方法では収益を稼ぐことが難しいのではないか。銀行員であれば、そう思うはずだ。株式会社で上場していれば必然の収益プレッシャーを銀行ほど負わない信用金庫だからこそ担える役割だ。

それでも最近の信用金庫、とりわけ人口が潤沢な大都市部の信金は収益路線を走りがちだが、城南信金は異なる。歴史の積み重ねと無縁ではない。

今から10年前の2011年。東日本大震災が発生した翌4月、理事長（当時）の吉原毅を含めた9人の職員がマイクロバスで被災地に向かった。「被災地のために何かできないか」。吉原の呼びかけで食料品や土のうを積み込み、ボランティア活動を始めるためだった。

城南信金の推進力は強烈だった。翌12年11月、東京ドームを借り切り63の信用金庫が協賛して東北の中小企業が取引を広げるための商談会「よい仕事おこしフェア」を開催。約2万人が来場した。以降毎年開催し、参加する信金や企業の裾野は広がっている。大規模会場の確保などの費用は原則全て城南信金が持ち出している。毎回1億5000万〜2億円程度の負担だ。コロナ禍でも規模を縮小して開催し、足元では協賛する信金は229まで増えた。

12年の初回のフェアを仕切ったのが、新設の「地域発展支援部」の初代部長を務めていた川本恭治だ。19年、城南信金のトップに就いた現理事長だ。川本に尋ねた。「なぜ、10年もこの活動が続いているのか」。返ってきた答えは「困った人を助けるのが信金の本分だから」。赤字が出るかどうかが最初の判定基準にはないという。

確かに「信金の本分」もあるだろう。ただ、執念のように続ける今の姿の原型を形作る伏線がある。でこぼこ道を歩んできたからこそ、これだけの草の根ネットワークを続けているのではないか。

それは東日本大震災の半年前、2010年11月10日の出来事だ。事件と置き換えても良いほどの衝撃と例えられるのは、当時、副理事長だった吉原が理事会で急きょ、理事長に昇格したからだ。任期途中、しかも、11月という異例のタイミングでの理事会でトップが交代し、世間の耳目を集めた。金融界では「クーデター劇」とささやかれた。

【COLUMN】 城南信金の迷走

取引先が増え、信金界でも存在感が増す城南信金。哲学の柱に置く小原鉄五郎の退任後は必ずしも順風満帆ではなかった。

小原の側近を長く務め、小原の死後に理事長を継いだ真壁実による約20年にわたる実質的な長期政権が続き、地元での信頼が落ちた時期も経験した。「外との付き合いが薄

い閉鎖的な組織になっていた」（関係者）

経営刷新を主導した吉原が理事長就任後に掲げたスローガンは3つ。①小原が掲げた精神の原点への回帰②人に優しい会社を目指す③城南の外へ視野を広げる。

さらに2011年3月に発生した東日本大震災も大きな転機となった。被災地支援を続けるなか、原発事故がもたらした惨状を目の当たりにした吉原を中心に金庫として「反原発」を掲げた。

かつて東京都内に本店を置くライバルの1つは八千代信用金庫だった。八千代信金は91年、八千代銀行に業態転換した。東京都民銀行と合併し、今のきらぼし銀行になった。昔を知る業界関係者によると、勢力争いでせめぎ合った城南信金と八千代信金がともに迷走を続けた結果、東京都内の地域密着型金融はバブル期を挟んで長らく空白が生まれていたという。

城南信金理事長の川本は「地道な活動によって再び存在を確かなものにしたが、同じ過ちは繰り返してはならない」と語っている。

川本スピード路線

異常事態をくぐり抜け吉原が敷いた路線を引き継いだのが、政変当時、蒲田支店長を務めていた川本だ。先述のように11年に新設した「地域発展支援部」の初代部長に就任。域外の信金や他業種との連携により、地元企業に幅広いソリューションを提供することを本業の1つに加えた。

金融庁幹部も「半信半疑だったが、川本理事長になって、城南信金はガラッと変わった」と驚く。

城南信金は本当に生まれ変わったのだろうか。コロナ禍における対応を見てみよう。

2021年4月25日、4都府県に3度目の緊急事態宣言が発出された。2年続けてゴールデンウイークに外出自粛が求められ、観光地が一段と打撃を受けることが懸念された。城南信金は東北地方の観光関連の事業者へ一斉に状況を聞き取った。

「宿泊客は例年の1割。V字回復を期待していたゴールデンウイークが不発に終わり、このままだと年内の廃業を考えないといけない」（福島県の温泉旅館）。「観光客向けの物販は例年の2割。土産品販売を大幅に縮小し、ネット販売にシフトするか考えている」（同県のかまぼこ販売店）。苦境を訴える声が押し寄せた。

すぐにできることは何か。観光客を呼び込むのが難しいなかで着目したのが、賞味期限切れが迫り廃棄されてしまいそうな土産品だ。まず約2000人の役職員向けに東京の取引先も含めた土産物の販売カタログを作ったところ、すぐに1000万円の売り上げに到達。ニーズを確認した上で4月末には奈良中央信金とお互いの取引先の商品を記載したカタログを交換し、それぞれの地元で紹介することを始めた。「よい仕事おこし」でつながった信金に紹介の輪を広げる。

21年5月には連携する全国の信金に呼びかけ、土産品や特産品の紹介サイトを立ち上げた。商品を掲載する料金は無料で、お取り寄せにつなげてもらう。各信金が販路に悩む取引先に呼びかけ活用してもらう。そんな取り組みは口コミで広がり、政権与党、自民党の金融系国会議員の耳

信金界で先駆けて業務を広げてきた

1945年	東京・城南地区の15の信用組合が合併し城南信用組合が設立
50年	城南信組の事務所を間借りして信金中央金庫が設立
51年	信用金庫法に基づき城南信用金庫に改組
56年	小原鉄五郎が理事長に就任
69年	東京銀行と業務提携
82年	外国為替公認銀行として外為業務を開始
92年	日本で初めて不良債権のディスクロージャーを開始
94年	日本で初めて懸賞金付き定期預金の取り扱いを開始
2001年	日本で初めて民間版の長期固定住宅ローンの取り扱いを開始

城南信金		きらぼし銀行
東京都品川区	本店	東京都港区
３兆9309億円	預金	５兆33億円
２兆3531億円	貸出金	３兆9380億円
86店	店舗	164店
9.96%	自己資本比率	8.47%
2.30%	不良債権比率	2.32%
58807件	中小企業等貸出先件数	94087件
２兆1941億円	中小企業等貸出残高	３兆1582億円

注：不良債権比率、中小企業等貸出先件数・同残高は20年3月末時点、その他は21年3月末時点

に評判が入るようになる。

5月11日に開いた自民党の金融調査会の地域金融に関する小委員会。呼ばれた川本自らこのサイトを紹介したところ、委員長を務める片山さつき（参院議員）が「（自身の地元である）静岡県の土産物店も観光客減で本当に困っている。積極的に紹介するので、ぜひたくさん掲載してほしい」と共鳴した。同様の要望を抱える各地の議員から問い合わせや照会が相次いでいる。

顧客に聞き取って困りごとを探り、すぐに対応する。川本は「特別なことは何もない」と話すが、ポイントは経営と現場の近さにある。執務室は持たず、現場の職員と机を並べて指示を飛ばす。ある職員は「具体的な指示が直接来るので経営の考えが明確に伝わる」と話す。

顧客が困っているところへいち早く寄り添うスピード感覚。確かに城南信金は生まれ変わっていた。

悩みは「廃業対策」

とはいえ、ポストコロナを見据えると、そうバラ色ではない風景も広がっている。足元では対処しつつも、本当にこれで良かったのだろうかと自問自答しているのが「廃業支援」だ。

50年近くにわたり取引してきた老舗の印刷業者。ペーパーレスの進展でコロナ前から業況は苦しかった。5年連続の債務超過に陥り、在宅勤務やデジタル化が進むなかでは反転が望みづらい状況。「再建は不可能に近い」と判断した担当者は廃業支援へと方針を切り替える。

最優先にしたのは社員の生活の保障だ。退職金を用意し、次の就職先のあっせんにも奔走した。取引先には売掛金の返済を約束した。一方で、城南信金は工場や社長の自宅などの担保でカバーしきれなかった10億円近くの債権を償却。社員や取引先、そして社長の再起を考えればトータルとして経済にとってプラスに働くとの判断だった。

「人を見て貸せ、現場を見て貸せ」。川本は入庫直後に先輩たちから口酸っぱく言われてきたという。経営者や従業員が働いている様子、工場や事務所の様子を見極める。「当たり前のことのようでなかなかできない」と話す。前出の印刷会社でも職員を度重なり派遣し、社長や副社長と膝詰めで何度も協議を重ねた。

融資する以上いつかは返済しないといけない。返せる見込みのない融資を続けることは経営者や従業員のためにならないという判断だった。料亭や名店、老舗の歴史が途絶えることは地域にとって痛手だが、貸さないという判断をくだすことも信金の重要な役割だと割り切ったが、『借りるべきか借りないべきか、城南さんで決めてくれ』と委ねられることもしばしばある」（川本）。

ウィズコロナ、ポストコロナの試練を信用金庫としてどうサポートしていくのか。顧客に尽くしきった上での「貸さぬも親切」は、上場し株主の利益を最大化することが目的の銀行に担えない役割だが、本来なら廃業を防止するため、後継者を探してきて事業継続へ最大限努力するのが筋だ。悩みは深い。

47都道府県のキズナ

光明がなくはない。

城南信金のホームページを見ると、小原と並び、もう1人大事にしている人物がいる。加納久宜子爵だ。城南信金の前身の1つ、入新井信用組合の創業者で、英国発祥の協同組合から「公共的使命」の理念を日本に輸入した人物だ。「利益のためではなく、地域の人々が平等に利用でき、地域の人々の幸せ、地域社会の発展、繁栄のために奉仕する」

実は加納子爵は元首相の麻生太郎の父方の曽祖父にあたる。19年11月に千葉県一宮町で開いた加納の没後100年の記念式典に出席した麻生は、「一にも公共事業、二にも公共事業、ただ公共事業に尽くせ」という遺訓を石碑に揮毫した。

新型コロナウイルス感染症対策は公共的使命を発揮する公共事業だ。城南信金がこの1年で実行したコロナ関連融資は4368億円に上り、地銀上位行並みの額だ。新規融資先も約4500社開拓し、全体の融資先は6万社を超えた。

しかし、資金繰り支援は融資を受けた企業にとって業況がその後戻らなければ過剰債務を背負うことになる。融資を受けた時は喜ばれても、後々恨まれる。そんな不条理が生まれかねないのがコロナ対策の危険なところだ。

だからこそ、企業の生き死にを判定しなければならない選別作業を避け、なるべく長く貸し続ける「リスケ」に走ろうとする。損失を回避したい銀行ならなおさらその傾向が強まりそうだが、果たしてそれで良いのだろうか。

城南信金の答えはノーだと信じたい。公共的使命を背負う覚悟が眠っていると感じたのは、よい仕事おこしプラザに置いてあった1本の日本酒を見たからだ。「2020絆舞（きずなまい）」。47都道府県の米を使って福島県で醸造したオリジナルブランドだ。

福島復興支援のたどり着いた1つの成果が17年から始めたこの「絆舞プロジェクト」だった。1瓶あたりの価格約2000円のうち100円を被災地に寄付する仕組み。酒かすの使い道に困った醸造所の悩みを解決するため、長崎県のカステラメーカーなどにつなげ、そこで日本酒を使った「絆舞カステラ」の製造にこぎ着けた。

川本は47都道府県の米を使って日本酒を醸造するプロジェクトを主導した

全国各地の信用金庫は254（21年2月末）に上る。信金は100に上る地銀より数が多いだけでなく、中央金融機関として信金中金を抱え、業界調整を担う全国信用金庫協会を頂く「一大地域金融グループ」である。

知恵を絞り、新たな需要を生み出さない限り、貸さぬも親切は単なる廃業を促進するだけになりかねない。事業者が事業を継続する勇気を持つには、それを裏付ける需要を見せる必要がある。川本が「『貸せば終わり』でないのがコロナの1番難しいところ」というように、ネットワークを生かし需要を生み出すことが「現代版・貸さぬも親切」の正しい解釈といえる。

4　大分県信用組合、銀行超えた「政治力」

大手銀行が忘れた「顧客起点」で経営し、金融秩序を転換する潜在力を秘めた信用組合が九州にある。大分県信用組合だ。大分県や県内全18市町村などと連携し、金融を通じた地域活性化に全力を挙げている。温泉地の別府市に世界的なホテルチェーンを誘致する際は、大手リース会社を巻き込んだ。その存在感は地銀や信金をしのぐほどで、「信組の時代」の到来を予感させる。

「吉本興業」引き寄せた本物の輪

2021年1月8日。大分市内にある大分県信組本店の支店長会議室で「お笑いビジネス研修」が開かれた。講師は「大分県住みます芸人」として人気がある「野良レンジャー」の2人だ。支店長らが参加し、交渉をうまく進める自己紹介の仕方や会話を盛り上げるための質問力を和気あいあいと学んだ。

この研修は県信組と吉本興業ホールディングス（HD）が20年11月に結んだ包括連携協定の一環で実施した。同協定は九州財務局（熊本市）局長の大津俊哉（21年7月から財務省理財局次長）の橋渡しで実現した。協定の成り行きを自ら確認しようと、足を運んだ大津の姿も会場にあった。

大津は1989年に大蔵省（現・財務省）入省。内閣官房の「まち・ひと・しごと創生本部」でも勤務し「地方創生の手法が仕事のスタイルになっている」。いろんな悩みを真剣に聞いて解決法を一緒に考え、必要があればつなぎ手になるというやり方だ。

今回の協定のきっかけは、大分県信組理事長の吉野一彦が新型コロナウイルス下での営業活動を大津に相談したことだった。「対面でなくても成果を上げる方法はないだろうか」

大津は「コミュニケーションのプロ中のプロだ」と考える吉本興業の力を借りることを提案し、吉野はその場で乗り気になったという。そこで大津はかつて担当した「クールジャパン戦略」の仕事などを通じて「同志」と呼ぶ間柄の吉本興業HD関係者へ間を置かずに連絡した。こうした強力な後押しが協定へと結びついた。

「それぞれの世界の『本物』同士を結びつけることができ、意義ある連携になった」と大津。吉野については「直感力やセンスがあり、ただ者ではないと感じさせる。尊敬する人物の一人で、いろいろと感銘を受けることが多い」と評する。

「宇宙ビジネス」

吉野のアンテナは、宇宙ビジネスも敏感に捉える。

一般社団法人「おおいたスペースフューチャーセンター」（OSFC）が21年2月に大分市内

で設立された。県は米社と提携し、大分空港（同県国東市）を航空機利用の人工衛星打ち上げ拠点とする「宇宙港」構想を進めている。ＯＳＦＣはそれを受けて衛星データを使った新サービス創出などに民間主体で取り組むために立ち上げた。県信組は創設メンバーとして参加し、吉野は副理事長に選出された。

ＯＳＦＣ設立に中心的な役割を果たした専務理事の高山久信が説明する。「相互扶助の理念に基づく非営利の金融機関である点。国東半島の観光振興など地方創生と向き合う姿勢。この２つが県信組が加わる決め手になった」

２月下旬にＯＳＦＣ設立を大分県知事の広瀬勝貞に報告した際、吉野は広瀬の隣に並んで記念撮影に収まった。広瀬は１９６６年に通商産業省（現経済産業省）入省。首相秘書官を経験し、事務次官も通産省と経産省にまたがって3年近くも務めた実力者だ。現在は九州地方知事会会長を兼ねている。そんな「大物」の理解も得て、県はＯＳＦＣの賛助会員になった。「間違いがない組織」として認められ、「県信組も知事が参加を承知した」（吉野）格好だ。

「世界」を動かした人脈

吉野の人間力は世界的な大手ホテルチェーン、英インターコンチネンタル・ホテルズ・グループ（ＩＨＧ）が大分県へ進出する際も存分に発揮された。別府市内の明礬（みょうばん）地区で19年8月に開業した「ＡＮＡインターコンチネンタル別府リゾート＆スパ」。この高級リゾートホテルは大分県や別府市と県信組が連携して誘致したが、実現には吉野の人脈が不可欠だった。

「この景観は世界に売れる。幻想的だ」。現在、同ホテルが建っている山腹の土地を16年に訪れたハンス・ハイリガーズは吉野に向かって親指を立てた。ハイリガーズは現在のＩＨＧ・ＡＮＡ・ホテルズグループジャパン最高経営責任者（ＣＥＯ）。「見るだけの約束」がホテル進出へと動き出した瞬間だ。

視察の実現へ骨を折ったのは浅田俊一。みずほフィナンシャルグループの元副社長で、当時はリース大手の東京センチュリーリース社長（16年10月、東京センチュリーに社名変更。現会長）だった。東京センチュリーはホテルを建設するなど事業主体になっている。

浅田が古くから知己のあった地元の有力者から相談を受けたのが14年。その有力者と親しかったのが吉野だ。浅田がＩＨＧと提携している全日本空輸（ＡＮＡ）と交渉し、吉野が地元の意見をとりまとめる二人三脚。浅田は「吉野さんは地域を愛する事業家。社会奉仕の精神があったからこそ信頼できた」と言う。

実は吉野にとって浅田は浅からぬ縁がある人物だった。今から50年ほど前の１９７０年代、吉野は県北部で自身初の支店長を務めていた。

「なんとか新規に取引してもらえないか」。熱心に通った結果、定期的に食事に招いてもらえるまでになった取引先があった。それが浅田の実家が経営する会社だった。そこから不思議な縁を引き込んだのは吉野が国東半島の「六郷満山文化」に関する随筆を雑誌に投稿したことだ。当時駐在していたスイスでその掲載誌を読んだ浅田が実家に問い合わせたのがきっかけで、２人はお互いを知ることになる。

吉野理事長は「ほれ込む」ことを突破力にしてきた

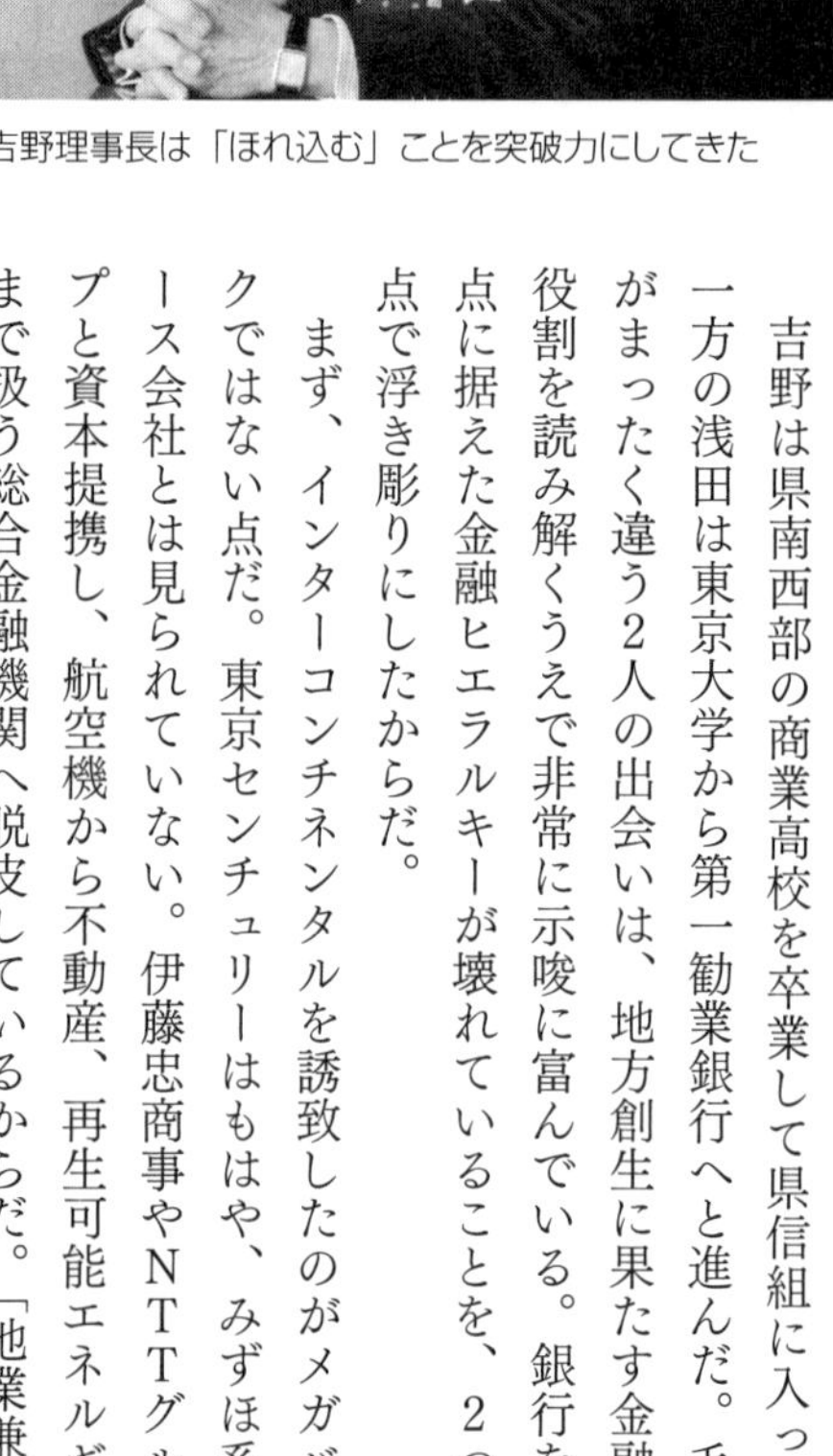

「リース×信組」の破壊力

吉野は県南西部の商業高校を卒業して県信組に入った。一方の浅田は東京大学から第一勧業銀行へと進んだ。毛色がまったく違う2人の出会いは、地方創生に果たす金融の役割を読み解くうえで非常に示唆に富んでいる。銀行を頂点に据えた金融ヒエラルキーが壊れていることを、2つの点で浮き彫りにしたからだ。

まず、インターコンチネンタルを誘致したのがメガバンクではない点だ。東京センチュリーはもはや、みずほ系リース会社とは見られていない。伊藤忠商事やNTTグループと資本提携し、航空機から不動産、再生可能エネルギーまで扱う総合金融機関へ脱皮しているからだ。「他業兼営」を禁止する銀行法の適用を受けていたら、ホテルを建設し、運営を任せるといったビジネスはできない。かつてノンバンク（非銀行）と一段低く見られていたリース会社が地方創生の主役に躍り出てきた。

もう一つは、地元のとりまとめ役が県内で圧倒的な存在感がある大分銀行ではない点だ。吉野率いる大分県信組は政官界ともひるまずに付き合いを深める。地銀の間隙を縫ってプロジェクトに参画したが、さまざまな反論や異論が巻き起こるのが世の常だ。その利害調整まで踏み込んだからこそ信頼を勝ち取った。下位業態と甘く見ていた信組が、いつのまにか大分銀行から主役の座を奪うだけの力を手にしていた。浅田も「けんしん（大分県信組の略称）さんのパワーはある意味、政治力かもしれない」と驚く。

「半端ない」巻き込み力

浅田をうならせた「政治力」とは、どこでどうやって生まれたのだろうか。

現在の大分県信組の原点は、今から10年以上前にさかのぼる。長引くデフレ不況で傷ついた玖珠郡信用組合と07年11月に合併したが、玖珠郡信組の当時の不良債権比率は45％という驚愕（きょうがく）の数字だった。地域と心中する覚悟で県の金融秩序を守ったが、全国信用協同組合連合会（全信組連）に資本支援を仰いだ。

大分県信組の真価はここで発揮される。少額支援を受けたが「短期間で返済された」（全信組連幹部）。地元組合員が増資に協力し、短期間で健全化するメドが付いたからだ。苦しいときに助け合う相互扶助機能が働いた。09年3月期は最終赤字だったが、翌10年3月期には黒字転換を果たした。

「県民の皆様に本当に役に立つ信組をつくり、ともに汗を流して頑張る」。旧大蔵省出身の井上拓雄が理事長を退任してプロパーの吉野が昇格したのは、そんな節目の10年4月だった。地力を取り戻した大分県信組は原点回帰を徹底し、真に地域に密着した相互扶助金融を志向する。

原動力となったのは、吉野が体現してきた「有言実行」だ。

政府が14年に打ち出した「地方創生」政策への向き合い方にヒントがある。大分県信組が組織的に取り組み始めたのは翌15年のこと。そのスピードはともかく、深さにこそ政治力につながる土壌が見て取れる。「地域と我々は運命共同体。地域がなくなれば、我々は必要ない」。こんな吉野のスタンスが真骨頂だ。

地域金融機関は平成金融危機のときに挫折を経験したところが少なくない。「政治家とカネ」に巻き込まれたり、理事長の人間関係に依存した「情実融資」の誘惑に負けたり、バブル崩壊後の巨額不良債権に苦しんだり――。一方、大分県は全国でも珍しく、大型リゾート開発などで大きな失敗をした経験がない。それでも、リスクにだけ敏感になった地銀と地域との人間関係を資産と考えて動き続けてきた大分県信組の違いが鮮明になっている。

大分県信組は10年3月期以降、最終黒字を続けているし、経営基盤も同時に強化しているにもかかわらずだ。

自民県連とも地方創生協定

そんな大分県信組と共鳴する先は県内全域に広がる。県はもちろん、18ある県内すべての市町村と連携協定を締結。大学や企業・団体などを含む連携先は21年8月で80に達した。特に珍しいのが20年夏、自民党大分県支部連合会と結んだ「新たな地方創生モデル」の研究に関する協定だ。職員数は500人に満たず、大分銀行の約4分の1の規模。さまざまなタイミングを捉えて果敢に攻められるのも、こうして臆せずに「巻き込んでいく力」があるからだろう。

重要なキーワードが「健康」と「観光」だ。

「健康こそが地方創生の基本だ。県民の健康なくして地域の活性化はあり得ない」と吉野は力説する。実際、県信組は健康寿命延伸を目指す大分県の取り組みに賛同し、「健康寿命日本一おうえん企業」第1号に登録された。特定健診などを受けると特別優遇金利を適用する定期預金を16市町や10組合・団体と順次開発。21年6月末までに延べ５８３億円の契約を得た。

その預金はファンド経由で健診の精度を上げ、受動喫煙防止に役立つ設備投資のための資金として地域で循環させている。こうした取り組みは一般社団法人「環境金融研究機構」（ＲＩＥＦ、東京・千代田）の「サステナブルファイナンス大賞」で18年の「地域金融賞」に選ばれた。

観光では、県北部の国東半島に残る神社仏閣などの資産を生かした交流人口の拡大を目指している。そのために県信組が主導して19年に「宇佐国東半島　観光・地域振興広域連携プロジェクト」を組成。地元の7市町村だけでなく、日本航空や日本旅行、セコム、東京海上日動火災保険、立命館アジア太平洋大学（ＡＰＵ）なども巻き込んだ。コロナ禍で取り組みは足踏み状態になっているが、今後は大分空港の「宇宙港」化とも連動した活性化策を進めることになりそうだ。

最近、これに「脱炭素化」が加わった。九州電力大分支店と21年6月に包括連携協定を締結。温暖化ガス排出量を実質ゼロにする「カーボンニュートラル」の実現に向け、家庭・事業所単位での電化や電気自動車（ＥＶ）の普及を後押しすることにした。併せてＥＳＧ（環境・社会・企業統治）を考慮に入れた投融資を30年に６００億円に増やす目標も掲げた。９年間で約４・４倍に増やす計算だ。「持続可能な大分県をつくるため、新たな『本業』としてカーボンニュートラルにもしっかり取り組む」と語る吉野に迷いはない。

「お客さまの役に立て」

「歩いて、歩いて、歩きまわれ。見て、見て、見まわれ。聞いて、聞いて、聞きまわれ。そして、お客さまの役に立て」。県内唯一の信組である大分県信組の営業基本方針に「吉野イズム」が集約されている。渉外訪問軒数は20年3月期で約76万。目標を4％上回った。

地域との密着度合いは、ほかの数字からも読み取れる。21年3月末の貸出金残高と預金残高を15年3月末と比べると、県信組の伸び率はそれぞれ38％と30％。大分銀行（7％と23％）や豊和銀行（2％と10％）の県内地銀2行より大きい。

帝国データバンク大分支店の調査によると、大分県の20年のメインバンク社数シェアで県信組は19年より0・02ポイント高い7・33％（1155社）だった。大分銀行、豊和銀行、大分みらい信用金庫（大分県別府市）に次ぐ4位ではある。しかし、最近のおカネの動き方を見れば、県民の県信組への支持は確実に高まっていると考えてもあながち間違いではないだろう。

吉野の「地域への思い」は国も動かした。信組には組合員以外への貸し付けを貸出金総額の20％までとする量的な制限がある。地域経済の活性化のための連携協定を信組と結んでいる地方公共団体は20年11月27日以降、この制限の対象から外れた。吉野が全国組織である全国信用組合中央協会（東京・中央）の副会長に就いていた17年秋、業界として要望書を提出したのがきっかけだ。

地域経済が縮小するとき、信組は信金以上に苦境を味わう構造だ。規模が大きくなった会員OBとの取引（通称：卒業生金融）も禁止され、地域外に拡大することへの制約も大きい。今の取引先を深掘りしたくても量的制限が課されている。市町村取引も例外ではない。

「なんとか地域をよみがえらせようと取り組むなかで、我々には実際に行き詰まり感があった」と吉野。全国で他の理事長も同じ思いを抱いていたタイミングだった。当時、金融庁長官を務めていた遠藤俊英が視察に訪れたとき、主要幹部を前に演説もぶった。時間はかかったが、「当事者としての強い思いを適宜適切に要望したことで、当局も理解してくれた」と振り返る。

大分県信組は地域への密着度が増している

	貸出金残高伸び率	預金残高伸び率
大分県信組	38	30
大分銀行	7	23
豊和銀行	2	10

注：2015年3月末と21年3月末の比較。単位％
出所：決算短信などのデータから作成

地域と運命共同体に

「地域への思い」は本業支援でも遺憾なく発揮されている。突然襲ったコロナ感染拡大が「守る力」を立証している。

「汗をかいている中小・零細企業は絶対につぶさない」（吉野）。そんな思いで県信組は20年4月23日に大分県商工会連合会と中小・零細事業者の資金繰り支援に関する覚書を結んだ。大型連休中の20年5月2〜6日には約4割の店舗で関連の相談に対応。コロナ対策の資金繰り支援には21年6月末までの累計で約277億円応じた。

中小企業の事業継続を後押しするマニュアルもこれまでに7000部作った。発症時の対応や有効な消毒方法などを分かりやすくまとめている。これを活用して従業員向けの研修会を開いたり、事業継続計画（BCP）を改定したりする企業もある。大分県には一部寄贈するとともに、電子データも提供。県ホームページに掲載された。

会員制組織だからこそ、「攻めの力」も試される。超高齢化で廃業増加が避けられない現実。廃業を抑えるだけでなく、創業支援なくして地方創生はなし得ない。

大分県の隠れた特徴は工業県であることだ。18年のデータでは製造品出荷額等が福岡県に次ぐ九州2位。宮崎県、鹿児島県の2倍超、熊本県の約1・5倍にのぼる。地の利を生かそうと動いた結果、スタートアップ支援でもキラリと光る事例が出てきた。

機能性液晶フィルムメーカーの九州ナノテック光学（大分県日出町）。大分県信組は04年の設立当初から同社を支援してきた。19年に豊田通商と資本・業務提携し、現在は豊田通商が35％を出資する。九州ナノテックが開発した液晶調光フィルムはトヨタ自動車が20年6月に発売した多目的スポーツ車（SUV）「新型ハリアー」の調光パノラマルーフに採用された。

九州ナノテック本社に隣接する工場はハリアー用フィルムの量産対応に大忙しだ。同社の21年6月期の売上高は15億円と、20年6月期の4・5倍に増えた。フィルム事業の協業契約を結んだ凸版印刷は機械装置を購入してくれた。地銀や政府系金融機関からの融資、ベンチャーキャピタルの出資も節目で仰いできたが、財務担当副社長の桐田守は「大分県信組が事業性を評価し、一貫して支え続けてくれたからこそ当社の今がある」と振り返る。そのうえで「4～5の金融機関と今後も取引していきたいが、あくまでメインは県信組にお願いしたい」と話す。

「地方創生発祥の地」のDNA

大分県は「地方創生発祥の地」とも呼べる土地柄だ。前大分県知事の平松守彦が主導した「一村一品運動」は特産品づくりで地域を活気づける政策。まさに地方創生の先駆けと言える。

県信組の取引先会で、大分中央ブロック会長を務める橋本均は言う。「県信組は地域と共生しようという意識が明確で、県内各地で小さな会社や個人と親身になって取引している。地方創生にも自らが先頭に立って取り組んでおり、非常に頼もしい金融機関だ」

橋本は平松前知事の娘婿でもある。大手合繊メーカーを経て40代後半でUターン。現在は水族館「うみたまご」を運営するマリーンパレス（大分市）の社長で、大分経済同友会副代表幹事も務めている。そんな経営者から見ても、県信組の長所は際立つようだ。

大分県信組は地域経済のエコシステムが銀行を頂点としたヒエラルキーだけでは動かなくなっていることを図らずも体現している。大分県で根付いた新たな生態系は地域金融の近未来を暗示している。

第6章

金融当局の思惑

地域金融行政を担う金融当局者は
今の地域金融機関をどう見ているのだろうか。
平成金融危機、米リーマン・ショック、
そして新型コロナウイルス禍による苦境。
金融当局者が抱く期待、危機感、そして警鐘。
健全性どころか持続可能性を問われてしまった
地域金融機関政策の思惑について、
金融庁と日銀の幹部に話を聞いた。

1　金融庁の期待(銀行第二課長・新発田龍史)

「金太郎あめ」再考を

――地銀は地域創生で果たすべき役割は大きい半面、営利企業でもあります。どこまで責任を負うべきでしょうか。

「一口に地銀といってもまさに『百行百様』であり、それぞれ違う。我々がどこまで期待するかというより、自分たちがどう考えるかがまず先だ。どこまで地域にコミットするのか、どのように地元企業を支えたいのかをよく自問自答してほしい。必ずしも長男(トップバンク)だから当然に県全体の経済に責任を持たなければいけないというわけではない。大事なのは地域を支える意欲だ」

「その上であえて言えば、地銀は地元から逃げられないわけだし、地元で預金を受け入れ、貸し出しに回し、収益を上げているという意味で地元に養ってもらっている。もちろん株主など他のステークホルダーはいるが、やはり地元の支えがあって生かしてもらっているのではないか。お客様は、自分の預金を元手に地元の産業や仲間を助けてほしいという思いがあるから、わざわざ地元の地銀に預金している。そのことの持つ意味をよく考えてほしい」

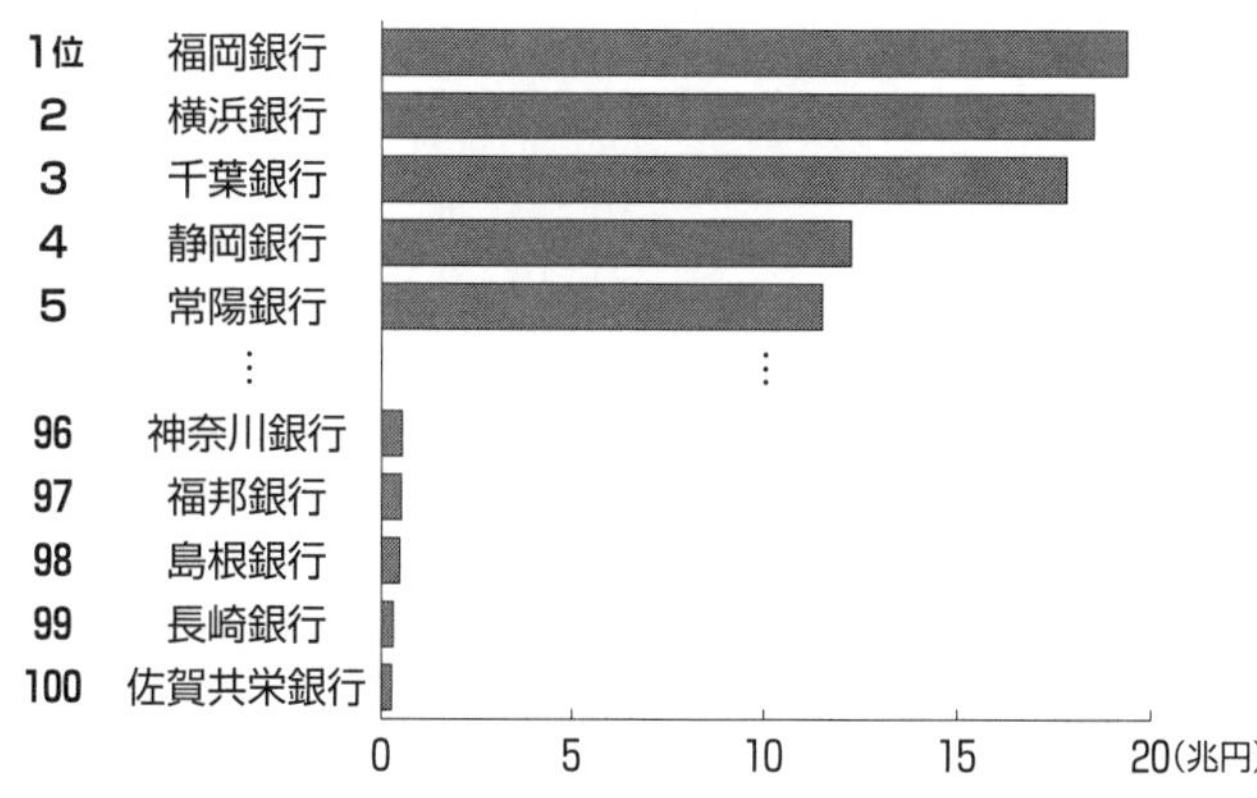

出所：NIKKEI　Financial　RAV　2020年9月末の実績

――2018年の日本経済新聞のインタビューで金融庁の前身、金融監督庁の初代長官、日野正晴氏は「地銀は全国に10行あれば十分だ」と話していました。菅義偉首相（当時）も「地銀は多すぎる」と発言しましたが、都道府県に立脚している現状からすると、地銀だけ減らすのは難しい気もしますが。

「47都道府県の行政区域を前提に今の地方銀行や第二地方銀行がある。ただ、これは人為的なもので進化の当然の帰結ではない。営業基盤をどう考えるか、競争領域と協調領域をどう考えるかに行き当たる。『10行でいい』という意見が出てくるのは、地銀が100行ある中で、皆が同じ格好をしているからではないのか。金太郎あめのようにフルラインアップでサービスを取りそろえるモデルは再考してもよいのではないか」

「すでにシステムには共同化の実績があり集約が可能な分野だろう。現金輸送や公金事務は銀行、信用金庫、信用組合などが相乗りできる分野だ。顧客に向き合っていない部分は競争領域ではない。市場運用も集約すれば規模の利益が働く分野だ」

――協調領域でもっと連携できる余地はあると。

「地域経済が縮小し、人口とくに若者が減っている。地銀自身も、地元の若者が減っていく中で従来のような重厚な店舗を維持しようとすれば窓口の人員を確保することも難しくなってくるだろう。お客様へのサービスレベルを維持するためには業態を越えて共通の現金取扱窓口をつくることだって考えられるのではないか」

「他方で、地元の経済や企業を最も知っているのは地域金融機関だ。その良さを生かすためには、顧客との接点をできる限り維持する必要がある。例えばRM（リレーションシップ・マネジャー）的な担当者が現場で直接、顧客と話しつつ、経営改善や事業承継等の専門的支援はタブレットを使ってリモートでアドバイスできれば、広い営業地域でも質の高いサービスを提供できるようになる。地銀こそデジタルとアナログの組み合わせによるメリットを享受できる余地が大きい」

バックヤード統合　なぜやらない

――必ずしも経営統合や合併に踏み込まなくても部分的な協業（パーシャル連合）の意義を再評価すべきだということですね。

「『再編＝経営統合・合併』ではない。再編には色々な手法がある。合併や持ち株会社をつくって経営部門を統合し子銀行がぶら下がるのが従来型の再編だったが、金融機関が出資して事務やシステムの共通プラットフォームをつくる動きも出てきた。再編をもう少し幅をもって相対的に捉えた方がいい」

「再編は銀行が変革していくことだ。生き残るためにどう姿を変えていくのか。『脱銀行』や『非金融』のように新たな姿に変態していくこともあるだろうし、これまでのような合併もあるだろう。経営ではなく、バックヤードを統合する選択肢もある。公金や指定金融機関の業務も個性を競う領域ではない。銀行の帳票やATMの封筒などは正直、違う必要はない」

「どこで競争するのか。『他行も持っているから自分たちも』ではなく、いかに顧客に付加価値を創出できるかしか競うべきところはない。その結果、銀行の機能が組み替えられて、これまでとは異なる組み合わせの組織体に変容することもあるだろう。例えば銀行が持ち株会社を設立し、資金移動業者やコンサルティング会社、地域商社、IT子会社をぶら下げて、銀行を小さくしたっていい。その一方で、市場運用は外部の専門家に任せ、システムは共同化するといったやり方もある。機能別の統合も立派な再編だ」

――だいぶ景色が変わりますね。

「顧客が求めているのはアウトカム（結果）だ。『再編しました』と言ったところで、結果なにも変わらなければ意味はない。どこに向かうかは各地域の事情もあるし、我々から指し示すようなものではないが、超低金利環境や異業種からの参入、人口減少を考えれば、少なくとも今のまま変わらないという選択肢はとりえないのではないか」

「なんでも自前でやるのではなく手放すのも戦略だ。単独でやらずに他の方と一緒にやる、あるいは、もっと得意な方に任せて、本当に得意な業務に集中する。自前の方が管理しやすいから経営は自前を選びがちだが、地元のためという目的や使命がはっきりしていれば自前でなくても問題ない。単に隣の銀行と張り合いたい、大きくなりたいだけで『なんのために』がないと、銀行のモノカルチャーに染められた息苦しい銀行グループが一つできるだけになる」

地銀再編、誘導している?

――金融庁は矢継ぎ早に再編しやすい環境整備をしてきました。選択肢の一つというより、そちらに誘導しているようにも見えますが。

「再編に誘導するのとは違う。あくまで選択したら後押しするというスタンスだ。独占禁止法の例外規定もハードルを低くするという面はあるが、あめ玉ではない。本来は、自分たちにあった道を選んでほしいが、実際に合併しようとするとシステム統合の負担など様々なハードルがある。誘導というより、選んだ場合のデメリットや障害を低くするということだ」

――「再編は選択肢」というスタンスが地銀の判断を遅らせていませんか。

「逆に再編を強制しても、自分で腹落ちしていなければ行動は変わらない。うまくいかなければ、誰かのせいにするだけだ。とにかく、思考停止せずに、生き残るすべを必死に考え抜きアクションを起こし続けてほしい。京都の退蔵院の松山大耕さんが『不動心』という言葉を紹介している。嵐山の渡月橋のところに船を浮かべて『動くな』というのは2通りの意味がある。一つには何もするなと解して何もしないでいると流されてしまう。もう一つは、その位置から動くなと解釈すれば、上流に向かって必死にこぎ続けるしかない」

「外的な環境は急速に変わっており、自ら変わらないと同じ場所にもいられない。単独でもいいが、地域の企業も減っていくし、銀行員の担い手も減る。少ない人数で運営していかないといけない。考えて考えて考えた先に合併や経営統合もあるだろうし機能統合や業務提携もあるだろう。重要なのは、その後のPMI（ポスト・マージャー・インテグレーション）までやり遂げ、お客様との関係で成果を出すことだ」

「地銀の経営者はスピード感のある判断をしている方が多い。新しいことにチャレンジしたいとご相談を受けたときに我々の検討が遅れればそれ自体が経営リスクになる。すでに地域商社や銀行業高度化等会社の認可申請がきたら、すぐ財務局と情報共有し、ウェブ会議でいっぺんに銀行と話ができるようにしている。金融庁自身も今のままでいいとは思っていない。スピード感にあった監督、モニタリングをしていかないと、我々がボトルネックになってしまうという危機感は強く持っている」

新発田　龍史（しばた・たつふみ）

1993（平成5）年4月旧大蔵省入省。2011年8月金融庁総務企画局政策課総括企画官、12年7月国際協力銀行ロンドン上席駐在員、15年7月財務省主税局税制第一課主税企画官、16年8月同第二課主税企画官、17年7月金融庁総務企画局組織戦略監理

官、19年7月金融庁監督局銀行第一課長、20年7月から現職。金融システムの安定や利用者保護にとどまらず、国益や国民厚生の増大を金融行政の究極の目標に掲げた森信親長官（当時）のもと、組織戦略監理官として「金融庁の改革について」をまとめあげた。

――再編の形は問わないが、考え抜いているかみますよ、ということですね。

「これまでの金融庁は地銀に一つのはっきりとしたメッセージを出すことで浸透させる手法を取ってきたように思う。ただし地銀は１００行あり、それぞれ個性も違う。一つのメッセージではピンとこない。人口減少下での持続可能性と言われても規模の大きな地銀にとってはどうしても他人事になる。『考え抜いてほしい』と言ったときに、１００ある個性を尊重し、1行1行と対話するためのリソースを割かないといけない。ただし、やり方が個別学習指導的になるだけで、それぞれに目指す高みに向かっているか、現在地の認識がずれていないかという対話のポイントは変わらない」

――話は変わりますがコロナ禍での融資について。銀行に対して企業の資金繰りを全力で支えるよう求めていますが、不良債権化するリスクは相応に高いです。銀行の健全性と金融仲介機能の

発揮のバランスはどうお考えですか。

「事業者はいまだに出血が続いている状況だ。今、大事なのは輸血をして止血することだ。出血が止まらない人を今すぐ『手術をしろ』とはならない。どう考えてもコロナ支援が最優先課題だ。金融システムの安定と金融仲介機能は車の両輪でバランスを取らないといけない。過去は不良債権問題への対応で健全性の確保に大きく振れたこともあったが、今の金融庁はそれよりも上位に、国民の厚生の増大や企業の持続的な成長という大きな目的を認識している」

「金融システムの安定と金融仲介機能の関係は、ゼロサムやトレードオフというより、2つの中心がある楕円のようなものだ。一見相反するように見えるが、金融システムの安定はミクロでみればリスク管理の問題だ。リスク管理は言い換えれば、どれだけ顧客や事業を理解しているかであり、金融仲介とトレードオフではない。企業の強み、弱みをしっかり理解してはじめて支えられる」

「脱銀行」は避けられない

――コロナ融資に汗をかくことと健全性の維持は両立できるということですね。

「事業性を理解する中で企業の付加価値を高める提案をするのが銀行の力の見せどころだ。販路の開拓や新商品開発のパートナー探しなど支援方法はたくさんある。『サザエさん』の三河屋さんがひとつのモデルだろう。自分が売りたいからといってビールを押しつけても意味がない。ご用聞きに行って、雑談をして、週末の献立や来客に振る舞う料理に困っていると聞けば、商店街のイタリアンのケータリングを薦められるかもしれない。ビールは売れなくてもワインが売れるかもしれない」

「規制業種という枠の中で縮こまっているのは金融庁の姿勢にも問題があったのかもしれないが、まだまだ銀行にはできることがある。預貸中心のビジネスモデルが成り立たなくなってきたとき、エクイティの出し手として顧客の事業の中身に深く入り込むことができれば、顧客の付加価値をより高めることができるかもしれない。地域版のＰＥ（プライベート・エクイティ）ファンドや総合商社のような役割だ」

――規制緩和で銀行は変わりますか。

「現在の銀行法制の基本は80～90年代のピークを迎えた銀行の姿をベースにできている。20年を経て、企業も資金余剰主体になった。無借金の大企業は90年の15％から２０１７年には37％まで増えた。メインバンク制度に代表される銀行のデットガバナンスに代わり、株主重視の経営が定着しつつある。そうした変化の中で、銀行に期待される役割も変わっているが、今は当時の規制体系でできることを最大限やっているという状況ではないか。行政にとっても『金融と非金融の融合』が進む中で『脱銀行』は避けられない次の課題だと思う」

「お金に希少価値があり、産業を大きく育てていくためにいかに資金を効率的に振り向けるかが重要だった頃は、信用創造するための銀行モデルが合理的だった。だからこそ他業を禁止し、信用創造に専念させるための規制をかけてきた。経済成長が生み出す需要にひたすら応えるためにマネーを創出する仕組みとして銀行システムがあったが、マネーが潤沢になり、成長がかつてと

地銀が銀行外業務に参入しやすく（2021年の銀行法改正の概要）

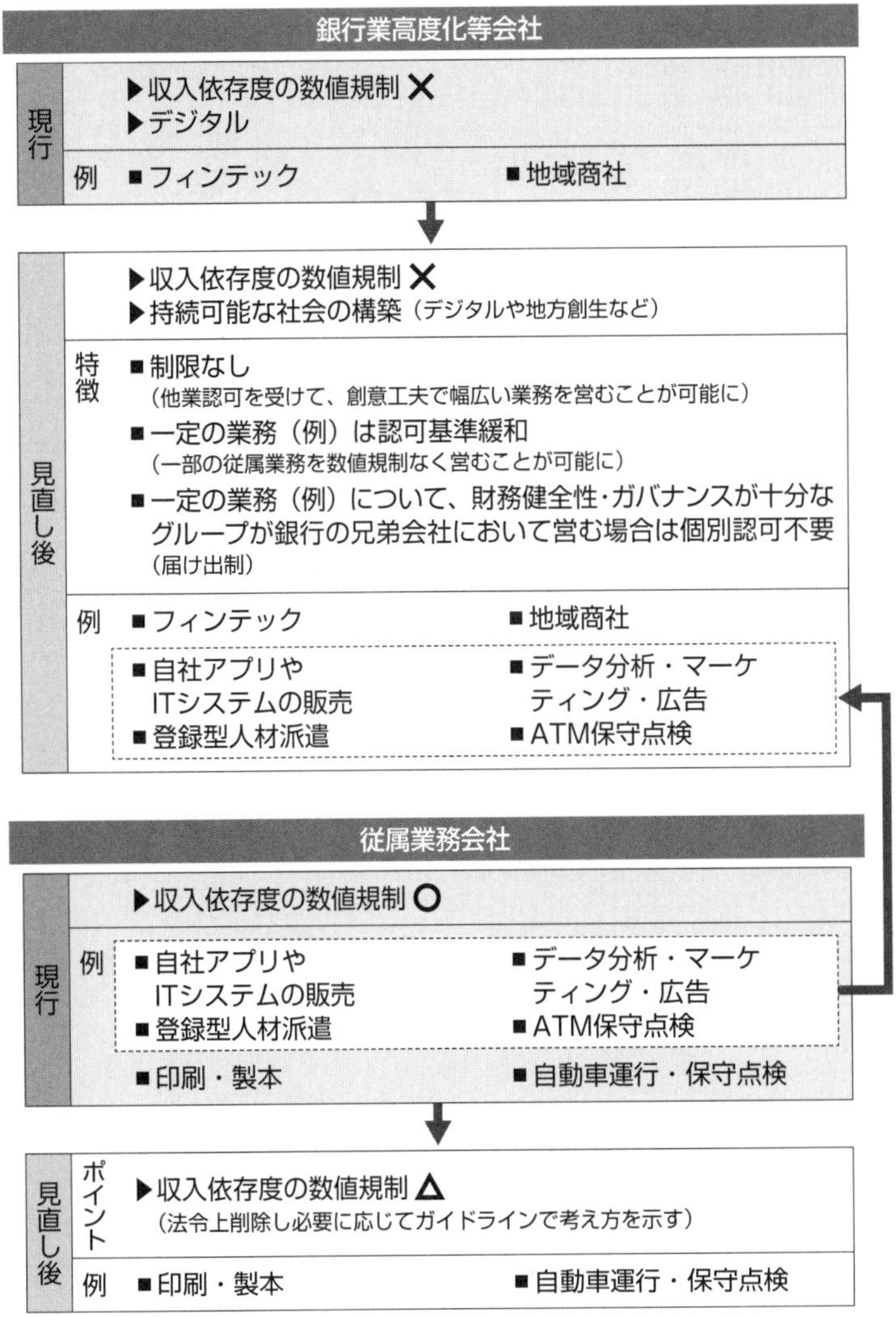

銀行業高度化等会社

現行
- ▶収入依存度の数値規制 ✕
- ▶デジタル

例
- ■フィンテック
- ■地域商社

↓

見直し後
- ▶収入依存度の数値規制 ✕
- ▶持続可能な社会の構築（デジタルや地方創生など）

特徴
- ■制限なし
  （他業認可を受けて、創意工夫で幅広い業務を営むことが可能に）
- ■一定の業務（例）は認可基準緩和
  （一部の従属業務を数値規制なく営むことが可能に）
- ■一定の業務（例）について、財務健全性・ガバナンスが十分なグループが銀行の兄弟会社において営む場合は個別認可不要
  （届け出制）

例
- ■フィンテック
- ■地域商社
- ■自社アプリやITシステムの販売
- ■データ分析・マーケティング・広告
- ■登録型人材派遣
- ■ATM保守点検

従属業務会社

現行
- ▶収入依存度の数値規制 〇

例
- ■自社アプリやITシステムの販売
- ■データ分析・マーケティング・広告
- ■登録型人材派遣
- ■ATM保守点検
- ■印刷・製本
- ■自動車運行・保守点検

↓

見直し後

ポイント
- ▶収入依存度の数値規制 △
  （法令上削除し必要に応じてガイドラインで考え方を示す）

例
- ■印刷・製本
- ■自動車運行・保守点検

注：持ち株会社を持たない地銀は銀行傘下の子会社同様に規制緩和

異なるフェーズにあるのならば、経済に銀行の果たす役割も改めて見つめ直す必要があるのではないか」

「例えばコロナ禍で窮状に陥った飲食店から在庫のお酒を買い取って処分してあげれば借金は増えずに資金繰りを支援できる。商社ならできるが、銀行がやろうとすると急に『物販業』になる。これは非対称的だ。もちろん銀行は預金者から預かったお金を元手にビジネスを行うのであり、その預金は元本保護という特別な仕組みで守られているわけだから何をやってもいいというわけではないが、お金の融通やリスクの移転が金融の本来の機能だとすると、商品を一時的に引き取って誰かに売って飲食店にお金をつけてあげるというサービスがあってもいい」

「シェアリングエコノミーが進展すれば、事業経営も『持たない』ことが当たり前になる。そうなれば、金融もモノの購買のためにファイナンスをつけるのではなく、モノの利用、すなわちリースに力を入れていくのが当然の成り行きだ。こうした金融サービスは、高齢者に外貨建ての保険や投資信託をしこたま売るよりも、よほど顧客本位にかなっているのではないか。銀行という『ハコ』にこだわらなければ、金融サービス業として生き残る道はまだまだあると思う」

――信用創造の担い手としての機能が相対的に下がれば銀行の姿は変わりますね。

「今の法体系が想定している銀行は成長追求モデルのままになっている。もう少し『無理しなくてもいいよ』となれば、リスクの取り方も変わる。地元以外で顔の見えない先に融資をしたり、海外の有価証券で運用したりするのは成長を追求し続けるからだが、いずれ利幅は薄くなるし、それが生き残っていくすべになるとは思わない。銀行をもっと普通の一金融サービス業と捉えた方がいい」

――金融機能強化法の注入先をみると、返済可能性が低いように思える地域金融機関もあります。たとえば、地銀の非上場化のためのＭＢＯ（経営陣が参加する買収）資金を公的資金で手当てするといった使い道は選択肢にならないでしょうか。

「公的資金は経営強化のために使われる必要がある。株式の買い取りにより他の株主を肩代わりしても資本基盤は強化されないのではないか。公的資金は利益を上げ、剰余金をためて返済してもらう立て付けだが、返済時に誰かが新たな株主になる例もある。地元の企業が銀行の株主になり、同じ船に乗って末永くお付き合いしますという関係があってもいい。『他の銀行は見捨てたけど、あの銀行は自分たちが苦しいときに助けてくれた』ということがあれば、今度は自分たちが支える番だというのはあり得るのではないか。技術的に非上場化をうんぬんするというより、自分が株主になってもいいというファンやサポーターとの良好な信頼関係を築けるかどうかが重要ではないか」

2 日銀の警鐘（理事・衛藤公洋）

「3年で集中改革」、ギアチェンジを

――日銀は21年3月1日、地方銀行・第二地方銀行の構造改革を支援する新たな制度を始めました。大幅な経費削減もしくは再編を選択すれば、日銀に預ける当座預金に年0・1％の上乗せ金利を付けます。問題意識を教えてください。

「地域金融機関の収益低下に、ここで歯止めをかける必要がある。人口減少と低金利の長期化を背景に、コア業務純益は05年から15年間にわたり低下を続けている。現時点で地域金融機関の経営は健全で経済を支える資金供給をしっかりしているが、近年は自己資本比率が下がり始めている」

「仮にこの状況が長く続いたり、大きなストレスがかかったりすると地域を支える力が十全ではなくなる可能性もありうる。日本の貸出全体の6割を占める地域金融機関の安定と機能を確保していくことは、金融システム全体の安定のためにも必要だ」

「コロナ禍も制度の必要性を高めた。経済へのダメージやポストコロナの経済・社会の変化の大きさを考えると、地域の経済や企業の再生は金融機関にとって時間と体力を要する仕事になる。

その役割を一貫して担い続けていくためにも、自らの経営改革を進め、しっかりした経営・収益基盤を築いてもらいたい」

――新制度は3年間の時限措置になります。具体的にどのような効果を狙っていますか。

「地域金融機関には改革のギアを一段、上げてもらいたい。その際、3年でできることを過去の延長線上では考えないでほしい。デジタルなど多くの技術が利用可能になるだろうし、今般の業務・出資規制の緩和により新たな業務領域が広がる」

地域金融機関向け支援制度のポイント

- 経営基盤の強化に取り組んだ金融機関に対し、日銀に預ける当座預金口座に年0.1%の金利上乗せ
- 地方銀行、信用金庫が対象。日銀と取引がない信用組合や労働金庫、農・漁業協同組合は系統中央機関を通じて利用可能
- 21年３月１日から制度開始。22年度まで３年間の時限措置

制度利用の条件は経費削減や経営統合

- 経費削減では連結決算ベースのOHR改善率を19年度から22年度までに４%以上にすること
- 合併や他行の連結子会社化は23年３月末までに株主総会で決議すること

注：OHR改善率は20、21年度の目標もある。別途、経費単体の削減条件も

「最近の金融機関の取り組みを見ていて、新しい可能性を感じている。例えば、ライバル行同士でも事務の共同化やATMの相互利用を進めている。多様な異業種とのアライアンス（提携）も出てきている。今後3年間で、こうした取り組みの広がりや深みは増すだろう」

――制度を利用するには、経営統合あるいはOHR（経費率）の改善などが条件になります。

「経営統合は大きな判断になる。上乗せ金利を得るためだけにするものではな

い。ただ、経営体力や地域貢献力を高めるため、その選択が最善だと判断する金融機関も出てくるだろう。その判断をサポートできるよう、経営統合する場合にはOHRの要件を外した。効果より費用の計上が先行するので、3年という時限のなかでOHRを改善させるのは難しいためだ」

上乗せ金利は「経営基盤強化」に

――金融機関が受け取る上乗せ金利はどのような活用が望ましいと思いますか。

「金融機関に主体的に判断してもらう。お金に色はつかないが、OHRを改善させるという要件があるので結果として、制度上、経費から控除する扱いになっている前向きな投資、コア業務純益の下の段階に計上される様々な構造改革に要する費用（編集注：損益計算書で言うと、不良債権処理や株式等関係損失など臨時費用、固定資産の減損など特別費用のこと）、資本の蓄積。こういったものに使われていくと思う。いずれも経営基盤の強化に資するものだ」

――条件の一つである経費率の改善率は「22年度までに4％以上」と定めました。地銀の経費率は上昇傾向が続いており、改善の必要性が増す一方で実現のハードルも高まります。

「『ハードルが結構高い』という意見はいただいている。ただ、この基準は、地域金融機関が持続的に地域を支えていくためには、このくらいのペースでやっていく必要があるという考え方で設定したものだ。過去の平均に照らせば、約1割の金融機関しか実現していない。高めのハードルになっているが、制度を契機に、どうやれば達成できるのか、ぜひ考えてほしい」

OHRが高止まりする地銀も

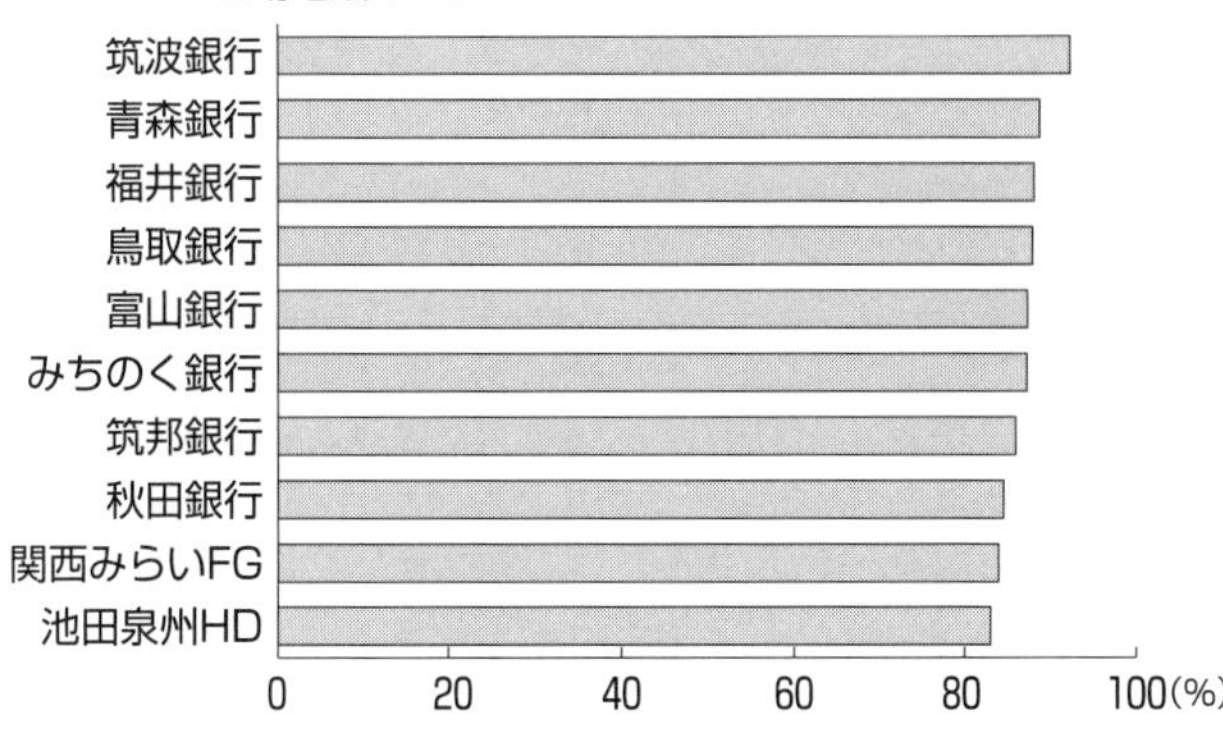

注：20年4～12月期。原則、第一地銀

――上乗せ金利だけでなく、そもそも経費削減による改善効果も大きいのでは。

「金融機関によると思うが、上乗せ金利の効果は平均でコア業務純益の3％程度になる。要件のOHRの改善と両方を合わせれば、ざっくりしたイメージではおそらくコア業務純益が1割強改善する計算だ」

――実際に制度の利用はどのくらい広がると見ていますか。

「金融機関からは『経営計画を見直して前向きに活用を検討したい』という声が思ったより多く聞こえている。我々としても心強い。コロナ禍が危機感を高めたということもあると思う」

「これまで効率化を進めてきた金融機関ほど難度が高くて不利になるという意見も聞かれるが、人口減少などで経営環境の厳しさが3年で終わるわけではない。先行して経営改革を進めてきた金融機関も、今のまま立ち止まって良いとは考えていないと思う」

「さらに収益性や経営効率を高めていくために、制度は『これから起こす行動』をサポートするものだと理解してほしい。『3年のさらに先』を見据えて、経営基盤を改善していく発射台にしてほしい。どのくらいの金融機関が利用するかは今の段階では何とも言えないが、前向きに考えているところが多いのは事実だ」

「ストレステスト」に透ける3年の意味

――日銀がマイナス金利政策を導入してから5年。金融緩和が長引くなか、銀行経営の健全性の観点から影響をどう振り返りますか。

「地域金融機関は全体として健全性を維持しているが、人口減少や低金利長期化のもと収益力の低下が続いており、自己資本比率も低下しつつある。この5年間について言えば、この傾向に著しい加速もなかったが、歯止めもかからなかった」

「どの程度がマイナス金利政策などの金融緩和の影響か、くくり出すことは難しいので、あくまでも『この5年間で起きたこと』としてお話しする。1つは資金利ざやがさらに縮小した。ただし、マイナス金利政策やイールドカーブ・コントロール（長短金利操作）以前から続いており、人口減少などの構造要因も作用している点には留意が必要だ。2つ目は、利ざや縮小の下で地域金融機関のリスク拡大が続いた。貸し出しでは信用力の低い企業向けの比重が高まっている」

「3つ目として、金融機関収益にプラスの影響もあった。地方を含め緩やかな景気拡大が続いてきたため、前向きな資金需要を喚起した部分もあるだろう。与信費用の減少や有価証券の運用益といったものがプラスに働いて、利ざや縮小の影響を緩和している」

衛藤　公洋（えとう・きみひろ）

1985年（昭和60年）東大教養卒、日銀へ。高知支店長や金融機構局長を経て、2016年に名古屋支店長。17年から理事になり、18年まで大阪支店長を兼務。90年代半ばに投資銀行への出向経験も。趣味の「飲み歩き」はコロナ禍で自粛中。家族は妻と大学生の娘。21年3月、任期満了で退任。

――金利低下を通じて銀行収益は圧迫されます。

「この5年の変化は、それ以前からの傾向と『質』は違わない。ただ、金融機関の財務上の負担が高まったというのも事実だと思う。一段とリスクを取っているなかで利ざや、収益の減少が続いており、金融機関にとって厳しい環境だと我々も理解している。だからこそ、今回の制度が状況を変えるきっかけになることを期待している」

――自己資本比率の低下が著しい地銀も目立ち始めています。今後、コロナ禍からの回復に向け

て経営体力の低下が融資に悪影響を及ぼすリスクをどう考えていますか。

「自己資本比率が下がり始めたのは近年の大きな変化だが、まだ信用不安を招くようなレベルではなく平均的にみて8％を十分に超えている。ただ、ストレステスト（健全性審査）によると、仮に景気が長期にわたり停滞し、そのことを受けて金融市場も大きく調整するような厳しいストレス事象が発生する場合には、国内基準行の平均的にみた自己資本比率は7％をやや上回る水準まで低下する」

「また、ストレスがないとしても、低下トレンドは続いている。こうしたトレンドを変える必要がある時期に入ってきており、制度で3年間という集中期間を設けたことにはそれなりの意味がある」

――足元のコロナ禍で、与信費用が膨らむ可能性は高まります。銀行経営に与えるインパクトは。

「まだまだ不確実性は大きいが、これからの取り組みによって、プラスとマイナスの両方向で違いが出てくるのではないか。当面は、コロナ禍の経済下押しに伴う負の影響が金融機関経営にとっても大きい。貸し出しは増加しているが利ざやの縮小は続いており、対面サービスの制約で金融商品販売などの手数料も減っている。企業の信用力が低下し、一部は引き当て・償却につながると思う。負の影響は先に出る」

「今後は、実際に再生を図っていく局面に移っていく。ポストコロナの経済社会の大きな変化に伴って、産業構造や担い手が代わっていくだろう。デジタル化の加速やＳＤＧｓ（持続可能な開発目標）への要請も強まる。資金繰りの支援も引き続き大事だが、ビジネスマッチングや事業承継、経営効率化など構造変化のなかで企業をどう立て直していくかという本業支援ならびに金融支援に移っていく」

「その支援の力によって企業の将来性が変わってくる。それができなければ地域経済や企業の停滞が続き、信用コストが顕在化して負の影響が長引く。今はそういう変動期に入っている。この制度を使って地域経済を持続的に支えていく基盤をつくってほしい」

ポストコロナは「変動期」

――地銀などの経営体力が弱まれば、金融支援が難しくなる恐れも危惧されます。

「今後の焦点だ。地域を支えるのは、地域金融機関にとって非常に体力と時間を使う仕事。ある程度、信用コストが伴う場合もある。目先、不良債権が急激に出てくるというよりは、経済が変わっていく過程で徐々に出てくるだろう。信用コストは、かなり低かった過去に比べて高くなると考えておいた方がいい。そのための体力が肝になる。今から経営基盤を強化していくことが大事だ」

――将来、支援制度が延長される可能性はありますか。

「制度の延長はないと思っている。この3年という期間は非常に大事で、期間内に経営の強化をしっかり進めてほしい」

――菅義偉政権が発足してから、地銀の再編機運が高まりました。政府の問題意識と日銀の新制度導入はどのような関係にありますか。

「制度をつくった問題意識や背景について、政府と日銀の認識は共有されていると思う。その下で、日銀は日銀としてできることをやった。政府は『資金交付制度』や業務範囲規制の見直し、独禁法の特例法など、地域金融全体を強くするための施策を打っている。政府が行動を取っているところに日銀としても足並みがそろったのは効果を上げていく上でも良いことだ」

――低金利環境が長引く一方、金融機関の有価証券運用でリスクが膨らむ懸念は。

「貸し出しの増加以上に預金が伸びるという状況が長らく続いており、運用が金融機関の本業に近いものになってきている。有価証券でリスクを取っていくという大きな流れにあり、それは必要なことだと思う。ある程度、株式のリスクもポートフォリオの中で持つこと自体は悪くない。その上でやるべきことは、自分が持っている資本の中でどういうリスクをどこまで取れるのか。総合的なリスク管理の中で判断することが大事だ」

――金融市場でも気候変動が大きなテーマになりつつあります。国内金融機関にどのような対処が求められますか。

「気候変動は金融機関にとってリスクの源泉だ。自然災害で生じる『物理的リスク』もあるし、産業構造が変わっていくことに伴う『移行リスク』もある。中央銀行や監督当局の間でも議論になってきており、日銀もそういう流れの中でリスクが適切に管理されているか金融機関に確認していくようになるだろう」

「一方、グリーンファイナンスやトランジションファイナンス（エネルギー消費型企業が低炭素のビジネスモデルへ転換する金融サポート）は金融機関にとって好機にもなる。金融機関も経営として体制を整えていく必要がある。金融機関が気候変動について、どういった戦略を立てているのか、日銀の考査やモニタリングなどでしっかり見ていくことになるだろう」

あとがき

「株主ガバナンス時代の到来」

2021年9月30日、金融庁の地域金融企画室長を務めた日下智晴氏が約6年の任期を終え、金融庁を定年退職した。日下氏は過去20年近く地銀を縛ってきた「金融検査マニュアル」に引導を渡した人物だ。

「違います。そもそもの元凶は金融庁です。そのことをぜひご理解ください」。今から11年前の2010年9月、金融庁参事官だった遠藤俊英氏（後の長官）は強烈な印象を受けていた。初対面だった広島銀行の融資企画部長の日下氏からこう切り出されたからだ。

亀井静香金融担当相（当時）が主導してつくった中小企業金融円滑化法、通称、返済猶予法の評価を探る非公式のヒアリング。銀行は返済期限を猶予すると延滞債権として不良債権に分類していた。新ルールは全く真逆のアンチテーゼのようなもので、金融庁にも融資の規律を崩しかねないモラルハザードと映っていた。

日下氏が率いていた融資企画部はその対応にあたる専門部署。モラルハザードを防ぐ現場の知恵を期待していた遠藤氏の期待は裏切られる。「亀井さんは円滑化法で止血した。金融庁の検査マニュアルが地銀融資を腐らせた」。答えは真逆どころか、批判の矛先がそもそもの金融庁行政のバイブルに向かう。

それから5年後の2015年秋。日下氏は金融庁に移籍した。評判を聞いた金融庁がスカウトした人事だった。箸の上げ下ろしになっていた検査マニュアルは日下氏が金融庁在籍中の2019年12月、廃止された。地銀経営の根幹を成す融資の世界に自由が戻った瞬間だった。ポスト検査マニュアル時代の政策の軸は何か。一言で言えば、原点回帰だ。原点とは何か。それは銀行法の世界だ。銀行経営の羅針盤であるこの法律の向いている目線は「金融自由化」にある。

NIKKEI Financial が2021年9月22日に公開したセミナーで、三菱UFJフィナンシャル・グループ元副社長の田中正明氏が注目すべき証言をしている。銀行法を改正する際の全国銀行協会連合会（当時の名称）会長だったのは三菱銀行。当時のいきさつを伝承した田中氏が紹介したのが、「銀行法」のジレンマだった。

「第1項で公共性を宣言するとともに、第2項で銀行の自主的な努力を尊重するよう配慮することを定めた。つまり、銀行の公共性と私企業性の調和を図った」と解説した上で、「『金融は産業の黒子』という考え方を取っていない。最近の銀行は『私企業としての責務』を忘れてやしないか」と注意喚起した。

高度成長期にできあがった護送船団行政をバブル期まで引きずったものの、水面下では自由競争行政を進める下地はできあがっていた。

後世振り返ると、平成金融危機は右肩上がりの経済から右肩下がりの経済へ転換する端境期における調整の失敗と位置づけられるだろう。それを担ってきた監督官庁もその間、大蔵省から金融庁へ交代した。金融行政は自由競争型に転換できるか試されている。

2008年に日本の人口が減少に転じてから10年以上経過した。早め早めの対応に動かなければ、すでに衰退が始まった過疎地域は経済を維持するのが難しくなってきた。任期1年で首相の座を降りた菅義偉氏が就任当初、「地方の銀行について、将来的には数が多すぎるのではないか」と発言したのは、経済を守るため、地域の心臓部である地銀が倒れないように手当てしておく狙いだった。地域によっては救済するような政策を打たなければ、経済を維持できない不都合な時代が到来している。

一方で中小企業の廃業対策や地元住民の生活インフラ維持、新たな産業を興す地方創生など地方における社会課題は途方もない量に膨れ上がっている。地銀に対する期待も膨れ上がり、それに応えない地銀は「レイジーバンク」と批判を受ける。構造不況業種と言われてしまう究極のジレンマに陥っている。

そんな袋小路から抜けだそうという試行錯誤は起きていないのか。私企業としても持続可能なビジネスモデルを作り直しできないのだろうか。そう感じていたところに試金石となりそうな動きが目の前で起きた。

SBIホールディングスによる新生銀行へのTOB（株式公開買い付け）だ。この動きは地銀経営にとって、新たな時代が到来したことを告げる号砲になる可能性がある。10月15日時点で新生銀行が買収防衛策を講じ、買収阻止へ動いており、雌雄は決していないが、「銀行にTOBをかけた事実」は刻まれた。多くの銀行経営者は銀行法を金融行政が業界を守るシールド（盾）と期待していたが、「金融庁が容認した事実」はその期待を裏切ったに違いない。

大事なポイントは「成長戦略」を提示したことだ。「体力低下」と「社会課題の膨張」を一挙に解決するのは難しいと誰しも感じていたところに投げた石はポジティブサプライズを与えている。銀行の枠を越えた世界へ非連続の改革を進めるには、発想の限界が訪れつつある。

SBIによる新生銀行へのTOBは地銀のステークホルダー（①株主②顧客③従業員④金融庁）を巡るパワーバランスが変わる時代の移り目を浮き彫りにした。「株主ガバナンスの時代が到来するのか」。検査マニュアルに引導を渡した日下氏にこの点を聞いてみた。

従来は金融庁が最上位にいる「④＞②＞③＝①」で、株主は従業員と同じく代替可能なものと位置づけられてきた。日下氏はこれが近い将来、「②＝①＞③＞④」に転換すると予測していた。つまり、株主は顧客同様に重要なポジションを得ることになるだろう、と。「正確には『株主の意思を反映したガバナンス』だ」と答えが返ってきた。

金融庁はこれから訪れる新常態にどう向き合うのだろうか。ポスト検査マニュアル時代の政策を占うメッセージを置き土産に、日下氏は金融庁を去った。

本書はピンチをチャンスに変えようともがいている地銀をピックアップしている。銀行という免許にあぐらをかいているだけで経営が成り立つ時代は終わった。日銀によるマイナス金利政策による逆境、デジタル化の奔流、新型コロナウイルス禍の危機。越えるのにすくむぐらい高いハードルである。それでも早め早めの対応に乗り出した地銀は応援したくなる。

当然のこと、対応に乗り出さなければ、地元に迷惑をかけないよう「再編」を選んだり、場合によっては「廃業」を決断せざるを得なくなる。地銀の数が100行も存在する意義を問われているのは間違いない。

NIKKEI Financialは2021年10月、創刊1周年を迎えた。本書は「リージョナルバンカー」「リアル地域金融」で公開した記事を加筆修正し、書き下ろし記事も収録した。全国の本支社・支局には日々金融取材に携わっている支局長、記者が大勢いる。彼ら彼女らに日々迫っている情報をあますところなく執筆してもらった。「等身大の地銀」に迫る唯一の書として、価値を感じていただけたら望外の幸せだ。

2021年10月

NIKKEI Financial 編集部　玉木　淳

REGIONAL BANKERS

巻末資料

地銀ランキング

年表

下位	1	2	3	4	5
総資産	佐賀共栄銀行	長崎銀行	福邦銀行	島根銀行	神奈川銀行
	2783億円	3157	4853	5269	5450
貸出金	佐賀共栄銀行	長崎銀行	島根銀行	福邦銀行	富山銀行
	1961億円	2631	3104	3132	3639
預金	長崎銀行	佐賀共栄銀行	福邦銀行	島根銀行	神奈川銀行
	2461億円	2463	4368	4716	4800
純利益	東日本	東邦銀行	きらやか銀行	福島銀行	東京スター銀行
	▲97億円	▲55	▲49	▲17	▲８
コア業務純益	長崎銀行	島根銀行	宮崎太陽銀行	福岡中央銀行	富山銀行
	２億円	９	10	11	11
中小企業等向け貸出額	長崎銀行	富山銀行	神奈川銀行	豊和銀行	福岡中央銀行
	2188億円	2505	3596	3664	3954
時価総額（21年６月30日終値）	島根銀行	福島銀行	福岡中央銀行	豊和銀行	南日本銀行
	57億円	65	69	72	77

〈地銀ランキング〉

上位	1	2	3	4	5
総資産	福岡銀行	横浜銀行	千葉銀行	静岡銀行	常陽銀行
	19.36兆円	19.33	17.79	14.04	14.03
貸出金	横浜銀行	福岡銀行	千葉銀行	静岡銀行	西日本シティ
	12.13兆円	11.28	11.2	9.32	8.31
預金	横浜銀行	千葉銀行	福岡銀行	静岡銀行	北洋銀行
	16.24兆円	14.1	12.42	11.15	9.9
純利益	福岡銀行	千葉銀行	静岡銀行	横浜銀行	常陽銀行
	495億円	456	354	304	245
コア業務純益	横浜銀行	千葉銀行	福岡銀行	静岡銀行	常陽銀行
	710億円	703	650	492	446
中小企業等向け貸出額	横浜銀行	千葉銀行	福岡銀行	静岡銀行	関西みらい
	9.87兆円	9.09	7.25	7.17	6.26
時価総額（21年6月30日終値）	千葉銀行	静岡銀行	コンコルディアFG	京都銀行	ふくおかFG
	5455億円	5112	4923	3822	3706

（注）出典：NIKKEI Financial RAVの2021年3月期の実績ランキングより抜粋。時価総額はQUICKから抜粋。株式数を21年6月30日終値で掛けてランキングにした。神奈川銀行は総貸出金額に中小企業等貸出比率を掛けて計算した。下位行は決算短信より抽出し、全数字の端数は四捨五入した。

「NIKKEI Financial RAV」とは

全国の地方銀行・第二地方銀行の実力とリスクを分析し可視化するツールで、NIKKEI Financialサイト上に公開しています。「実績ランキング」「実力診断」「リスク傾向分析」の３つの機能で、金融機関の個性をあぶり出しています。Risk Analysis Visualizationの頭文字から名付けています。

実績ランキングは26の経営指標ごとに順位を付け、今回はその中から６指標を選びました。本書籍に収容していませんが、リスク傾向分析は「財務の毀損」「収益力の低下」「ESGの脆弱化」を銀行ごとにビジュアル化。実力診断は「財務力」「収益力」「成長性」「経営の独自性」「ESG」「地域経済の状況」「職場環境・処遇」の７項目と「総合力」を分析し、S~Eのオリジナル指標でランキングしております。

〈年表〉

年	地銀の動き	金融行政・金融政策・大手金融	経済・社会情勢
1995	8月　兵庫銀行、戦後初の経営破綻（みどり銀行の後、阪神銀行と統合し、みなと銀行に）。木津信用組合も同時処理。	6月　大蔵省「ペイオフ」凍結を発表	1月　阪神淡路大震災 3月　地下鉄サリン事件
1996	3月　太平洋銀行経営破綻（わかしお銀行の後、三井住友銀行と合併） 11月　阪和銀行経営破綻（後に解散）	4月　東京三菱銀行発足 6月　住専処理法が成立、国が損失穴埋めに6850億円の公的資金を投入 7月　住宅金融債権管理機構設立 11月　金融市場改革「金融ビッグバン」始動	
1997	10月　京都共栄銀行経営破綻（幸福銀行と合併し関西アーバン銀行へ） 11月　北海道拓殖銀行経営破綻（後に北洋銀行と中央信託銀行に分割譲渡） 徳陽シティ銀行経営破綻（後に13の金融機関に分割譲渡）	4月　日産生命保険が経営破綻 11月　三洋証券経営破綻 山一証券自主廃業	4月　消費税率5%に引き上げ 7月　アジア通貨危機
1998	3月　都銀9行ほか日本長期信用銀行、信託銀、地銀の計21行に1兆8千億円の公的資金を資本注入	2月　金融機能安定化法成立、公的資金制度を導入 4月　改正「日本銀行法」施行 大蔵省、「早期是正措置」を導入 6月　金融庁前身の金融監督庁発足 10月　日本長期信用銀行経営破綻、一時国有化 国会で金融システム関連法（金融再生法、金融再生委員会設置法、金融早期健全化法）など成立。国有化を含め安全網整う 12月　日本債券信用銀行経営破綻、一時国有化	6月　ECB設立

年			
1999	3月　大手銀行と地銀合計15行に約7兆5千億円の公的資金を資本注入 4月　国民銀行経営破綻（後に八千代銀行と合併） 5月　幸福銀行経営破綻（後の関西アーバン銀行。近畿大阪銀行と合併し、関西みらい銀行に） 6月　東京相和銀行経営破綻（後に東京スター銀行に） 8月　なみはや銀行経営破綻（近畿大阪銀行と大和銀行に分割譲渡） 10月　新潟中央銀行経営破綻（6地銀に分割譲渡）	2月　日銀が無担保コールレート（オーバーナイト物）をできるだけ低めに促す、いわゆるゼロ金利政策を導入 7月　金融検査マニュアルを策定	1月　欧州単一通貨「ユーロ」導入
2000		4月　中央三井信託銀行発足 6月　長銀が名称変更、新生銀行発足 7月　金融監督庁が金融庁に改組 8月　日銀がゼロ金利政策を解除	
2001	4月　北洋銀行と札幌銀行経営統合（後に合併し、北洋銀行に） 9月　せとうち銀行と広島総合銀行が統合（後にもみじ銀行に） 12月　大和銀行、近畿大阪銀行、奈良銀行が統合 石川銀行経営破綻（後に3地銀、2信金に分割譲渡）	1月　日債銀が名称変更、あおぞら銀行発足 3月　日銀が量的緩和政策を導入 4月　住友銀行とさくら銀行が合併、三井住友銀行発足 8月　金融庁「金融資本市場の課題と施策」公表 9月　全国銀行協会の研究会、「私的整理に関するガイドライン」公表	9月　米同時多発テロ
2002	3月　中部銀行経営破綻（後に3地銀に分割譲渡）	1月　三和銀行と東海銀行が合併、UFJ銀行発足	

年	地銀の動き	金融行政・金融政策・大手金融	経済・社会情勢
2002	4月　親和銀行と九州銀行が経営統合（後に合併し、親和銀行に）	4月　第一勧業銀行、富士銀行、日本興業銀行が合併し、みずほ銀行とみずほコーポレート銀行が発足 　みずほ銀行で大規模なシステム障害（6月、金融庁がみずほFGに行政処分） 6月　金融検査マニュアル別冊（中小企業融資編）を策定 9月　竹中平蔵氏が金融担当相に就任 10月　金融庁　金融再生プログラム発表、大手行に不良債権半減を迫る	
2003	4月　関東銀行とつくば銀行が合併し、関東つくば銀行発足 11月　足利銀行を破綻処理し、一時国有化	3月　大和銀行とあさひ銀行が合併・分割、りそな銀行と埼玉りそな銀行発足 　金融庁、リレーションシップバンキング政策を開始 5月　りそなグループを実質国有化	3月　イラク戦争勃発 4月　日本郵政公社が発足
2004	2月　関西さわやか銀行と関西銀行が合併し、関西アーバン銀行発足 9月　北海道銀行と北陸銀行が経営統合、ほくほくFG発足 10月　西日本銀行と福岡シティ銀行が合併し、西日本シティ銀行に	8月　金融庁、公的資金を予防注入する金融機能強化法を施行 10月　金融庁、検査忌避でUFJ銀行に業務停止命令	
2005	10月　山形しあわせ銀行と殖産銀行が統合（後に合併し、きらやか銀行に）	4月　金融庁、ペイオフ全面解禁 10月　三菱東京FGとUFJHDが経営統合	
2006	2月　紀陽銀行と和歌山銀行が経営統合（後に合併）	3月　日銀が量的緩和政策を解除	

	10月　山口銀行ともみじ銀行が統合、山口FG発足		
2007	4月　福岡銀行と熊本ファミリー銀行が統合し、ふくおかFG発足 10月　ふくおかFGと親和銀行が統合	3月　新しい自己資本比率規制「バーゼル2」の適用開始 9月　金融商品取引法が施行 10月　郵政民営化	8月　BNPパリバ・ショック（サブプライムローン問題） 10月　郵政民営化
2008	7月　足利銀行の一時国有化を解除、野村証券グループが受け皿に	4月　「金融サービス業におけるプリンシプル」公表 9月　三菱UFJFGが米モルガン・スタンレーに約9000億円出資決定 10月　大和生命が経営破綻 12月　公的資金を予防注入する改正金融機能強化法が国会で成立、「リーマン特例」を創設	9月　米大手証券リーマン・ブラザーズが経営破綻
2009	10月　北都銀行と荘内銀行が統合し、フィデアHD発足 泉州銀行と池田銀行が統合し、池田泉州HD発足（後に合併）	10月　三井住友銀行が日興コーディアル証券を買収 12月　中小企業金融円滑化法が施行	1月　米国でオバマ大統領が就任 8月　衆院選で民主党が大勝し、政権交代が実現 11月　政府が月例経済報告でデフレ宣言
2010	3月　関東つくば銀行と茨城銀行が合併し、筑波銀行に 関西アーバン銀行とびわこ銀行が合併し、関西アーバン銀行に 4月　徳島銀行と香川銀行が統合し、トモニHD発足	6月　改正貸金業法が完全施行 9月　日本振興銀行が経営破綻 11月　米リーマン・ショックの再発防止を狙った「バーゼル3」の大枠決定	1月　日本航空が会社更生法の適用申請

年	地銀の動き	金融行政・金融政策・大手金融	経済・社会情勢
2011	10月　山口銀行を分割し北九州銀行を新設	3月　みずほ銀行で大規模システム障害 4月　住友信託銀行と中央三井トラストHDが統合し、三井住友トラスト・HDに 5月　金融庁、大規模システム障害でみずほフィナンシャルグループに行政処分を発動 6月　公的資金を予防注入する改正金融機能強化法が国会で成立、「震災特例」を創設 10月　円相場が1ドル=75円台と過去最高値に 年末　バーゼル3まで段階的に規制を強化する「バーゼル2・5」がスタート	3月　東日本大震災が発生
2012	9月　十六銀行と岐阜銀行が合併し、十六銀行に 10月　きらやか銀行と仙台銀行が統合し、じもとHD発足		3月　ギリシャが事実上の債務不履行、欧州債務危機に 12月　衆院選で自民党が勝利し政権奪回。安倍晋三総裁が首相就任
2013		3月　バーゼルⅢを見据えた新たな自己資本規制が導入 4月　日銀が量的・質的金融緩和を導入 7月　みずほ銀行とみずほコーポレート銀行が合併、ワンバンクに 12月　みずほ銀行に反社会的勢力への融資で業務停止命令（9月に業務改善命令も発動）	1月　東証グループと大証が合併し、日本取引所グループに

2014	10月　東京都民銀行と八千代銀行が統合、東京TYFG発足	1月　NISAが開始 2月　金融庁検討会、スチュワードシップ・コードを策定 10月　日銀が追加金融緩和を決定	4月　消費税が5%から8%に引き上げ
2015	10月　肥後銀行と鹿児島銀行が統合し、九州FGに	3月　金融庁と東証がコーポレートガバナンス・コードを策定 11月　日本郵政、ゆうちょ銀行、かんぽ生命の3社が上場	5月　東芝で不正会計が発覚
2016	4月　トモニHDと大正銀行が統合（後に合併し、徳島大正銀行に） 横浜銀行と東日本銀行が統合し、コンコルディアFG発足 10月　足利HDと常陽銀が統合し、めぶきFG発足 西日本シティ銀行と長崎銀行が統合し、西日本FHDに	1月　日銀がマイナス金利政策を導入	4月　熊本地震が発生 6月　英国で国民投票によりEU離脱が決定
2017	7月　ふくおかFGと十八銀行の経営統合の無期延期を発表、公正取引委員会の審査が長期化	3月　「顧客本位の業務運営に関する原則」を公表	1月　米国でトランプ大統領が就任
2018	4月　三重銀行と第三銀行が統合し三十三FG発足（後に合併） 近畿大阪銀行、関西アーバン銀行、みなと銀行が統合し関西みらいFG発足（後に近畿大阪銀行と関西アーバン銀行が合併） 5月　東京都民銀行、八千代銀行、新銀行東京が合併し、きらぼし銀行に	7月　金融庁、発足後初の局再編、検査局を廃止 10月　スルガ銀行に不正融資で業務停止・改善命令（1月にシェアハウス向け投資ローンで不正が発覚）	

年	地銀の動き	金融行政・金融政策・大手金融	経済・社会情勢
2018	10月　第四銀行と北越銀行が統合し、第四北越FG発足（後に合併）		
2019	4月　ふくおかFGと十八銀行が経営統合 9月　SBI－HDが「第4のメガバンク構想」を発表、島根銀行と資本提携（後に清水銀行、筑邦銀行、東和銀行、じもとHD＝きらやか銀行と仙台銀行、福島銀行、筑波銀行とも資本提携。出資のみの大東銀行を含め9行に）	6月　持続可能性を問う「早期警戒制度」の見直しを発表 「老後2000万円問題」を提起した金融審報告書が公表 12月　「金融検査マニュアル」が廃止	5月　新元号「令和」開始 10月　消費税が8％から10％に引き上げ
2020	1月　徳島銀行と大正銀行が合併し、徳島大正銀行に 10月　十八銀行と親和銀行が合併し、十八親和銀行に	2月　地銀版のガバナンスコード「コア・イシュー」を導入 3月　政府系金融機関による実質無利子・無担保融資（ゼロゼロ融資）が開始 5月　ゼロゼロ融資が民間金融機関にも拡大 6月　公的資金を予防注入する改正金融機能強化法が国会で成立、「コロナ特例」を創設。返済不要の永久公的資金に道開く	3月　WHOが新型コロナウイルスの感染拡大でパンデミック宣言 9月　安倍首相が辞任。菅政権が発足
2021	1月　第四銀行と北越銀行が合併し、第四北越銀行に 5月　三重銀行と第三銀行が合併し、三十三銀行に 福井銀行が福邦銀行の子会社化を発表 青森銀行とみちのく銀行が統合を発表 7月　フィデアHDと東北銀行が統合を発表	3月　金融庁の検査と日銀の考査の一体運用の方針を発表 9月　SBI－HD、新生銀行にTOB（株式公開買い付け）を開始 金融庁、みずほ銀行に業務改善命令発動。システム管理強化命じる（2～9月に累計8回のシステム障害起こす）	7月　東京五輪・パラリンピック開幕 9月　菅首相が退陣表明 10月　岸田政権が発足

〈執筆者一覧〉

原田亮介　（北国銀行・伊予銀行・横浜銀行）
中谷庄吾　（南都銀行・紀陽銀行・池田泉州銀行）
松尾哲司　（大分県信用組合）
赤間建哉　（京都銀行・京都信用金庫）
三島大地　（十八親和銀行・合併特例法）
上田志晃　（きらぼし銀行・城南信用金庫）
山本夏樹　（ふくおかフィナンシャルグループ）
今堀祥和　（同上）
毛芝雄己　（北国銀行）
伊地知将史（同上）
湯浅兼輔　（飛驒信用組合）
南毅郎　　（日銀）
亀田知明　（スルガ銀行）
亀井勝司　（金融庁）
玉木淳　　（山口FG、スルガ銀行、埼玉りそな銀行、SBIHD、青森再編、福井再編）
※カッコ内は執筆した銀行名

〈取材協力〉

山田伸哉
鈴木卓郎
細川博史
駿河翼
四方雅之
片山哲哉
棗田将吾
前田悠太
伴和砂

〈巻末資料作成〉

手塚悟史

〈編集統括〉

玉木淳

〈編者紹介〉

NIKKEI **Financial**

金融の未来を読むデジタルメディア

日本経済新聞社が提供する、金融界のエグゼクティブ・プロフェッショナルに向けたデジタルメディアです。地域金融からフィンテックまで網羅し、金融に携わる方々に有益な情報をお届けします。国内外の専門記者による分析記事や政策当局者の寄稿など、未来を展望するコンテンツを提供し、様々なテーマを議論できるコミュニティーをつくります。会員限定のニューズレターの配信や、イベント・セミナーも開催しています。

https://financial.nikkei.com/

リージョナルバンカーズ
地域金融が勝ち抜く条件

2021年11月15日　1版1刷

編　者　NIKKEI Financial
©Nikkei Inc., 2021
発行者　白石　賢
発　行　日経BP
日本経済新聞出版本部
発　売　日経BPマーケティング
〒105-8308 東京都港区虎ノ門4-3-12

装丁　野網雄太
印刷／製本　三松堂
本文DTP　マーリンクレイン
ISBN978-4-532-35908-9